教育部高职高专公共事业类专业教学指导委员会推荐教材

社会学概论

Introduction to Sociology

主 编 肖 萍
副主编 袁光亮

天津大学出版社
TIANJIN UNIVERSITY PRESS

内容简介

《社会学概论》是高职高专公共事业类专业教指委推荐教材。本书全面地向学生介绍社会学的基本知识体系，主要分成两个部分：从绪论到第四章，集中探讨社会学是什么，着重介绍了社会学的学科性质和研究对象、社会学的起源、社会学的分析视角、社会学的研究方法以及中国社会学的发展；从第五章到第十四章，集中探讨了社会学的基本概念，例如文化、社会化、家庭、群体、组织、社区、社会互动、社会结构、地位、角色、社会分层、社会流动、越轨、社会控制、全球信息化、社会变迁等。

全书注重从中国现实出发，通过一些日常生活中的实际案例来说明社会学的基本知识，系统规范，通俗易懂，适合高职高专的学生作为自己的教材，同时也十分便于其他对社会学感兴趣的读者自学及实践参考。

图书在版编目(CIP)数据

社会学概论/肖萍主编. —天津：天津大学出版社，2008. 10
（2019.1 重印）
教育部高职高专公共事业类专业教学指导委员会推荐教材
ISBN 978-7-5618-2793-2

Ⅰ.①社… Ⅱ.①肖… Ⅲ.①社会学-概论 Ⅳ.①C91

中国版本图书馆 CIP 数据核字(2008)第 149941 号

出版发行 天津大学出版社
地　　址 天津市卫津路 92 号天津大学内(邮编:300072)
电　　话 发行部:022-27403647
网　　址 publish. tju. edu. cn
印　　刷 天津泰宇印务有限公司
经　　销 全国各地新华书店
开　　本 169mm×239mm
印　　张 15. 25
字　　数 326 千
版　　次 2008 年 10 月第 1 版
印　　次 2019 年 1 月第 7 次
印　　数 19 001-22 000
定　　价 36. 00 元

总序

高等职业教育是我国高等教育体系的重要组成部分，也是职业教育体系的重要组成部分。近几年，高等职业教育呈现出前所未有的发展势头，高等职业院校数量、在校生和毕业生人数持续增长。1996 年，我国高等教育的毛入学率仅为 6%，2002 年达到高等教育大众化阶段的 15%，到 2007 年上升至 22%，这其中，高职高专教育的快速发展起到了不可或缺的作用。

20 世纪 80 年代以来，世界许多国家和地区都把职业教育确立为教育发展战略重点。伴随着经济一体化的要求，把发展职业教育作为提高国家竞争力的战略措施，成为世界各国教育政策调整的普遍做法。

我国从上世纪 80 年代初期建立职业大学至今，高职教育走过 20 多年的发展历程。随着我国社会经济体制的转型以及高等教育大众化的发展，高等职业教育得到快速发展，其中一个重要原因是国家政策的促进。1996 年，全国人大通过并颁布了《中华人民共和国职业教育法》，从法律上确定了高职教育在我国教育体系中的地位，由此我国的高职教育发展驶入了快车道；1999 年全国教育会议召开，中央提出“大力发展高等职业教育”的工作要求，我国高职教育进入了蓬勃发展的历史新阶段。2005 年，国务院印发《关于大力发展职业教育的决定》，召开全国职业教育工作会议，明确提出，推进我国走新型工业化道路，解决“三农”问题，促进就业再就业，必须大力发展职业教育。2005 年成为我国职业教育史上具有里程碑意义的一年。与此同时，各地纷纷出台新举措，加强对职业教育的统筹领导，加大财政投入，鼓励和支持民间资本举办职业教育，完善职业教育的管理体制和保障机制。

从目前我国高等教育发展的总体情况看，存在着由于各层次高等教育不谐调所造成的人才类型结构失衡现象。面对这一问题，中国人民大学校长纪宝成曾在 2005 年高等教育国际论坛上呼吁：“（高等教育）结构调整的关键是发展高等职业技术教育。”[①]当前存在的社会需求与学校教育的供求矛盾，对高职高专院校而言无疑是一次发展的机遇。

截至2005年底，高职高专教育取得了规模性增长，基本形成了每个市(地)至少设置一所高职高专院校的格局。全国共设有高职高专院校1091所，占普通高等学校总数的60.9%。从招生情况看，2005年全国高职高专招生人数达到268.1万人，占全国本专科招生总数的53.1%。从在校生规模看，2005年全国高职高专在校生人数为713万，占本专科在校生总数的45.7%。根据国家对职业教育发展的规划，到2010年，高职高专招生规模将占高等教育招生规模的一半以上[②]。高职高专已经占据了高等教育的半壁江山。

2004年10月26日，教育部首次颁发了《普通高等学校高职高专教育指导性专业目录(试行)》(教高[2004]3号)(简称《目录》)、《普通高等学校高职高专教育专业设置管理办法(试行)》(教高[2004]4号)，并印发《普通高等学校高职高专教育专业简介》，从2005年开始实施。这是我国第一次在专科层次颁布全面系统的专业目录，填补了我国缺少高职高专教育专业目录的空白。《目录》按职业门类分设包括公共事业大类在内的19大类，下设二级子类77个，专业556个。公共事业大类下设公共事业类、公共管理类、公共服务类3个二级子类，共设有24个专业。2005年12月，教育部发布《教育部关于成立2006—2010年教育部高等学校有关科类教学指导委员会的通知》(教高函[2005]25号)，2006年，全国高职高专各专业类教学指导委员会相继成立。教育部高职高专公共事业类专业教学指导委员会于2006年6月在南开大学召开成立大会暨第一次工作会议，会议讨论并通过了《教育部高职高专公共事业类专业教学指导委员会工作章程》《教育部高职高专公共事业类专业教学指导委员会2006—2010年工作规划》以及2006年的工作计划，明确了该教学指导委员会2006年及其今后四年的总体工作目标与任务。

教材建设是专业建设的重要组成部分。高职高专公共事业类专业教学指导委员会成立以来，就把教材建设作为一项重要的工程来抓。为此，我们制定了针对高职高专公共事业类专业特点的人才培养目标，按教育部确定的必修课和专业课课程设置，动员和组织全国相关院校的专业教

① 沈祖芸，计琳：《一个统率高教发展的重要命题》，载《中国教育报》，2005－11－25(5)。

② 教育部发展规划司：《2005年高等教育事业统计主要结果与分析》，见《教育统计报告》，第一期。

师和研究人员，编写一套高水平的教材的计划。

我们组织编写这套教材的总体构想是：严格按照教育部高职高专公共事业类专业建设的基本要求，根据专业教学内容、教学发展要求、人才培养方案以及学生的基本素质情况，以职业岗位核心技能培养为目标，紧密结合学生未来工作实际，充分体现职业岗位核心技能要求和工学结合特点。同时，积极探索“专业标准”建设，并尝试建设“标准化”教材，力争对全国高职高专院校公共事业类专业的教材建设起到示范、引领和辐射的作用，鼓励高职高专双师型专业教师参与编写并积极推广使用，从而提高公共事业类专业的教学质量，面向行业，培养出更多高质量的应用型高级专业人才，为我国的社会主义建设服务。

我们期望这套教材应具有以下特点。

1. 教材以职业岗位核心能力需求为主线，按照职业岗位核心技能的要求制定教材编写大纲，设计教材体例和内容。教材中的知识点与职业岗位核心技能紧密对应，使理论知识学习、实践能力培养和可持续能力发展紧密结合起来，形成教材内容的三位一体，强化教材体系的职业性。

2. 教材内容突出对学生职业岗位能力的培养，把专业和职业结合起来，将核心技能的培养贯穿于教材全部内容。

3. 教材内容体现“基础理论适度、突出应用重点、强化实训内容，形式立体多元”的思想原则，教材内容设计以岗位技能需求为导向，以素质教育、创新教育为基础，以学生能力培养、技能训练为本位，使其真正成为为高职高专学生“量身定做”的教材。

4. 教材融入职业资格标准，体现职业素质培养。将双证书教育融入教材内容，使职业资格认证内容和教材教学内容有机衔接起来，让学生学习相关课程教材后可直接参加职业资格证书考试。

5. 将行业或国家的技术标准融入教材内容中，让学生在校期间接受“标准”教育，增强“标准”意识。

6. 将人才培养方案、专业标准、实训条件等放入教材内容中，在强化教材职业针对性的同时，体现教材实用性、创新性和前瞻性的特点。

7. 扩大教材的使用范围，使教材的功能多元化。既可以作为高职高专院校学生的教材，也可以作为一般本科院校相关专业的教学参考用书及行业的培训参考读物，还可以作为相关人员普及提高相关知识的应用性图书。

8. 教材的形式力争立体化，除纸质的主教材外，另辅以电子教案、教学计划、CAI课件、IP课件(流媒体课件)、电子习题库、电子试卷库、影音资料等辅助教学资源,最终为学校专业建设、教师教学备课、学生自主学习提供完整的教学解决方案,最大限度地做好全方位的资源供给服务,从而提高教材选用的竞争力。

在确定教材编写目标和要求的基础上,我们教学指导委员会与天津大学出版社合作,按教育部规定的高职高专公共事业类专业的课程目标,选定一批主干课及专业必修课程,采取在全国范围内公开招标的方式,在编著者自愿申报的前提下,由本教学指导委员会成员组成的教材编审委员会从中遴选最优秀的教师担任既定教材的主编,并鼓励高职高专公共事业类专业有经验的一线教师与研究型大学的相关教师合作,由我们牵线搭桥,优化组合成一部教材的编写团队,共同完成一部教材的编写工作,以求达到理论与教学实践的有机结合。

然而,编写高水平的专业教材谈何容易。虽然参与编写这套课程教材的都是既有丰富教学经验,也有较高研究水平的教育工作者,但毕竟我国公共事业类专业开办的时间尚短,所以,这套教材肯定会有一些不尽如人意之处,敬请大家提出批评、改进的建议,使这套教材臻于完善,为我国公共事业类专业的发展做出应有的贡献。

教育部高等教育司高职高专处、教育部高职高专教学指导委员会协联办、天津大学出版社对出版这套教材给予了大力支持。在研讨设计和组织审定这套教材的过程中,天津大学出版社给予了部分经费支持,并对这套教材的编写方针提出了参考意见,为本教材的出版做出了大量推动和建设性工作。在此表示衷心的感谢。

教育部高职高专公共事业类
专业教学指导委员会主任 王处辉

目　录

0　绪　论 ……………………………………………………（1）
　0.1　社会学的学科性质 ……………………………………（2）
　0.2　社会学的研究对象 ……………………………………（6）
　本章小结 ……………………………………………………（8）
　思考题 ………………………………………………………（8）
1　社会学的起源 ……………………………………………（9）
　1.1　社会学的产生背景 ……………………………………（10）
　1.2　社会学的产生 …………………………………………（13）
　1.3　社会学的形成 …………………………………………（16）
　本章小结 ……………………………………………………（20）
　思考题 ………………………………………………………（21）
2　社会学的分析视角 ………………………………………（22）
　2.1　社会学的想象力 ………………………………………（22）
　2.2　社会学的理论视角 ……………………………………（25）
　本章小结 ……………………………………………………（38）
　思考题 ………………………………………………………（38）
3　社会学的研究方法 ………………………………………（39）
　3.1　社会学研究的方法体系 ………………………………（40）
　3.2　社会学研究的基本原则 ………………………………（42）
　3.3　社会学研究的基本程序 ………………………………（43）
　3.4　社会学研究的具体方法 ………………………………（47）
　本章小结 ……………………………………………………（52）
　思考题 ………………………………………………………（53）
4　中国社会学的发展 ………………………………………（54）
　4.1　中国社会学的兴起 ……………………………………（54）
　4.2　中国社会学的成长 ……………………………………（57）
　4.3　中国社会学的中断 ……………………………………（60）
　4.4　中国社会学的重建 ……………………………………（62）
　本章小结 ……………………………………………………（64）
　思考题 ………………………………………………………（65）
5　文化 ………………………………………………………（66）
　5.1　文化的内涵 ……………………………………………（67）

5.2 文化的结构和功能…………………………………………………………（70）
5.3 文化的分析…………………………………………………………………（73）
本章小结 ……………………………………………………………………（78）
思考题 ………………………………………………………………………（78）
6 社会化……………………………………………………………………（79）
6.1 个性发展的理论……………………………………………………………（81）
6.2 社会化的含义………………………………………………………………（83）
6.3 社会化的机构………………………………………………………………（87）
6.4 社会化与生命历程…………………………………………………………（91）
本章小结 ……………………………………………………………………（96）
思考题 ………………………………………………………………………（96）
7 家庭………………………………………………………………………（97）
7.1 家庭的起源与性质…………………………………………………………（99）
7.2 家庭的结构与功能 ………………………………………………………（101）
7.3 婚姻与家庭 ………………………………………………………………（107）
本章小结……………………………………………………………………（110）
思考题………………………………………………………………………（110）
8 群体与组织 ………………………………………………………………（111）
8.1 社会群体 …………………………………………………………………（112）
8.2 社会组织 …………………………………………………………………（118）
本章小结……………………………………………………………………（124）
思考题………………………………………………………………………（125）
9 社区 ………………………………………………………………………（126）
9.1 社区概述 …………………………………………………………………（127）
9.2 社区的类型 ………………………………………………………………（130）
9.3 中国的社区发展 …………………………………………………………（134）
本章小结……………………………………………………………………（139）
思考题………………………………………………………………………（139）
10 社会互动与社会结构……………………………………………………（140）
10.1 社会互动 …………………………………………………………………（141）
10.2 社会结构的基础——地位与角色 ………………………………………（147）
10.3 社会网 ……………………………………………………………………（154）
本章小结……………………………………………………………………（157）
思考题………………………………………………………………………（157）
11 社会分层与社会流动……………………………………………………（158）
11.1 社会分层的体系 …………………………………………………………（160）

11.2 社会阶层的划分 …………………………………………………………… (163)
11.3 我国现阶段的阶层划分 ……………………………………………………… (170)
11.4 西方社会分层理论 …………………………………………………………… (174)
11.5 社会流动 ……………………………………………………………………… (177)
本章小结…………………………………………………………………………… (180)
思考题……………………………………………………………………………… (181)
12 越轨与社会控制……………………………………………………………… (182)
12.1 越轨行为的界定 ……………………………………………………………… (183)
12.2 越轨行为的成因解释 ………………………………………………………… (185)
12.3 越轨行为的社会功能 ………………………………………………………… (189)
12.4 社会控制 ……………………………………………………………………… (191)
本章小结…………………………………………………………………………… (195)
思考题……………………………………………………………………………… (195)
13 大众传媒与社会……………………………………………………………… (196)
13.1 大众传媒的概念 ……………………………………………………………… (196)
13.2 大众传播的模式与过程 ……………………………………………………… (198)
13.3 大众传媒的社会功能 ………………………………………………………… (204)
13.4 大众传媒与全球信息化 ……………………………………………………… (207)
本章小结…………………………………………………………………………… (211)
思考题……………………………………………………………………………… (211)
14 社会变迁、现代化与全球化 …………………………………………………… (212)
14.1 社会变迁 ……………………………………………………………………… (213)
14.2 社会现代化 …………………………………………………………………… (216)
14.3 全球化 ………………………………………………………………………… (220)
本章小结…………………………………………………………………………… (226)
思考题……………………………………………………………………………… (227)
参考文献………………………………………………………………………… (228)
后 记…………………………………………………………………………… (230)

0

绪　论

学习目标

本章旨在对社会学的学科性质和研究对象进行简要介绍。通过本章的学习,学生应初步了解社会学的学科性质,了解社会学的研究对象和定义。

本章知识点

(1)社会学的学科性质。

(2)社会学的研究对象。

为什么要学习社会学?社会学能提供一种怎样的视角?社会学的研究对象是什么?社会学是一门什么样的学科?这些都是每一个社会学入门者想要得到答案的问题。社会学能够让我们更好地理解社会与人类相互依赖的繁杂的网络体系,能够让我们意识到我们生活的世界快速的社会变迁,能够让我们尊重人们的差异和文化的差异,能够提高我们的自我意识,能够形成一种看待世界的不同视角——批判性思维方式。

0.1 社会学的学科性质

社会学在工业革命开始的时候,也就是19世纪中叶,在西欧开始作为一门独立的学科出现。

1.社会学是一门科学

科学是反映自然、社会、思维等客观规律的分科的知识体系。科学认为宇宙中存在着基本的秩序。任何事物的发生,无论是物质分子还是人类,都是遵循一定的模式。这些模式都是相当规则的,所以人们对发生的事件也就可以加以概括。科学从来不凭想当然办事,任何事物都有可能受到未来的检验、解释、更正、扬弃。并不是任何一门知识体系都可以宣布自己是科学的。真正的科学是有一定的标准的。通常有以下四个标准①。

第一,科学能够反映事物的进程与相关联系。

这是指科学能够揭示事物的客观规律。社会学是能够满足这一要求的,它能够在中观层次上反映与揭示事物的进程与相关联系即客观规律。

第二,科学能够使用定量分析方法。

当代社会学定量化的发展,主要在于对调查资料的数量分析。社会学者越来越重视统计相关分析,因为社会现象是受到许多同时起作用的相互关联的因素影响而形成的。社会学定量化的特点在于以数学为主要研究工具,结合应用统计资料,来计量出各种社会现象之间的数量关系。这样,就把数学、统计学、计算机应用与社会学理论结合起来。起初,社会学者凭手工只能完成那些变量极少的相关分析与回归分析。近二十年,由于借助电子计算机进行运算,统计分析与社会模型在社会学中有了更广泛的运用。

第三,科学具有系统化的范畴、理论等知识体系。

科学的基本概念应该是统一的,在整个学科体系中,有着统一的、规范的、体系化的范畴系统,运用系统化的知识来观察和解释社会现象,不能对一个基本概念自说自话。社会学已经有了基本的范畴体系,例如文化、社会化、家庭、群体、组织、社区、社会互动、社会结构、地位、角色、社会分层、社会流动、越轨、社会控制、全球信息化、社会变迁等。

社会学的理论是指一套有意义且符合逻辑的理论原则,用以解释社会现象。著名的理论如下。①结构功能理论:它从事结构与功能的分析,研究社会各个部分对社会整体功能的贡献及其贡献方式。这一理论强调社会的平衡,把社会作为一个各部分之间充满交互关系的体系,所以着重于探讨各部分对社会生活的贡献。②社会冲突理论:这种理论将焦点集中在冲突与对立关系上,重视社会的不一致、权力的冲突、

① 朱力等著.社会学原理.北京:社会科学文献出版社,2003年9月,第15~22页.

对立及压迫等社会的冲突和变迁。③符号互动理论:它注重人们在面对面的情境下日常的沟通与互动,符号在人们互动中起着重要的中介作用。除此之外,社会学还有许多的理论流派。不同的理论从不同的角度和思维途径,解释了人们行动的模式和某种社会现象存在的理由,使我们能更加科学地从不同方面理解事物存在的规律。社会学的理论是一座宝库,从中可以汲取到各种有益的思想资料。

第四,科学能够通过社会事实进行检验。

任何科学都具有可实证性,实证是指用人观察到的事实作为依据来证明理论的真伪。即当你提出一个现象,我观察后能够证明,能够检验,这就是实证。在科学里只有能够检验的东西才是真的。美国社会学家乔纳森·H. 特纳(Jonathan H. Turner)认为,在探求、解释和发展有关现实世界的知识方面存在着不同的途径,科学仅仅是一种途径。科学是建立在这样的假设上的,它相信知识能够摆脱价值判断,能够解释经验世界的现实活动,并且能够根据仔细观察到的经验事件来修正自己。正是这些特征把科学与其他关于应该如何产生知识的信念区分开来①。社会学正是以其经验的方法来解释社会现象之所以存在的理由,并按照价值中立的立场在研究中可以不将价值判断带入进去。

价值中立观点是指社会学者在观察现象时应持客观的、公正的态度。不要把自己的利益、价值带进观察之中,不要以自己的好恶、成见置于研究之中,要摆脱这些因素对研究活动的片面影响。社会学家在认识、研究事实时,是可以不戴先验的墨镜从事研究活动的。社会学不回避价值,把价值也作为一种事实看待并作研究。在研究中保持"第三者"的立场是为了使学者在研究活动中得出的结论更加符合客观实际,确保它的公正性。

2.社会学是一门社会科学

我国通常将科学分为两大部类:一是自然科学,二是社会科学。自然科学研究自然界的物理特征和这些物理特征之间的互动及其变化,旨在解释和预测自然环境中发生的事件,例如数学、物理、化学、天文、地理、生物等传统的学科。社会科学研究人类社会的许多不同的人类关系,例如文学、历史、哲学、经济、法律、社会学、政治等传统学科。社会科学各学科的共同点,就是它们都是研究人类的社会行为,但是每个学科都有其特殊的取向。

人类学家通常研究的是过去的文化、至今犹存的前工业化社会、人类的起源。人类学的知识是用来检验当代社会的,甚至包括工业化社会。人类学研究世界各地、各个时期的人类进化与人类文化。人类学研究人的起源、人的历史进化,或者小团体的历史进化、传统和习俗、行为标准、生活方式、经济生活和政权类型、血缘关系形式和家庭形式的变化。

---

① [美]詹姆斯·汉斯林.社会学入门——一种现实分析方法.第7版.林聚仁,等,译.北京:北京大学出版社,2007年,第6~7页.

经济学家探讨的是人们生产以及交换物品、服务、金钱和其他资源的方式。经济学研究的是商品与服务的生产、分配、消费的方式。经济学研究在市场环境下的各种经济关系和经济活动规律。经济学与社会学的联系体现在研究经济行为的社会基础以及研究社会行为的经济基础。

历史学家关心的是过去的人们与事件以及这些对现今的影响。历史学考察过去,试图找出历史事件的原因、过程和含义。历史学是研究人类社会历史的科学,侧重于两个方面:一是人类社会已经走过的历程的活动规律;二是关于历程中史实的确认。

政治学研究政府与政治权力的使用,对政治进程进行系统的研究。政治学是研究国家、政府以及它们为行使其职能而建立的各种机构的科学。

心理学分析人的内心世界过程。心理学是研究人类心理规律的科学,心理规律是指认识、情感、意志等心理过程和能力、性格等心理特性的规律。

社会学与上述社会科学都有很多相似之处①,也存在诸多区别。同人类学家一样,社会学家也研究文化,同样也对群体的结构和信仰系统以及人们如何相互沟通感兴趣,但是社会学家主要关注工业化社会。同经济学家一样,社会学家也关心一个社会中的商品和服务,但社会学家的关注点在于不平等的社会后果。同政治学家一样,社会学家也研究人们如何相互统治,特别是政府如何影响人们的生活,但是并不只关注政治制度。同心理学家一样,社会学家也关心人们如何调适生活中的困难,但是社会学家强调决定是外在于个人的因素,并以此判断是什么影响人们的行为。

3.社会学是一门应用性的社会科学

大多数社会学家都在大学里教书,与大学生们分享社会学知识。相比之下,应用社会学家的工作领域就显得更加宽广,例如儿童咨询、疾病传播研究。有的则致力于使软件的界面更加“友好”,他们研究人们如何使用新的计算机产品,并将相关信息反馈给设计这些产品的软件工程师。要了解社会学者的工作,让我们先认识下面这四位应用社会学家。

莱斯莉·格林是在谢本斯堡大学获得其社会学学士学位,现在她在费城万德维尔集团做市场调研工作。她帮助开发一种使医生们开特定处方药的策略。她安排会议,指定讨论组的协调人,并为参与研究的医生支付报酬。她说:“我的社会学训练提高了我‘与人打交道的技术’。它可以帮助我理解不同群体的需要,并改善与他们的互动。”

斯坦利·卡佩拉是在福德汉姆大学获得其社会学硕士学位,现为纽约哈特塞尔人文服务机构的应用社会学家。他评估儿童计划项目(如关注住房、艾滋病、群体家庭以及学前教育)的具体工作情况如何,看看它们与原来设想的情况有何不同。他发现问题并提出解决建议。他的一项任务是研究为什么在有那么多渴望领养的父母的情

---

① [美]乔纳森·H. 特纳.社会学理论的结构.杭州:浙江人民出版社,1987,第2页.

况下儿童却要等上很长时间才能被收养。卡佩拉指出领养手续是如何在系统中被耽搁的,并给出了如何提高手续办理速度的建议。

劳里·班克斯也是在福德汉姆大学获得其社会学硕士学位,现在她为纽约市卫生局做数据分析工作。当她检查死亡证明时,她发现一个波兰移民社区有很高的胃癌发生率。她向“疾病控制中心”发出了警报。中心在社区作了一些访问,发现原因在于当地居民吃了太多香肠。还有一次,班克斯比较了出生证明和学校记录。她发现出生时的问题(如体重过轻、缺少产前照料、出生综合症)与上学时阅读能力差和行为问题有关。

乔伊斯·米勒·尤特卡维奇是在肯特州立大学获得博士学位,现为坐落于宾夕法尼亚州伊利市开斯通大学研究公司的总裁。她也曾担任过应用社会学协会会长一职。尤特卡维奇主要为政府机构做一些研究咨询工作。在她的一项计划中,她设计了针对儿童看护者的训练项目。她还研究看护者的表现对儿童的影响。她的研究项目提高了宾州公共福利部对儿童的看护水平。她的组织还管理着“宾州药物滥用和健康信息处理中心”,这个机构每月寄出超过30万份印刷品。

从以上几个例子可以大致了解应用社会学家都在做些什么。有些人在为公司工作,有些人被政府和私人机构所雇佣,有些人则有自己的生意。从中你也可以看到,不一定要有博士学位才能以一个应用社会学家的身份去工作。①

社会各个方面对社会学都有不同的需要,社会学是在满足社会的需要中发展起来的。总结起来,社会学的主要应用类型如下②。

(1)政策性社会调查。社会调查是用口头和书面对话方式收集社会信息和资料,并通过对资料的整理和分析来认识社会现象,对社会作出解释的研究方法。政策性社会调查则是对突出的社会问题的调查及对策研究。这种调查的目的是为政府或有关部门提供有关国家面临的重大政策实施的有关信息。例如“婚姻家庭调查”,“全国性文明调查”,“个体劳动者、私营企业主收入调查”,“廉政建设调查”,“公民心态社会调查”,“失业、下岗职业状况调查”等等。

(2)社会实验。即在社会政策和社会计划普遍实施之前所进行的实验。这种应用性社会学的研究,是在一项规模较大的计划或政策推广之前要进行的研究,它可以对即将实施的计划和政策进行小范围内的检验,以防止在社会计划或政策大规模推广之前因设计不周而造成的人为的损失。我国在大规模地推行住房改革政策之前,选择了200个各种类型的城市进行住房改革的实验,在取得一定经验的基础上才开始在全国广泛推广。

(3)社会评价研究(或称评估研究)。这是对已实行的政策、计划的效果进行评

① [美]詹姆斯·汉斯林.社会学入门——一种现实分析方法.第7版.林聚仁,等,译.北京:北京大学出版社,2007年,第22~23页.

② 朱力等著.社会学原理.北京:社会科学文献出版社,2003年9月,第23~26页.

价。评估研究往往回答两个问题:“这个计划是否成功?”“它是否实现了预期的目的?”社会评价的功能在于通过学者专家的批评力量来矫正政策的偏差,使政策的制定更具有科学性。

(4)社会监测。这是指对重大的社会生活现象和民情民意进行监督测量。它包括两个内容:一是对重大社会现象进行的监测;二是对社会民情民意进行的监测。

(5)政策咨询。这是指社会学家根据自身的知识与理论,向社会的各级组织机构(例如政府、企业或大众传播媒体等)提供社会学的知识与方法,帮助他们克服困难,解决问题的一种应用活动。

(6)政策分析(也称社会批评)。这是对社会生活进行政策性的理论分析。许多社会学家常常对社会生活、社会问题、政府的政策与措施等作出很强的政策性的理论分析,这种分析也称社会批评。社会批评不一定是反面的意见,它是一种分析和判断某种事物特性的行为和艺术。

(7)社会诊断。即发现具体的社会问题,并寻找解决问题的具体方法。社会诊断不是通过干预来改变社会环境和政策,而是帮助当事人来解决具体的麻烦,即在既定的政策下,不改变活动环境的条件下解决具体的社会问题。

(8)社会预测。即对社会发展趋势进行推断,对社会发展前景进行规划。社会预测是指关于对未来社会现象、事件发生的可能性的科学判断,它以客观事物及其发展规律为基础。社会预测对社会发展大势进行判断,预见社会发展的某种规律。社会规划建立在社会预测的基础上。

0.2 社会学的研究对象

1.关于社会学的研究对象上的分歧及其原因

迄今为止,还没有一个为人们所共同接受的关于社会学的定义。社会学者们给社会学下过多种定义,但从方法论的角度看,大体上有以下三种定义方法。

(1)对象分类定义法。把社会划分为不同的领域或方面,然后以某个领域或方面作为社会学的研究对象,再根据对象下定义。我国台湾社会学家龙冠海在其1976年出版的《社会学》一书中,将前人对社会学所下的定义归纳为六种类型,其中有五个类型属于这种定义法。这五个类型的定义是:社会学是研究社会团体或人类结合的科学;社会学是研究社会组织或社会制度的科学;社会学是研究人类关系或社会关系的科学;社会学是研究社会过程和社会运动的科学;社会学是研究社会行为的科学。

(2)综合定义法。把不同的社会领域或方面综合起来作为社会学的研究对象,并依此给社会学下定义。1978年日本出版的《世界大百科事典》给社会学下的定义是:社会学是一门研究人们共同社会生活的科学。

(3)整体思考定义法。把社会看成一个整体,并把社会各方面的联系作为研究对象的定义方法。1967年至1986年的《苏联大百科全书》给社会学下的定义是:社会学是论述社会这一完整体系以及论述个别的社会法规、过程和团体与整个社会联系的科学。

综上所述，社会学的定义问题是一个关于如何确定社会学的研究对象的问题，包括研究角度和研究方法的问题。在社会学发展的过程中，对于社会学的研究对象问题，社会学者们提出各种各样的看法，归纳起来有如下三种看法。

第一，是侧重以社会为研究对象。这种观点在西方社会学传统中的主要代表人物是孔德、斯宾塞、迪尔凯姆等人，形成了社会学中的实证主义路线。

第二，是侧重以个人及其社会行为或社会行动为研究对象。这种观点在西方社会学传统中的主要代表人物为韦伯等人，在中国以孙本文为代表，形成了社会学中的人文主义路线。

第三，将不属于上述两种看法的都归为第三种观点。如"问题说"认为，社会学是研究社会问题的；"剩余说"认为，社会学是一门"剩余社会科学"，其研究对象是其他社会科学不研究的"剩余领域"；"未定说"认为，社会学的研究对象目前尚未确定，等等。

总之，对于社会学的研究对象，几乎所有的社会学者都有自己的界定。在社会学的研究对象上，学者们形成分歧的原因归结起来有以下四点。

(1)学者们是站在不同的方法论立场来定义社会学的研究对象。

(2)各国社会学者在从事社会学研究时，面对的是不同的社会现实。

(3)社会学的研究领域十分宽广，不同学者是根据自己个人的研究取向来定义社会学的研究对象。

(4)社会学还是一门较年轻的学科，资料的积累和理论的概括还没有达到成熟阶段，随着社会的发展和学科的深化，学者们的认识也会发生变化。

2.社会学的定义

社会学关注的是社会对个人态度与行为的影响，以及人们又是如何塑造社会的。社会学可以帮助我们了解日常生活情境的形态与意义。社会学主要是研究社会关系对人们态度和行为的影响，以及社会如何建构与变迁的。①社会学的主要目标是推进对于我们所生活的世界的理解。

社会学的研究对象不是任意规定的。作为一门学科的研究对象至少要考察以下三个问题。

(1)要考察这门学科产生的历史背景和学术背景。

(2)要考察依此建立的学科应具有相对的独立性。

(3)要有利于学科建设的不断进步和发展。

美国社会学家英克尔斯(Alex Inkeles)谈到社会学研究对象时认为，要勾画出社会学的内容，有以下三条主要的途径。

---

① [美]理查德·谢弗著.社会学与生活.刘鹤群，房智慧，译.北京世界图书出版公司，2006年，第6页.

(1)历史的途径。力求通过对经典的社会学著作的研究,寻求社会学作为一门知识学科最为关心和感兴趣的是什么。即我们要问:“创始人说了些什么?”它为我们提供了受益于前人的智慧的机会。

(2)经验主义的途径。对现代的社会学著作加以研究,以期发现这门学科最关心的是些什么现象。即我们要问:“当代社会学家在做什么?”

(3)分析的途径。武断地将某个较大的论题加以划开、确定它们的范围,并将它们分别划归为不同的学科。这时我们要问:“理性的指示是什么?”[①]依据这三个途径,从综合的角度出发,可以将社会学定义为:社会学是一门从整体视角出发,通过社会行动和社会关系来研究社会生活的结构和关系,寻求社会生活的系统联系和发展规律的科学。这个定义包括以下四个要点。

①社会学是以整体的视角来研究社会;

②社会行动和社会关系是社会学研究的逻辑起点;

③社会学研究的是社会生活的结构和关系;

④社会学的研究目标是揭示社会生活的系统联系和发展规律。

本章小结

(1)社会学的学科性质表现为:社会学是一门科学;社会学是一门社会科学;社会学是一门应用性的社会科学。

(2)从综合的角度出发,我们可以将社会学定义为:社会学是一门从整体视角出发,通过社会行动和社会关系来研究社会生活的结构和关系,寻求社会生活的系统联系和发展规律的科学。社会学的研究对象是社会生活的结构和关系。

思考题

1.简述社会学作为一门科学的特征。

2.简述社会学与其他社会科学的区别与联系。

3.简述社会学的应用类型。

4.简述学者们在社会学的研究对象上的分歧及其原因。

5.简述社会学的定义。

---

① [美]亚历克斯·英克尔斯.社会学是什么?对这门学科和职业的介绍.北京:中国社会科学出版社,1981,第1页.

1 社会学的起源

学习目标

本章旨在对社会学的来源和由来进行一个概括性的介绍。通过本章的学习,学生应初步了解社会学的产生和形成过程,了解社会学的产生和形成阶段的代表人物及其社会学思想,并对社会学的来源和由来形成清晰脉络。

本章知识点

(1)社会学产生的年代和背景。
(2)社会学的产生阶段及其代表人物。
(3)社会学的形成阶段及其代表人物。

社会思想和社会理论古已有之。人类从遥远的古代社会开始,就对他们生活的社会环境、人类行为、道德等问题进行了探讨。不论是从古希腊和古罗马的社会思想中,还是从我国春秋战国时代思想的论著和资料中,都可以看到有关这方面的论述。但是作为学科的社会学却是一门比较年轻的学科,产生并形成于欧洲,距今只有160多年的历史。“社会学”一词最早是由法国哲学家、社会学家孔德在1838年10月出版的《实证哲学教程》第4卷中正式提出的。无论是从孔德开始的西方社会学,还是马克思创立的马克思主义社会学,都经历了一个从一般社会哲学到专门的具体社会科学演变的过程。而西方社会学在19世纪末传入我国后,中国社会学也经历了一个曲折的发展过程。

1.1 社会学的产生背景

社会学作为一门独立的社会科学,产生于19世纪30、40年代。和任何一门其他的社会科学的产生一样,社会学的产生也不是偶然的,有着深刻的社会背景,包括历史背景和学术背景。

1.1.1 社会学产生的历史背景

从学科产生的历史条件来看,社会学是近代资本主义工业社会的产物。18世纪末到19世纪初的欧洲社会经历了有史以来最为广泛和深刻的社会变革,即发生了18世纪在英国开始、19世纪扩展到整个西欧和美国的产业革命和以1789年法国大革命为标志的政治大革命(同时也是思想大革命)。这两次革命的胜利不仅表明了封建制度和封建神学的彻底崩溃,而且完全地改变了欧洲的经济生活和社会生活,它所引起的社会变化和后果,主要表现在以下两个方面。

1.社会发展取得巨大进步

随着社会由传统的农业社会转变为新兴的工业社会,即由传统的封建社会转变为现代的资本主义社会,西欧资本主义突破封建时代的羁绊,进入快速发展的阶段,社会生产力达到了空前的高度,从18世纪下半叶到19世纪上半叶,“资产阶级在它的不到一百年的阶级统治中所创造的生产力,比过去一切世代创造的全部生产力还要多,还要大”①。在人类历史上,只有工业资本主义才能产生如此巨大的生产力。科学革命和产业革命的胜利以及资本主义大工业和世界市场的建立,为资本主义发展开辟了前所未有的广阔前景,生产力的巨大发展,推动了自由竞争以及与此相应的经济、政治、社会制度的建立,带来整个社会的急剧变化。资本主义制度确立后,新兴的资本主义生产方式结束了先前那种地方的和民族的闭塞状态及自给自足的经济,形成了世界市场,引起了商业、航海业、交通业、服务业的巨大发展,科学技术和生产力取得了突飞猛进的发展,使社会从生产力到生产关系、经济基础到上层建筑、思想观念到政治制度都发生了重大变化。

2.社会问题大量产生

资本主义制度的确立,并没有建立起资产阶级启蒙思想家所预言的“理性的王国”,也没有带来普遍的“自由、平等、博爱”。恰恰相反,在社会生产力取得巨大发展的同时,社会的矛盾与冲突也在不断地扩大和趋于激化,刚刚建立不久的资本主义制度也已经开始暴露出许多固有的社会矛盾和社会问题,大批农民破产,大量工人失

① 马克思恩格斯选集.第2版.第1卷.北京:人民出版社,1995年6月,第277页.

业,不同社会阶层贫富差距加大,城市贫民的居住和工作条件恶劣,经济危机的周期性发作以及一代人无所适从的"失落感"等等,从各个方面困扰着社会生活。特别是由于资本家疯狂掠夺高额利润,大多数劳动者终日劳作却食不果腹,生活水平每况愈下,生活贫困而悲惨,被迫罢工、破坏机器甚至起义,导致社会冲突加剧,阶级矛盾异常尖锐,社会在急剧的变革中动荡不定。即使被看成是文明、思想自由和物质享受摇篮的城市,在发展过程中也带来了大量的弊端,例如,由于城市人口急剧增加后所产生的住房拥挤、环境污染、人际关系复杂化、家庭破裂、卖淫、吸毒、犯罪等种种严重的社会问题。

为了克服当时面临的种种社会危机,社会迫切需要关注这些社会问题,并找出解决问题的途径和方法。由于在原有的科学体系内用传统的方法进行的研究已经无法对这些社会问题作出令人满意的解释和回答,迫切需要一门不同于其他社会科学的独立的新学科来解释、回答和解决这些社会问题。由于对解决上述社会问题的看法存在分歧,社会学从一开始便形成了两大直接对立的派别,一是以马克思、恩格斯为创始人的马克思主义社会学,二是以孔德为创始人的西方社会学。马克思主义社会学指出,为了解决上述社会问题,必须依靠社会革命手段推翻资本主义制度,建立社会主义制度,但西方社会学认为资本主义社会中出现的弊端可以在资本主义社会范围内加以改革,无需像马克思主义社会学所主张的那样必须建立社会主义制度以代替资本主义制度。

1.1.2 社会学产生的学术背景

在强调社会学产生的历史条件时,同样必须看到社会学产生的学术背景,特别是法国启蒙时代的社会思想和历史哲学的影响,实证科学的冲击和早期社会调查方法、统计科学的运用等等。社会学的学术背景主要表现在以下几个方面。

(1)历代思想家在其哲学、政治和伦理观点中包含的社会思想,尽管出现在作为专门学科的社会学产生与形成以前,但也对社会学产生与形成具有较大的启示甚至直接的影响。在作为独立学科的社会学产生以前,就已经有许多思想家致力于广义的社会学的研究了。例如,在我国先秦时代就有孔子、孟子、老子、庄子、墨子等人的杰出的社会思想;在古希腊时期,则有柏拉图、亚里士多德的社会学说;中世纪时有托马斯·阿奎那、马基雅维利的社会思想等;西欧近代早期则又有从文艺复兴以至启蒙运动的托马斯·霍布斯和让·安都昂·孔多塞的社会政治观点,等等。例如,柏拉图发现了社会生活的分工和经济、地理、人口等各种社会自然条件的重要性;亚里士多德非常重视社会生活的诸多要素、经济交换的各种条件,以及从自然经济到货币经济的过渡。同时,中国先秦思想家荀子曾指出,"人能群,彼(禽兽)不能也",所以"人生不能无群",这里的"群"实际上就是"社会",而儒家倡导的"修身、齐家、治国、平天下"的人格理想,也是人类社会思想宝库中的重要组成部分。从欧洲文艺复兴以来,资产阶级启蒙运动的思想家们为适应新兴资产阶级的要求,提出了各种反封建、反神学的社会学观点,从不同方面对各种社会现象进行了思考并以不同的方法进行了研究。孟德斯鸠的《罗马兴衰原因论》《论法的精神》(也译为《法意》)等阐述了一切社会历史现象都是有规律发展的思想,并从总体上拟定了社会改革计划;卢梭的著作《论人类不平等的起源和基础》、《社会契约论》(也译为《民约论》)等试图说明社会不平等的产生和根源;空想社会主义者圣西门、傅立叶和欧文尖锐地揭露了资本主义的种种罪恶,制定了社会改革的计划,设计了理想社会的模式。特别是圣西门的学说,直接影响了后来的社会学学说,对社会学的诞生起了重大的作用。西方社会学的创始人孔德不但受到柏拉图、亚里士多德、霍布斯等人的影响,而且还直接从孟德斯鸠关于历史和社会现象的决定论和孔多塞关于人类理性进步的必要阶段论中,引出来了关于人类知识、政治形式和社会类型的三阶段论。在中国,严复把社会学翻译成为“群学”,就是受到荀子关于“人生不能无群”等思想的启示。从康德到黑格尔的德国古典哲学,以亚当·斯密和大卫·李嘉图为代表的英国古典经济学,以傅立叶、欧文特别是圣西门为代表的法国空想社会主义,是马克思主义的三个来源,当然也是马克思主义社会学的思想来源。同时,西方社会学中的反实证主义思潮也受到德国古典哲学传统以及社会科学历史学派的影响,例如,韦伯的社会学既受德国人文科学观点的影响,又受英法实证主义的影响。

(2)自然科学取得的许多重大成果,启发着人们用自然科学的理论和方法去考察和认识社会。随着自然科学的新进展,尤其是天文学、地理学、数学、物理学、力学、气象学、地质学、考古学和生物学的发展,例如,法拉第电学试验的成功,加勒用望远镜找到了预期存在的行星——海王星,牛顿力学体系的确立,为整个宇宙描绘了一幅完整的图画。16 世纪和 17 世纪,经过实证科学浪潮的冲击,人们开始认识到,社会是自然界的一部分,既然自然界有其自身的规律,社会体系也应有和其他自然体系相同的规律可以寻找。圣西门就曾经研究过当时在自然科学中领先的物理学,试图把物理学那种经验科学的研究方法应用到社会研究上,并设想称之为“社会物理学”。而自然科学成就及其方法也的确对社会学的产生和形成产生了积极的影响,例如,细胞学说、能量守恒和转化规律、生物进化论等三大发现,既是马克思主义社会学产生的自然科学基础,也是西方社会学用自然科学方法研究社会的实证主义思潮的来源,特别是斯宾塞的社会有机论和社会进化论、结构功能主义、冲突理论的重要来源。

(3)社会调查统计的发展,启发了一些学者去研究社会,并提供了研究社会的实证方法,这为社会学的经验研究提供了广阔的前景。早期社会统计调查和定量分析发源于 17 世纪的英国,到 18 世纪下半叶至 19 世纪初期,社会调查已初步发展起来,出现了各种为了了解社会实际状况、研究解决社会问题的专题调查研究。例如,英国伊顿爵士在 1794 年至 1795 年的通货膨胀之后对贫民的人数和境遇作了调查研究,于 1797 年出版了《贫民的状况》。这些调查研究有政府主持的,有社团举办的,也有个人进行的,其范围涉及人口、男女性比例、商业、资源、消费水平、住房、贫困、死亡、自杀、犯罪等等,既为社会学积累了充足的经验观察材料,也由于其统计的理论和方法的不断创新,为形成社会学的调查研究方法,特别是为社会学成为一门不同于过去思辨的社会哲学的实证社会科学起了推动作用。社会调查统计的发展程度,甚至使孔多塞提出了"数学社会学"的设想,而涂尔干的《论自杀》(也译为《自杀论》)也明显地表现出这一点。

总之,迫切的社会需要,丰富多彩的自然科学成就与社会思想理论成果,既强调了社会学产生的必要性,也为社会学的产生提供了可能,使社会学的产生成为历史发展的必然。

1.2 社会学的产生

在19世纪30、40年代,欧洲资本主义制度已经确立,社会发展取得了巨大的进步,而资本主义制度的固有矛盾也暴露出来,阶级斗争异常尖锐,社会问题大量产生。在这种背景下,无产阶级的革命导师马克思创立了马克思主义社会学,提出了无产阶级革命的口号;孔德则建立了西方社会学,开始研究资本主义社会的社会秩序和社会进步。

1.2.1 孔德的社会学学说

奥古斯特·孔德,法国哲学家和社会学家,在《实证哲学教程》中第一次使用了"社会学"这一概念,是公认的西方社会学的创始人,被称为"社会学之父"。孔德早年深受孟德斯鸠、孔多塞等法国哲学家的影响,曾经担任法国著名的空想社会主义思想家圣西门的私人秘书。孔德的主要著作有《实证哲学教程》《实证政治体系》等。

孔德的社会学学说主要包括以下几个方面。

1.社会学是实证科学

孔德生活的时代正是法国社会变革的时代,他亲历了法国大革命,看到了封建社会制度的瓦解和资本主义制度的确立,于是,他把社会学界定为研究社会秩序和社会进步的科学。孔德使用"社会学"这个术语,是为了表明社会学是一门用实证方法研究社会现象基本规律的独立学科,区别于那种思辨的社会哲学或历史哲学。所谓"实证",就是"真实"、"精确"、"有用"的意思,表示社会学像数学、物理学等自然科学一样可靠。孔德认为,社会学的任务是对社会现象固有的全部基本规律的实证研究,既要运用归纳法,也要运用演绎法,而这一切研究都应该以观察、实验、比较和历史的方法作为基础。因此,实证主义成了社会学理论最初的思想旗帜。

2.社会学是关于人类社会的科学

孔德认为,宇宙现象分为五类,即天体现象、物理现象、化学现象、生理现象、社会现象,这五类现象在整个宇宙中是统一的,相互关联的。前四种宇宙现象已形成了专门的学科,即天文学、物理学、化学和生物学,只有社会现象还是个空白,需要一门科学来补充,这门科学,就是"社会学",它是以一切自然科学知识为基础的研究社会的科学。不仅如此,孔德还赋予社会学高于其他各种社会科学的最突出地位,把社会学视为一切社会科学之冠。他用了一些诸如"社会一致"、"社会存在"等概念来为社会学的研究对象划定领域。

3.社会学分为社会静力学和社会动力学

孔德把社会学分成“社会静力学”和“社会动力学”两部分。其中,社会静力学是关于社会秩序的理论,研究的是社会的结构和制度,是对人类社会的共同存在条件和相应的协调规律的整体进行的深入研究,目的是研究社会的和谐和秩序。孔德认为,社会是一个有机的整体,社会各部分之间的平衡与和谐的关系,是正常运行的基本条件,一旦这种关系遭到破坏,社会的运行就会发生障碍,造成社会病态,引起社会混乱与变革。社会动力学是关于社会进步的理论,主要研究社会的发展与进步,是对社会发展和社会不断运动规律的研究和解释。孔德认为,连续的社会状态中的每一种状态都应该是以前状态的必然结果,而又是以后状态必不可少的推动者。由于人类社会尤其是现代社会的不稳定性,孔德后来在他的《实证主义政治体系》中又强调社会静力学和社会动力学两者之间是一种互补关系,即在社会静力学中社会现象是以相对不变的面目出现,而在社会动力学中则是以可变的、历史的面目出现的。

4.社会学是维护资本主义的学科

根据孔德的理解,社会发展将根据不同的思维(知识)类型依次经历三个阶段,即神学阶段、形而上学阶段和实证阶段(或科学阶段),与此相对应的人类政治组织形式分别是神权政体、王权政体与共和政体三种阶段,相应的社会组织的发展是军事社会时期、法律社会时期和工业社会时期三个阶段。孔德认为资本主义社会已进入了工业社会时期,即科学的实证阶段,是社会发展的最高阶段。由于孔德认为神学政体和形而上学政体是造成社会混乱的主要祸根,因此,他认为作为工业社会的资本主义社会的社会秩序必须建立在实证科学知识的基础之上,而社会学的产生则标志着整个社会科学开始进入实证科学阶段。同时,孔德认为社会历史的发展是一个分阶段逐步演进的过程,无需社会和政治的革命。社会革命和政治革命都会破坏历史的合乎规律的进程,使社会陷入病态。因此,孔德的社会学学说的实质是要维护资本主义的社会制度。

孔德所提出来的社会学是一种以实证主义为其哲学基础的历史唯心主义的社会学说,其目的是要维护、改进和完善当时的资本主义社会。由于孔德的社会学学说带有明显的保守倾向,他的理论体系也带有机械论的色彩,因此,随着时代的发展,他的许多观点已经很少为人们所采用。但是,毕竟是孔德把实证主义引入了对社会的研究,并对社会学体系化作了尝试,同时,他将社会作为一个有机整体来进行研究的观点,也成为了后来的结构功能主义社会学的理论渊源,所以他对社会学的贡献是巨大的。

1.2.2 斯宾塞的社会学学说

赫伯特·斯宾塞,英国实证主义哲学家、社会学家,英国社会学的奠基人,是孔德之后最著名的早期社会学家。斯宾塞把生物进化论应用于社会学研究,认为社会是一个有机体,社会的进化和生物的进化遵循着同一条规律。斯宾塞认为,和自然界存在的生物进化一样，人类社会也始终处于进化过程之中，社会进化是从简单到复杂，从单一到多样，永远朝着日益进步的方向前进。斯宾塞的主要著作有：《社会静力学》《社会学研究》《社会学原理》等。

斯宾塞的社会学思想主要包括社会有机论和社会进化论。

1.社会有机论

斯宾塞的社会有机论将社会理解为有机体，是对社会的静态研究。斯宾塞把社会和个人的关系比喻为生物有机体和细胞的关系，认为社会的组织结构像生物有机体一样，具有自己的各种"系统"和"器官"。斯宾塞认为，在一切发达的社会有机实体中，都存在三个系统：支持系统，也称营养系统或生产系统，负责向社会提供所需的产品；分配系统，也称循环系统或分配系统，负责社会有机体在分工基础上的联系；调节系统，也称神经系统，负责使社会各个组成部分服从于社会整体。斯宾塞认为，支持系统的功能由劳动阶级担负，分配系统的功能由商人担负，调节系统的功能则由工业资本家担负，这三者相互配合，缺一不可。斯宾塞认为，由于社会有机体需要依靠语言、文字、科学、艺术、思想系统来维持其正常生活和活动，因此必须有各种社会设置(例如，家庭、礼仪、政治、教会、职业和工业等)来承担支持系统、分配系统和调节系统这三大系统功能，正是这些设置促进了社会的正常运行。

2.社会进化论

斯宾塞学说的另一个重要内容是社会进化论，体现了斯宾塞对社会的动态研究。斯宾塞的社会进化论认为社会的进化过程也是按照生物学自由竞争、适者生存的法则逐渐实现的，因此人类社会就是在自由竞争、自由淘汰过程中持续发展和进步的。斯宾塞认为，社会进化是不可抗拒的，是一个持续的、不间断的过程，要经历生长过程、结构进化、功能分化、相互依赖等过程。在它的发展过程中，社会规模由小变大，社会组织由单一的、同质性结构转变为复杂的、异质性结构，并伴有社会各部分的功能分化现象，促使执行各种不同功能的社会各部分之间相互联系和制约增加。也就是说，在社会发展过程中，社会结构越复杂，功能越分化，各部分间的功能联系和相互依赖程度越高，社会就变得越加脆弱，若其中一个部分的功能失调，就会使社会系统受到影响甚至导致瓦解。斯宾塞认为，在这种社会进化过程中，尽管充满矛盾，但基本上是平稳的、自然的，不容许有意识地加速或人为干预。有意识的加速，或者外来的干预，都会给社会进化造成障碍。斯宾塞既反对国家对社会生活的干预，也反对社会革命，认为革命会破坏进化自身的规律。因此，斯宾塞的社会学理论的实质是提倡资本主义的自由竞争和维护资本主义的现存秩序，换言之，就是要维护资本主义制度。

斯宾塞的社会学理论对早期社会学的影响较大。他的社会有机论思想对后来的结构功能主义学派产生了重要的影响。斯宾塞在社会学史上的地位，在于他把孔德所创立的社会学体系更加具体化了。

1.2.3 早期的马克思主义社会学学说

19世纪前半期欧洲资本主义社会的矛盾和无产阶级与资产阶级的斗争，不仅孕育了西方社会学，同时也孕育了马克思主义社会学说。当然，马克思主义创建的首先是关于人类实践活动各个发展阶段的社会历史学说，但是，马克思从经济基础与上层建筑、生产力与生产关系之间辩证的矛盾运动以及由此形成的阶级和阶级斗争出发，解释了人类社会的一般结构和历史发展的原因，阐明了资本主义社会的产生、发展和必然灭亡的规律，并在此基础上阐明了人类社会未来发展的方向，从而为无产阶级的解放事业提供了理论依据。虽然他们并没有使用社会学这个概念，也没有为社会学划定具体的范围，但是，在马克思的著作中，这些内容都与其历史哲学和政治经济学的概念密切相关，例如，马克思对社会意识形态的研究，以及把社会经济活动纳入有关社会各阶级的研究等。因此，即使"马克思不是一位社会学家"，但是，在"马克思主义中又包含着一种社会学"①。

事实上，只有历史唯物主义才可能是真正的社会学的理论基础。而马克思把黑格尔的辩证法运用到关于社会变迁的研究中，这无疑使社会学因此而获得了一种极为出色的分析手段。此外，马克思和恩格斯还身体力行，做了许多社会学研究的开创性工作。他们深入实际，对于英、法、德等国的资本主义社会状况进行了大量的调查研究，并在这个基础上，对社会学的各类具体理论作了深入的探讨。而且，马克思对社会学的影响是至今为止没有任何一位社会学家可以超越的。因此，马克思和恩格斯不但是伟大的无产阶级革命家，也是当之无愧的社会学大师，是马克思主义社会学的创始人。

马克思唯物史观社会学的产生，使这门学科在本质上成为批判的、革命的学说，与孔德从既定现实出发强调秩序、整合，目的在于维护和改良现存资本主义制度的政治保守态度形成鲜明对立。作为一门学科，社会学是产生于西方并且主要是在西方发展起来的，所以本教材在介绍社会学的产生和形成时，往往着重介绍西方社会学的情况，但在学习社会学时，应当努力学会自觉运用马克思主义的立场、观点和方法，有分析有批判地研究和评价西方社会学及其历史和现状。

1.3 社会学的形成

19世纪末20世纪初，是经典社会学理论形成的阶段。在这一时期形成了以涂尔干为代表的实证主义路线和以韦伯为代表的反实证主义路线，以及以美国芝加哥学派为代表的重视实际的社会调查的传统。此外，像格奥尔格·齐美尔、帕雷托、费迪南德·股尼斯、马林诺夫斯基等人，对社会学的形成都作出了很大的贡献。

---

① 弗朗索瓦·布里科等著.社会学的由来与发展.北京：商务印书馆，1987年10月，第8页.

1.3.1 涂尔干的社会学学说

法国的埃米尔·涂尔干(也译为“迪尔克姆”或“杜尔凯姆”或“杜尔干”等),是法国著名社会学家和社会活动家,早年学习法律和哲学,在发现哲学不能解决现实生活中的社会问题后,专心致志于科学的社会研究。涂尔干于1896年在法国创办《社会学年刊》,并在法国大学里第一个开设了社会学课程,是历史上第一个获得社会学教授职位的人,被西方社会认为是第一个对日常生活的特定现象进行社会学研究,并系统形成一套富有生命力的方法的学者。涂尔干的社会学研究分为两部分:一部分是从正面研究资本主义社会的团结与分工等问题;另一部分是从反面研究资本主义社会的危机表现。涂尔干的主要著作有《论自杀》、《社会分工论》(也译为《论社会分工》)、《社会学方法的规则》(也译为《社会学方法论》)、《宗教生活的基本形态》等。

涂尔干的社会学学说主要包括以下几个方面。

1.社会学是关于社会整体的实证科学

涂尔干认为社会学是不同于哲学的一门独立的学科,他是以科学的联贯性和精确性为社会学这门学科确定研究范围和可靠方法的第一个人。涂尔干的方法论特点是坚持社会唯实论和社会整体观,认为社会是独立存在的客观实体,同时也是一个不可分割的整体,强调必须从社会本身的性质中寻找社会生活的说明,必须从社会内部结构中寻找重要的社会进程的最初起因。因此,涂尔干主张社会学重点在于社会结构,注重社会的一致性和结构的整合,主张在社会整体层次上进行实证性研究。

2.社会事实论

涂尔干认为,社会学的研究对象是社会事实,包括物质的社会事实和非物质的社会事实,即在社会层次上发生的种种现象,是一种个人外部的存在,是决定个人行为而不以个人的主观意志为转移的客观事物,这些事实构成了社会。在社会学的研究方法方面,涂尔干主张用经验的观察和对事实材料的分析来代替理论的思辨和主观的想象,强调社会学要求运用一些社会事实来说明、表达另一些社会事实,根据事实材料来寻找社会现象的规律,反对用个人心理动机去解释社会事实。他所创立的这一套行之有效的研究方法对社会学的发展产生了深远的影响。

3.社会团结论

涂尔干的社会学学说是以社会团结为主线展开的。涂尔干认为,社会团结是一种最基本的社会事实,影响、决定着其他社会事实。所谓社会团结是指把个体结合在一起的社会纽带,是一种建立在共同情感、道德或价值观基础上的个体与个体、个体与群体、群体与群体之间的、以结合或吸引为特征的联系状态。按照社会发展的程度,涂尔干把社会团结分为机械的团结和有机的团结。机械的团结是指不发达的和古代的社会中的团结,全体成员所具有的共同意识和行为形成了一种约束力,约束每一个社会成员,使他们没有多少自由;有机的团结是指发达的、具有严格社会分工的现代社会特别是资本主义社会的团结,是由社会分工的发达而形成的个人之间的异质性造成的,由于个人之间的异质性增强,人们彼此之间的依赖性也就日益增强。在这种社会中,共同意识的约束力趋于减小,人们有较多的思想和信仰自由,个性可获得较大发展。涂尔干认为产生这两种团结类型的主要原因在于不同的劳动分工形式。

4.宗教论

涂尔干对社会道德基础的关心,促进了他关于宗教的社会功能的经典社会学观点的发展。涂尔干认为宗教是使个人产生恪守社会要求的道德责任感的力量之一,实质上是社会的产物,和社会之间存在着紧密的相互依赖关系,宗教思想依赖和反映着它的社会结构类型,人们共同崇拜的神灵,都不过是社会力量的投影。当人们颂扬神灵时,实际上是在无意识地颂扬它所反映的社会力量。

5.确定社会学具体的研究范围和特定的研究方法

涂尔干是第一个把日常生活中的现象放在社会学的框架中进行分析的人,他主张人的环境即道德环境是社会变动的首要原因,并在此基础上形成了进行社会学研究的具体的研究范围和特定的研究方法。这是涂尔干对社会学的主要贡献。为了预防和治疗对社会团结的破坏,涂尔干还专门研究了社会反常现象和偏离行为。在他的代表作《论自杀》中,涂尔干不是从个人心理动机方面去解释自杀的行为,而是把社会环境作为主要原因来研究,他通过对自杀现象的分析研究,提出自杀的真正原因在于社会变化速度过快,使人们失去集体感、纪律感和社会团结感。因此,为了摆脱社会危机,涂尔干认为必须加强社会整合。同时,涂尔干积极地将其社会学理论和方法付诸实践,以家庭、职业团体、教育、宗教、法律、国家等为具体的社会学研究内容,确定了诸如社会功能、社会整合、社会交往、社会团结等一系列基本概念,建立了社会学专业的基本体系。因此,涂尔干被认为是西方社会学学科体系和专业体系的奠基人。

由于涂尔干的努力,社会学形成了自己的具体研究范围和特定的研究方法,也终于在社会科学中获得了独立的学科地位。由于涂尔干在理论研究上是进化论、结构主义、功能主义的集大成者,因而对后来的结构功能主义学派影响甚深。

1.3.2 韦伯的社会学学说

马克斯·韦伯,是德国早期杰出的社会学家,与涂尔干一起被公认为西方现代社会学的奠基人。韦伯知识渊博、视野宽阔、研究领域广泛,从经济、政治、法律、宗教等社会生活领域到社会科学方法论都有重要的贡献,一生中著作很多,韦伯的代表著作主要有:《新教伦理与资本主义精神》《经济与社会》等。

韦伯的社会学学说主要包括以下几个方面。

1.提出反实证主义社会学研究方法

韦伯面对孔德、斯宾塞创立的实证主义社会学所处的困难境地,提出了新的反实证主义社会学研究方法。他的社会学研究方法主要包括两方面:一是价值判断,二是理解。韦伯认为,社会学是理解社会行动的科学,是保持社会科学价值判断中的客观性和中立性的一门学科。韦伯认为,社会学的任务是理解人的行动,应该通过理解各种社会行动的过程与结果,发现这些行动的意义和合理性,并用来说明社会行动。

2.理解社会学

所谓“理解”社会行动，是指社会学家要把握行动者赋予其自身行动的主观意义，并据此对社会行动进行分类，以作为理解社会行动的“理想类型”。韦伯认为，社会学认识社会行动，是要从根本上说明社会行动的过程和影响。所谓社会行动，是指行动者以他个人主观认定的意义而与他人发生联系并且在行动过程中依赖于他人行为的行为，是把一种主观思想与行为结合起来的个人或众人的社会活动。在韦伯看来，社会行动可以分为：①目标合理的行动；②价值合理的行动；③激情的行动；④传统的行动。在传统社会中，后两种行动占主导地位；而在工业社会中，前两种行动占主导地位。在韦伯看来，只有目标合理的行动和价值合理的行动才包含行动者明确的主观意义，才是真正意义的社会行动，才属于合理的行动，这种目标合理的行动的作用日益加强、范围日益扩大的过程就是“合理化过程”。

3.政治社会学

韦伯对统治的合法形式即权威进行了深刻的研究。韦伯认为，权威可分为三种类型：一是传统权威，即依靠被领导者对传统和世袭的崇拜而维系的统治；二是魅力权威，即依靠领导人的人格魅力而维系的统治；三是法理权威，即根据所制定的规则的合法性而维系的统治。韦伯认为，只有法理权威才最符合世界的合理化趋势，因此成为现代西方社会最普遍的一种统治形式。韦伯认为法理权威具有特定的组织结构科层制(也称为官僚制)，即一种协调许多个体的工作、完成大规模任务的组织。由于科层组织的管理职权可以同财产所有权相分离，可以产生比以往的非科层制组织更高的工作效率，所以，现代社会的组织形式都不可避免地会向科层制方向发展。韦伯也因此被认为是古典管理理论的主要代表之一。

4.关注资本主义

韦伯非常关注资本主义问题，尤其是资本主义的起源问题。在代表作《新教伦理与资本主义精神》中，韦伯通过论述资本主义的起源与发展以及宗教信仰与日常经济行为的关系问题后认为，资本主义全球化的发展动力，最重要的就是“合理性”，即把合理的思想以及合理的技术逐步运用到社会生活的各个方面。古代以色列用信仰上帝满足精神要求来取代巫术，就是他们采取的宗教合理化步骤，以后的宗教改革，特别是加尔文教倡导的改革，使得合理性日益受到人们的重视。韦伯相信，犹太教和基督教的教规为世界的合理转向奠定了基础，新教伦理是把西方引向资本主义的重要因素。韦伯的这一观点在东西方都受到广泛的关注。可见，韦伯的“理解社会学”，实际上就是要通过社会行动理论所阐明的“合理化”，为资本主义社会的产生和存在提供理论的论证，并通过科层制对资本主义社会作具体的探讨。

5.评价马克思主义社会学

需要说明的是，韦伯对马克思主义的社会学理论采取了两面态度，拒绝用革命的手段来改造资本主义社会。韦伯首先承认马克思是杰出的学者，赞同马克思关于资本主义经济形式是比封建主义经济形式更强大的进步发展因素的论点；同时又认为马克思对资本主义的分析结论是空想的,建立新型的社会主义社会是不可能的,这与西方社会学维护资本主义制度的本质是一致的。

韦伯的社会学思想具有广泛而深刻的影响。他的社会行动理论被认为是帕森斯结构功能主义的思想来源;他的科层制理论在当代组织社会学和政治社会学中产生广泛的影响;他的宗教社会学理论对比较文化研究具有重要的思想启发作用;他的理解社会学理论改变了社会学单一运用的实证主义方法论的局面,成为反实证主义方法论的重要理论基础。应当指出的是,韦伯的社会学理论过分强调了人的社会行动的主观意义以及精神因素在社会历史发展中的作用,因而他的社会历史观具有唯心主义的倾向。

1.3.3 美国芝加哥学派的社会学学说

美国芝加哥学派是以芝加哥的一些大学社会学学者为主的,以重视调查研究社会现实问题尤其是城市生活问题的城市社会学派。他们一方面对芝加哥市的外来移民区、流浪汉、盗贼、舞女等问题进行实地调查,另一方面又提出了城市区位安排的模式,既强调减轻社会弊病,改善城市的运行,又强调肯定资本主义性质下的西方产业城市区位分布的合理性。

社会学的产生最终是以经典理论作为标志的。这时的社会学已经不再具有圣西门—孔德时期那种对社会进步的盲目乐观情绪了,它也不再试图建立一个包罗万象的体系,相反,社会学经典理论直面现代社会的危机,具有一种强烈的社会批判意识,不仅仅只是关注具体的现实社会问题,而且还通过对现实社会审视的同时又反身考察构成社会知识的各种现实条件。显然,社会学的这种批判意识已经摆脱了实证哲学的束缚,而与整个社会思想史的批判传统紧密联系起来了。

本章小结

(1)社会学作为一门独立的社会科学,产生于19世纪30、40年代。和任何一门其他的社会科学的产生一样,社会学的产生也不是偶然的,有着深刻的社会背景,包括历史背景和学术背景。社会学产生的历史背景主要表现在:社会发展取得巨大进步、社会问题大量产生。社会学产生的学术背景主要表现在:历代思想家在其哲学、政治和伦理观点中包含的社会思想对社会学产生与形成具有较大的启示甚至直接的影响;自然科学取得的许多重大成果,启发着人们用自然科学的理论和方法去考察和认识社会;社会调查统计的发展,启发了一些学者去研究社会,并提供了研究社会的实证方法,这为社会学的经验研究提供了广阔的前景。

(2)在19世纪30、40年代,社会学产生的代表人物和主要学说思想有:孔德的社会学说、斯宾塞的社会学说以及早期的马克思主义社会学学说。

(3)19世纪末20世纪初,是经典社会学理论形成的阶段。这一时期的代表人物和学说思想有:以涂尔干为代表的实证主义路线,以韦伯为代表的反实证主义路线,以及以美国芝加哥学派为代表的重视实际的社会调查的传统。

思考题

1.请说出社会学的产生年代及其创始人。
2.社会学产生的背景包括哪些内容?
3.简述社会学产生和形成阶段的代表人物及其主要社会思想。

2

社会学的分析视角

学习目标

通过本章的学习,使学生掌握社会学的想象力的涵义,以及如何发挥社会学的想象力;掌握社会学的三种主要理论视角及其代表人物。

本章知识点

(1)社会学的想象力的含义以及如何发挥社会学的想象力。
(2)社会学的三种主要理论视角各自代表人物及其理论观点。

2.1 社会学的想象力

关于喝咖啡的社会学探讨[①]

首先,我们能够指出咖啡并不只是一种提神的东西,它作为我们日常社会活动的一部分还具有象征价值。早上喝咖啡在许多西方人的日常生活中处于重要位置,标志着一天的开始;而接下来在白天常常与其他人一起喝咖啡——这是一种基本的社

① [英]安东尼·吉登斯.社会学.第4版.赵旭东,等,译.北京:北京大学出版社,2003年,第2~4页.

会仪式,约在一起喝咖啡的两个人心里可能更希望是聚在一起闲聊而不是对喝什么感兴趣。实际上,所有社会的饮食行为都是为社会交往以及仪式展现提供场合,而这些都成为社会学丰富的研究对象。

第二,咖啡是一种含有咖啡因的饮品,对大脑有刺激性作用。许多人喝咖啡是为了提神,通过喝咖啡来休息,可以熬过办公室的漫漫长日和深夜的苦读。在西方文化中,大多数人并不把嗜好喝咖啡的人看成是吸毒的人,就像酒精一样,咖啡是一种社会能够接受的毒品,而大麻则不属于此类。然而,有的社会允许消费大麻甚至可卡因,却反对消费咖啡和酒精。社会学家对为什么会存在这种差异怀有兴趣。

第三,某个人一旦喝了一杯咖啡就等于卷入了遍及世界的一种复杂的社会与经济关系。咖啡是一种把地球上一些最富裕和最贫穷地区的人们联系在一起的产品。咖啡主要是由贫穷国家生产,但却在富裕国家被大量消费。在国际贸易中,咖啡是仅次于石油的最有价值的商品,成为许多国家最大的外汇来源。现在,我们生活中的许多方面都受到世界范围的社会交流的影响,而社会学的一项重要任务就是研究这种全球化的贸易。

第四,饮用一杯咖啡的行为足以推定过去社会和经济发展的全过程。与茶、香蕉、土石和白糖等在当今西方饮食中为人所共知的商品一样,咖啡成为普遍消费品仅仅是18世纪晚期以后的事。咖啡产于中东,大约在150年以前,西方国家的殖民扩张使咖啡成为西方人的大众消费品。实际上,我们今天在西方国家喝的所有咖啡都源自西方人的前殖民地(南美和非洲),因而根本就不是西方饮食中一个"自然"的部分。殖民时代留下的遗产对全球咖啡贸易的发展有着巨大的影响。

第五,咖啡是当代许多关于全球化、国际贸易、人权和环境破坏的争论的焦点。随着咖啡的日益普及,咖啡的消费已变得"品牌化"和政治化了。消费者做出的喝哪种咖啡、到何处购买的决定已经成为代表生活风格的选择。人们可以选择只喝纯天然的咖啡或天然不含咖啡因的咖啡。咖啡的饮用者们可能会决定联合抵制来自某些人权和环境记录差的国家的咖啡。社会学家有兴趣去了解全球化是如何提高人们对发生在地球遥远的角落里的问题的关注程度。

社会学视角强调人们生活于其中的社会背景,研究这些背景如何影响人们的生活,即研究群体如何影响人们,特别是人们如何被他们的社会所影响。社会学家米尔斯认为研究社会现象应有一种"社会学的想象力"①,即指社会学者要具有把个人经验与广阔的社会天地相联系的自觉的强烈意识。

学习从社会学的角度思考问题,也就是用更加开阔的视野去观察,意味着对想象力的培养。一个人如果能够自如地跳出个人情境的即时性,同时又能够将事情放在一个更广泛的背景上来思考,那么用美国学者米尔斯的话来说,就是具有了社会学想

① [美]赖特·米尔斯.社会学的想象力.北京:三联书店,2001,第35页.

象力。

为了从全新的角度看待问题,社会学想象力要求我们“想象自己离开了”日常生活中那些熟悉的惯例。以喝咖啡这个简单的行为为例,如果我们充分发挥自己社会学想象力,那么从这个有趣的行为分析中,我们会发现很多新的知识。

2.1.1 米尔斯简介

查尔斯·怀特·米尔斯(Charles Wright Mills, 1916—1962)是美国著名的批判社会学家。他早年求学于威斯康星大学,广涉社会与政治理论,兼修史学和人类学,1941年,获得博士学位,随后曾短期到马里兰大学任教。自1946年起,他执教于哥伦比亚大学,一直到1962年去世。他在美国社会阶层和社会结构研究方面有杰出的成绩,相继发表有《白领:美国的中产阶级》(1951)、《凡勃伦有闲阶级理论入门:制度的经济学研究》(1953)、《性格与社会结构:社会制度的心理学》(1953,与葛斯合作)、《权力精英》(1956)、《马克思主义者们》(1962)等。《社会学的想象力》(1959)是其主要代表作之一。米尔斯1962年病逝于纽约,年仅46岁,死后被誉为美国学术界的“暴发户”(volcanic eminence)、“美国社会科学界最有争议的人物之一”。

2.1.2 社会学的想象力

社会学的想象力是一种心智品质,这种品质可帮助人们利用信息增进理性,从而使人们能够看清世事即发生在他们之间的事情的清晰全貌;社会学的想象力是一种社会的、历史的思维方式,个人要跳出自己的范围,专心致志地认识社会的依存关系,认识历史的变革动力。

社会学想象力的客观依据是每个个人及其特征都存在于一定的社会和一定的历史时期中。人们的个人问题,无论是失业、贫困等物质生活问题,还是工作无意义或异化等心理问题,都产生于社会结构。

社会学想象力的任务和宗旨是帮助我们把握历史和事件,把握两者在社会中的相互关系。

2.1.3 如何发挥社会学的想象力

在日常生活中,我们要学会充分发挥自己的社会学的想象力,必须做好以下五点。

第一,在学术工作中,要学会活用生活经验、珍惜自己的私人经验,这些经验对学术研究而言是重要的创意源泉。

第二,养成做笔记的习惯,建立自己的学术档案。通过笔记记下私人经验、专业活动、进行中的研究以及研究中的计划,这可帮助你有系统地思考,形成自己的观点。

第三,经验研究的设计必须有助于理论的建构。

第四,充分地运用社会学想象。社会学想象包括观点转换的能力,并在转换过程中建构出对整个社会及其组成物的适当看法。

第五,写作时要区分主旨与论题,要以简明扼要的语言呈现自己的作品,在能力所及之内制造非常形式化的理论,并建立模型。

2.2 社会学的理论视角

在日常生活中,人们总是利用常识来解释看到的事物,把观察到的事物或"事实"放在一个或多或少相互联系的概念框架中。社会学家也是如此,但他们把观察到的事物放在被称为"理论"的概念框架中。一种理论是关于世界的某些部分是如何关联在一起以及它们是如何发挥作用的一般陈述,它是对两个或更多的"事实"如何相互联系的一种解释。在西方社会学中,目前尚未形成一种统一的、占绝对统治地位的理论和方法论,而且,多数西方社会学家乐于接受这一现实:一种理论只能从某一个方面对人类社会生活进行描述或解释,那种企求建立一种能完美地解释人类社会生活各个方面的理论的尝试是徒劳无益的。在这里,我们将简单地介绍结构功能主义理论、冲突理论、符号互动论三种理论视角。结构功能主义理论的代表人物是帕森斯、默顿,冲突理论的代表人物是科塞、达伦多夫,符号互动论的代表人物是布鲁默、戈夫曼。

2.2.1 结构功能主义理论

结构功能主义认为,社会一致性把社会联系在一起,使它的组成部分产生社会秩序。开始时结构功能主义用于解释社会结构,后来美国社会学家更感兴趣于发现不同的人类行为的功能。

结构功能主义发轫于欧洲大陆,经过一个复杂的发展过程,于20世纪40—50年代在美国达到了全盛阶段,成为当时西方社会学研究的主要理论和方法论基础。

结构功能主义这一名称是由美国社会学家、哈佛大学教授塔尔科特·帕森斯于1945年首先提出来的。在他的倡导下,结构功能主义在美国得到广泛的传播,逐渐为人们所接受。这一学说由他的学生(其中许多人成为美国当代主要的社会学家)作了进一步发挥,一时风靡美国社会学界,在50年代取得了统治地位。鉴于战后美国在西方世界的中心地位,这一流派也因此而产生了世界性影响。

2.2.1.1 结构功能主义的研究对象

结构功能主义最基本的研究对象是作为一个整体的社会,重点是放在研究构成社会的各种要素之间的相互关系、功能和演变过程上。结构功能主义者的目的:一是要揭示社会生活的条件和社会生活的必要前提;二是力图解释某一社会行动所造成的效果或发挥的功能;三是探寻如何使各种要素协调起来并使之一体化。"结构"、"功能"是这一理论的最基本概念,"结构"是指构成整体的各要素间相对稳定的模式关系,"功能"概念使用最普遍的含义是指有关维持体系均衡的活动。

2.2.1.2 结构功能主义的主要特征

结构功能主义代表着一种社会学研究的历史潮流,这一流派的学者们在使用的概念、分析的方法上存在着高度的一致性,这种一致性构成了这一流派的以下基本特征。

第一，在研究层次上，结构功能主义通过强调“系统”范畴而将社会结构和社会整体作为基本的分析单位，把研究的重点放在社会上。

第二，在研究方向上，解释社会现象时，结构功能主义强调和侧重的是社会系统的现存结构及其在维持系统生存中所发挥的社会效果。

第三，在研究主题上，结构功能主义致力于回答的最基本问题是：社会是如何存在的？即一个社会系统为了维持其存在，有哪些基本条件必须得到满足以及这些条件是如何得到满足的。

第四，在方法论上，结构功能主义是一种功能分析方法，它为我们考察社会现象提供了新颖的观察角度，发展了一种全新的系统分析方法。功能分析方法作为一种主要的社会学分析方法今天仍然被广泛地运用于各个领域的社会学研究中。

2.2.1.3 传统的结构功能主义

在社会学的创始人那里，研究社会结构和社会功能就是一个受到关注的问题。孔德(Auguste Comte)把社会看成是生命有机体，是社会制度、宗教观念和道德价值等相互联结成的一个整体。不过孔德并没有去发展“社会是一个生命有机体”的命题，在这方面作出贡献最大的是斯宾塞(Herbert Spencer)。斯宾塞讨论了生物有机体与社会体系之间特有的差别和一致，他最先在社会学分析中提出了“结构”、“功能”的概念，虽然他对这些概念的分析和运用并非是作为独立的结构功能方法，而是作为有机体学说的一部分，但是，他对结构功能的贡献是不可否认的。

结构功能分析作为社会学中一种独立的理论和方法论，最大的功绩应归于迪尔凯姆(Emile Durkheim)。迪尔凯姆的整体大于部分的思想以及对功能分析的重要性的判断是他对结构功能理论的主要贡献。从迪尔凯姆的观点出发，人类学家拉德克利夫·布朗(A. R. Radcliffe Brown，1881—1955)和马林诺夫斯基(Bronislaw Malinowski，1884—1942)对结构功能分析方法作了精致化的工作，他们的观点被后来人概括为传统结构功能主义的三个基本假设。①功能一致性假设：社会体系的各个部分在十分协调和一致中运行，没有产生既不能解决也不能调整的持久冲突。②功能的普遍主义假设：一切体制化的社会形式和文化形式都对体系的整合产生积极功能。③功能必要性假设：功能必要性概念是建立在下述前提之上的，即确定功能的要求或普遍的需要是可能的，因此，为了使社会保持下去，这些要求或需要是必不可少的。

2.2.1.4 帕森斯的结构功能主义

结构功能主义能够成为20世纪40、50年代占主导地位的理论流派，是与帕森斯(Taccott Parsons)的名字联在一起的。

1. 生平与著述

塔尔科特·帕森斯(1902—1979)是现代结构功能主义的创始人。1920年，帕森斯进入安姆赫斯特学院，主修生物学，准备将来从医。在三年级时，受经济学家汉姆敦教授影响改学社会科学。1924年，帕森斯转学于英国伦敦经济学院，认识了在那里执教的马林诺夫斯基,对功能学派的研究发生了兴趣。一年以后,又转到德国海德堡大学,接触到了韦伯和马克思的理论,尤其是韦伯的《新教伦理与资本主义精神》一书给他留下了深刻印象,他将韦伯的一些重要思想吸收到自己后来发展的理论之中。1927 年,帕森斯获得海德堡大学的哲学博士学位。1927 年,帕森斯受聘于哈佛大学,在经济系担任讲师。1942 年升为正教授,随后接任哈佛大学社会学系系主任职务。1946 年,帕森斯在吸收一些相近学科的基础上组建了社会关系系。直到 1956 年,他一直担任该系的第一任主任。1973 年,他从哈佛退休。

1937 年,帕森斯出版了《社会行动的结构》一书,这不仅是他个人学术生涯的重大转折点,同时也是美国社会学中功能分析学派崛起的标志。1951 年,他出版的《社会系统》以及同年出版的与希尔斯合著的《行动的一般理论》,对行动理论作了进一步发展。以后,他出版了一系列有影响的著作。如《社会:进化与比较的观点》(1966)、《现代社会体系》(1977)、《社会的演化》(1977)、《行动理论和人类状态》(1978)等。

帕森斯曾于 1942 年担任过美国东部社会学会主席,1949 年担任过美国社会学会主席。帕森斯的理论不仅在美国,而且在北美的加拿大,西欧和北欧国家以及日本、澳大利亚和新西兰等国家和地区都有很大影响。

2.理论研究的出发点

帕森斯理论研究的出发点是“行动者”,在他看来,每一项行动中的行动主体都不是靠自己的心理动机而单独行动,相反,除了行动者的动机、能力和精力外,更重要的是社会价值观与规范,它们是决定行动目的和方向的重要原因。另外,行动总是在情景中运行,情景本身以及主体对情景的感受也对行动发生影响。所以,每一项行动都可以分解为行动主体、情景、主观意义、规范准则和价值观四个要素,也就是说,任何人类行动都具有系统的特征。从这一基本观点出发,帕森斯运用结构功能方法,对社会系统和社会行动加以分析。

3.行动系统的普遍功能要求(AGIL)

在帕森斯看来,任何系统要生存下去都必须解决两个方面的问题。一方面是处理系统内部状态和对付外部环境;另一方面是追求目标和选择手段。因此,帕森斯提出,系统为了生存下去必须满足四个功能先决条件:①适应性功能(adaptation),系统能适应外部环境并获得系统所需的资源;②目标实现功能(goal attainment),系统能调动资源以达到系统的目标;③整合功能(integration),系统必须把部分协调成一个功能整体;④模式维持功能(latent pattern maintenance),系统应保持价值观的稳定使得行动按一定的规范和秩序进行。

帕森斯认为,AGIL 代表着行动系统的四个基本功能要求,也即四个基本的生存条件。一个系统能否生存与稳定,就在于能否实现 AGIL 功能。帕森斯所提出的这四个基本概念具有高度的抽象性和概括性,为研究所有的行动系统提供了功能分析框架。

4.对行动系统所作的功能分析

按照结构功能主义的观点,一定的功能总是通过一定的结构来执行。对行动系统进行功能分析,就是集中考察 AGIL 四项功能需求是如何得到满足的。帕森斯认为,最一般的行动系统是由四个子系统构成:有机体系统;人格系统;社会系统(狭义的,专指人与人互动的层面);文化系统。有机体系统执行适应性功能;人格系统执行目标实现功能;社会系统执行整合功能;文化系统执行模式维持功能。如图 2-1 所示。

A	G
有机体系统	人格系统
文化系统	社会系统
L	I

图 2-1 行动系统的 AGIL 分析

依据控制论的原则,帕森斯进一步分析了子系统之间的控制等级关系。在系统中,信息资源强的部门必须对能量资源强的部门发生控制作用,因此,在行动系统中,有机体系统是最富能量而信息最少的,处在最低层,而人格系统、社会系统、文化系统则是信息最强能量最弱,居于行动系统的最高层。

5.对社会所作的功能分析

帕森斯不仅把 AGIL 分析运用于一般行动系统的分析,而且他认为,AGIL 分析对于子系统的分析也是适用的。当把子系统作为独立的系统加以分析时,它同样也具备四个子系统和四个必须满足的功能条件。

社会次体系就是通过经济、政治、社会化、社会共同体四个子系统来执行功能的。在社会次体系中,经济系统执行适应性功能;政治系统执行目标实现功能;社会化系统执行整合功能;社会共同体系统执行模式维持功能。子系统与子系统之间相互联系、相互依存,彼此之间存在着信息和能量的交换。如图 2-2 所示。

A	G
经济	政治
社会共同体	社会化
L	I

图 2-2 社会次体系的 AGIL 分析

6.社会变迁思想

帕森斯系统理论所关心的是社会行动系统的稳定和均衡,子系统之间的功能调适,其最终目的不仅在于使社会继续生存下去,还在于维持系统的均衡状态。当然,这并不是说帕森斯完全否认系统变迁的可能性,他承认系统的外部压力和内部冲突是变迁的根源,不过,他把不稳定、非均衡看做是系统的一种病态,认为稳定的相互作用的系统一旦建立起来,就具有一种使原来状态不变的倾向。如果出现变迁的可能性,系统也能用不断增长的适应力去对付外部压力,用教化和控制机制对付内部冲突,使系统始终保持自身的均衡与稳定。因此,帕森斯把社会发展看做是一个不断地进行分化、功能调适、适应力增长的进化过程。

2.2.1.5 默顿的功能分析理论

罗伯特·K. 默顿(Robert King Merton)作为帕森斯的弟子,与帕森斯的思想理论并非完全一致,他反对建立庞大的宏观理论的企图,认为在社会学领域里,建立宏观理论还为时过早,主张建立一种中层理论。所谓中层理论,是介于抽象的综合性理论同具体的经验性命题两者之间的一种理论。

默顿(1910—2003)是美国当代最有影响的社会学家之一。1931 年他获得坦普尔大学学士学位,随后进入哈佛大学,师从社会学名家索罗金、帕森斯及科学史家萨顿,1936 年获得博士学位。他先后在哈佛大学、图兰大学和哥伦比亚大学任教,1956—1957 年担任过美国社会学会主席,并当选为美国科学院院士。默顿具有渊博的古典理论知识,深受韦伯、涂尔干和马斯等人的影响。默顿最著名的著作是 1949 年出版、1957 年修订的《社会理论和社会结构》。其他著作有:《17 世纪英国的科学、技术与社会》(1938)、《大众信念》(1946)、《在巨人的肩膀上》(1965)、《论理论社会学》(1967)、《科学社会学》(1973)等。

1. 对传统功能主义的批判

默顿对结构功能主义的主要贡献之一,就是对传统结构功能主义的三个假设进行了批评和修正。第一个假设是功能一致性,默顿认为,一个社会完满的功能一致性是经常与事实相背的,因为,并不是每一个部门所表现的整合性程度都完全一致,而且,所要求的整合形态也不尽相同。另外,同一社会现象可能既有积极的功能意义,又有反功能意义(指对社会整合起不利作用),对某一群体具有积极功能的东西,对另一群体则可能是反功能的。例如,宗教能促进社会的整合,但也会引起不同群体的斗争。所以,在进行功能分析时必须确定被分析对象的界限。第二个假设是普遍的功能主义,默顿引入了"积极功能"、"反功能"的概念,认为没有什么社会实践是绝对的积极功能或反功能,对某一现象的功能结果只能从这两个方面的考察中来确定其主要是积极功能还是反功能。第三个假设是功能必要性,默顿认为,这个假设是含糊不清的,究竟是指作为一种需要的功能不可缺少,还是指满足需要的社会形式不可缺少呢? 如果说是后者,默顿引入了"功能替代物"的概念,认为满足社会需要的社会形式并不是唯一的,一种社会形式可以被另一种社会形式所代替,社会需要仍会得到满足。

默顿在他的功能分析中,还注意到一个被以往功能学家忽视的问题,即潜功能问题。在默顿看来,有些功能结果是系统的参与者意识到和承认的,有些则是未能意识到也没被承认的,他把前者叫显功能,把后者叫潜功能。例如,买一辆汽车的显功能是上下班方便,但它具有显示地位和财富的潜功能。默顿认为,从某种意义上讲,研究潜功能比研究显功能更具有社会学意义。

2.功能分析范式

默顿在批评传统结构功能主义的基础上,提出了功能分析的 11 项要点:

(1)确定具有功能的各种社会要素;

(2)主观意图的前因后果;

(3)分清积极功能、反功能、显功能、潜功能;

(4)功能所影响的各个部分;

(5)功能必要条件;

(6)满足功能的机理;

(7)潜在的替代功能;

(8)结构约束条件;

(9)社会动态过程和社会变迁;

(10)通过比较证实功能分析结论;

(11)有关意识形态对功能的影响。

总地来说,结构功能主义虽然在 20 世纪 40—50 年代盛极一时,但从 50 年代末就开始走下坡路了,人们批评的矛头主要指向帕森斯。批评者认为结构功能主义过于强调均衡,忽视了社会冲突,否认了社会的质变,带有保守主义色彩;认为结构功能主义忽视了人的因素,过分强调结构对人的影响;也有人认为帕森斯的理论过于抽象,超出了社会学理论的范围。不过,尽管有些批评,结构功能主义仍不失为今天西方社会学的一种主要理论。

2.2.2 冲突理论

冲突论倾向于着重社会冲突,把社会变迁看做是有益的,并且假定社会秩序是强者强加于弱者的,他们批判等级制度。20 世纪 60 年代崛起的冲突理论是在对结构功能主义的批判中发展起来的,它在一些基本观点上与结构功能主义持完全相反的看法。结构功能理论认为社会系统本性上是稳定、均衡的,冲突是社会的"病态"现象;冲突理论则认为,冲突是不可避免的、无法消除的,并不是社会偶然产生的"病态"。结构功能理论虽然也承认社会变迁的可能性,但基本上是把变迁看做为一个非破坏性的进化过程;冲突理论则认定社会变迁是必然的、急剧的,变迁的后果并不都是建设性的。如果结构功能理论是一种较保守的理论,那么冲突理论则是一种较激进的理论。赞成社会冲突模式的人是从这样的前提出发的,即利益是社会生活的基础,而社会生活发展的决定性因素,是各个社会集团为了争取权力和优越地位而进行斗争所造成的不协调。

多数西方社会学家认为,卡尔·马克思和齐美尔(Georg Simmel)为这一学派奠定了基础,刘易斯·A. 科塞(Lewis A. Coser)和拉尔夫·达伦多夫(Ralf Dahrendorf)则是当代最富影响的冲突论者。

2.2.2.1 科塞的冲突理论

科塞(1913—2003),出生于德国柏林的一个犹太人家庭,1934—1938 年曾就读于巴黎索邦大学，1941 移民美国，1954 年获得哥伦比亚大学哲学博士学位。他最初执教于芝加哥大学，很快又到了布兰代斯大学任教，由讲师到教授，一直工作到 20 世纪 60 年代后期。自 1968 年起，他转至纽约大学石溪分校任教。1974—1975 年担任过美国社会学会主席。他的主要著作有：《社会冲突的功能》(1956)、《社会冲突研究的连续性》(1967)、《贪婪的组织》(1974)等。

科塞是早在 20 世纪 50 年代就开始研究冲突问题的社会学者之一，他的思想深受齐美尔的影响。齐美尔认为，社会是在交错的冲突中进行整合的，同一个团体中的人既有共同利益也有冲突，每一个社会行动都包含了和谐与冲突、爱与恨，不同程度的社会接触及依赖会影响冲突的本质和结果。齐美尔的这些观点成为科塞冲突理论的直接源泉。

1.社会冲突的形式

科塞把冲突分为“现实性的冲突”与“非现实性的冲突”。“现实性冲突”有明确的目标，冲突的参与者以最有效的方式来争取达到目的，如工人为增加工资而罢工，反对资本家，如果不经武力即能达成目的，则冲突会立即解除。“非现实性冲突”不是由于对手的竞争而引起的，而是源于冲突中至少有一方为了发泄压力或肯定原有的认同价值，这种冲突常常没有达成任何特定的效果就自行结束，其最典型的例子就是“替罪羊”，即一个人或一个群体对另一个人或群体不满，但又由于某些原因不能发泄此种不满时，就寻找其他个人或群体作为冲突的对象，换言之，“非现实性冲突”是剥夺和挫折的结果，或者也可能是现实性冲突的一种转移。一般来说，任何冲突都同时包含有现实性因素和非现实性因素。

2.社会冲突的功能

科塞承认冲突的不可避免性，但他并不认为冲突对社会整合都是破坏性的，反之，可能对社会整合是建设性的，因此，他把自己的研究重点放在冲突对社会体系有益的功能上。关于社会冲突的积极功能，科塞的论述大体上可以归纳为如下五个方面。

(1)冲突对社会与群体具有内部整合功能。冲突有助于建立和维护社会或群体的身份和边界线，并维护社会或群体与周围社会环境的界限；群体间发生冲突时，可以促进群体内部的团结；虚构的“冲突”对群体具有“聚合”的功能；不断与外部发生冲突的群体往往不能容忍内部冲突。

(2)冲突对社会与群体具有稳定的功能。冲突增加社会结构的灵活性，有利于提高社会系统的适应能力；冲突对社会关系具有重新定义的功能。

(3)冲突创造了新的联合与联盟。当不同群体对付共同的敌人的时候，这些群体间的对抗在某些情况下可能得到克服。

(4)冲突对新规范和制度的建立具有激发功能。

(5)冲突是一个社会中重要的平衡机制。

当然，科塞并不认为所有的冲突都有积极功能，他只不过是在自己的研究中注意了积极功能的研究。那么什么样的功能才具有积极意义呢？科塞认为，分析冲突的功能问题，需从两个方面进行：一是冲突的性质，当冲突的目标涉及基本的价值观，而冲突双方又无法在最基本的问题上达成一致时，冲突的结果对社会体系就是有害的，会造成体系的混乱和瓦解，如果冲突不涉及基本的价值观，冲突就具有积极意义；二是社会结构的性质，当社会结构或群体组织结构比较松散，富有弹性时，往往允许冲突的存在，这种社会或群体也较少受到由冲突而造成分裂的威胁。僵硬的结构或者说联系十分紧密的结构一般不允许冲突的存在。冲突一再被压抑或被隐藏，当冲突积累到不得不表现出来时，整个社会或群体就会受到分裂的威胁。

3.安全阀理论

冲突可使敌对的情绪释放出来，使人们在心理上得到安慰，以致于冲突双方的关系可以继续维持。科塞在讨论这个问题时，用了“安全阀”这个概念，“安全阀”是社会体系的一个特殊机构，它的职责是使冲突制度化，帮助表达不满，比如工会，最终达到维持社会生存的目的。不过，科塞也意识到“安全阀”只是一个“出气口”，并不能真正解决造成冲突的原因。科塞的“安全阀”理论，包括以下主要观点。

(1)通过释放被封闭的敌对情绪，冲突可以起到维护关系的作用。

(2)社会系统往往为人们提供排泄敌对情绪和进攻性情绪的制度，即安全阀制度，从而有利于维护这个系统。

(3)社会结构越僵化，安全阀就越重要。因为僵化的社会结构不允许有冲突，如果再取消敌对情绪的发泄，那么对社会结构的威胁就更大。

(4)安全阀可以发泄敌对情绪，转移目标，但不能解决问题，只能缓和矛盾，并不能解决矛盾。

(5)安全阀制度提供敌对情绪的替代目标以及发泄的手段。

(6)当相互对立的利益或相互敌对的情绪受到压制的时候，产生的结果之一是把敌对情绪从真正的根源中转移出来，从其他渠道发泄；压制冲突的结果之二，是导致相互关系的终结。

(7)没有安全阀制度或安全阀制度不完备的社会结构，是僵化的社会结构，因而也是潜伏危机的社会结构。

2.2.2.2 达伦多夫的冲突理论

拉尔夫·达伦多夫(Ralf Ddhrendorf，1929—)是当代德国著名社会学家，1944—1945年被囚于纳粹集中营。1947年入汉堡大学学习，1952年到英国伦敦经济学院学习社会学，1956年获博士学位。在其学术生涯中先后执教于德国、英国及美国各学院，1974年出任伦敦经济学院院长。达伦多夫是同时闻名于欧美的为数不多的社会学家之一，他同美国的许多社会学家有着密切的接触和联系。主要著作有：《工业社会中的阶级和阶级冲突》(1957)、《走出乌托邦》(1958)、《德国的社会和民主》(1967)、《社会理论文集》(1968)、《新自由》(1974)、《生活机遇》(1979)等。

与科塞一样，达伦多夫也是一位极力主张用冲突观点理解社会的社会学家，所不同的是，他把研究的重点放在产生冲突的根源及其对社会变迁的影响上。达伦多夫的理论受到卡尔·马克思的影响，但是，他从自己的立场和观点出发，又对马克思的观点进行了修正。达伦多夫提出了三个主要问题作为冲突理论研究的主题：①相互冲突的群体是如何出现在社会结构里的；②相互冲突的群体采取什么样的斗争形式；③群体间的冲突如何影响社会变迁。在这里，主要介绍达伦多夫的第一个研究主题。

1.社会冲突的基本假定

关于社会冲突的基本假定，达伦多夫归纳出如下四个要点。

(1)每个社会在任何时空下，都可能有变迁的过程；社会变迁是无时不在的。

(2)每个社会在任何时空下，均呈现出对立的冲突；社会冲突也是无时不在的。

(3)社会中的每一个要素都可促使社会产生变迁，甚至不整合。

(4)每个社会均建立在某些成员对其他成员的压制的基础之上。

2.社会冲突的根源

达伦多夫认为，强制性权利关系是社会的基础，而社会基本上是一个不均衡权力分配的结合。占统治地位的、拥有权威的人总是力图维持既得的利益和权力结构，反之，处于被统治地位的人总是力图改变现状。因而，冲突是不可避免的，权力是冲突产生的根源。

3.社会冲突的形成

达伦多夫在分析冲突发展时，使用了"准群体"和"利益群体"两个概念。同时，他使用"潜在利益"与"显现利益"来说明"利益群体"的结合以及冲突的形成。

达伦多夫认为，利益有两种形式：第一种是"潜在利益"，即是一种人们没有意识到的、客观的利益，也即角色利益；第二种是"显现利益"，即是为人们所意识到的、被自觉地当作目标来追求的利益。具有相同潜在利益的人们，构成"准群体"；以显现利益为基础的群体是"利益群体"。"准群体"是说群体利益还没有被明显意识到，群体尚未发展到有组织的水平；当群体利益被意识到，利益由潜在发展到明显时，"准群体"就转变为"利益群体"。

达伦多夫把制约"利益群体"之间的斗争形式的实际条件归纳为：组织条件、冲突条件、变迁条件。组织条件影响到"准群体"能否转变为"利益群体"，它包括：①社会条件，例如有没有良好的通讯手段，能不能吸收到成员；②政治条件，例如政治上是不是较开放，是否允许结社自由等；③物质条件，例如有没有必要的活动资金。冲突条件影响到冲突的程度，它包括：①个人在社会中的流动程度，流动性大，冲突就不尖锐，反之，冲突就尖锐；②有调节冲突的机制，冲突就可能不会越演越烈，反之，冲突就激烈，无法缓和。变迁条件影响到冲突的具体形式，它包括：①冲突是否尖锐，冲突尖锐将导致质变，否则就是渐变；②统治者的能力和统治集团的力量的大小，强则能控制冲突，弱则将会导致权力结构的变化。

2.2.3 符号互动论

符号互动论把我们的注意力引向一些日常生活中的细节和个人之间的互动。符号互动论近距离地注意到人们如何真正地行动，而且试图弄清人们赋予自己和他人的行动的意义是什么。

第二次世界大战后，特别是20世纪60、70年代，符号互动论在美国及西方社会学界颇为流行。乔治·赫伯特·米德(George Herbert Mead)被公认为是符号互动理论的创始人，但真正在理论上对这一理论作出综合与概括的则是赫伯特·乔治·布鲁默(Herbert George Blumer)。

2.2.3.1 符号互动论的基本观点

符号互动理论基本研究单位是个人，但它关心的并不是个人的人格、心理动机，也不是产生互动的结构，而是互动的性质与过程。

在符号互动理论看来，人是能动的，人与人之间的相互交往并不是对外界刺激的直接反应，人总是要先去理解和分析刺激，然后再设法作出反应。所以，相互交往在符号互动理论中有两个方面的含义：一是与他人的相互交往；二是与自我的相互交往，即经由自我对话，向自己提问，重组事件的情景，作出判断、决定，自我的相互交往是一个反思的过程。

在符号互动论者看来，与他人的相互交往不是直接的，它以某种东西为中介，这就是象征符号。符号可以是文字、语言、动作、物品等等，符号本身可以说是无意义的，但也可以说是任意的，因为符号所象征的意义不是符号本身所具有的，而是互动双方在交往过程中形成而赋予它的。所以，同一符号在不同情景中的意义可以是不同的，这取决于互动双方对符号意义的认同。

2.2.3.2 米德论自我

米德(1863—1931)是美国实用主义和当代社会心理学的创始人之一。1887年，他考入哈佛大学学习哲学，以后到德国里佩兹和柏林大学攻读博士学位。他同美国实用主义哲学家杜威(John Dewey)交情甚笃，芝加哥大学邀请杜威任教时，他的条件是必须连米德一起聘请。芝大表示同意。于是，米德于1893年开始在芝加哥大学哲学系任教。米德述而不作，生前只发表了很少一些文章，主要著作都是在他去世后由他的学生整理出版的。他的代表作是《当代哲学》(1932)、《心灵、自我与社会》(1934)、《19世纪的思想运动》(1936)、《行动的哲学》(1938)。

1. 自我的两个层面

米德认为，个人的经验应从社会的角度加以解释，而社会又是由持续的互动过程形成的，人的姿态、语言、文字都直接、间接地影响社会结构。“自我”正是沟通个人与社会的桥梁。米德把“自我”分为两个层面，一个是“主格我”，另一个是“宾格我”，“主格我”是本性的我、自然的我，“宾格我”是社会的我。主格我具有创新、创造的能力，宾格我受到社会文化、他人态度的影响，是合规范的我，它指导人们日常的行动和活动。

2. 自我发展的三个阶段

米德把“自我”的发展分为以下三个阶段。

(1)预备阶段。这个阶段是一个人从出生到能用他人眼光来处理自己的行为这样一个过程为内容的,模仿他人是此阶段的主要特征。例如,一个2岁的儿童模仿父亲阅读报纸,而实际上,他根本不懂报上印的是什么,换言之,只知道行为的模仿,不知道行为的意义。

(2)玩耍阶段。在这个阶段,儿童开始了解别人对自己的评价,开始发展出"自我"的心灵和意识,其表现是开始有意识地去扮演社会角色,并常常同时扮演几个不同的社会角色,但又无能力组织和分开这些角色,因此在行为上常有矛盾和不协调的地方。

(3)游戏阶段。在这个阶段里,儿童不仅能了解自己的角色,而且也能了解其他人的角色,并且能对他人的角色行为作出判断,能根据他人的行为调整自己的行为,使自己成为团体的一分子。在这个阶段里,儿童开始显示出人格的一致性,独立的"自我"开始形成。

总之,在米德看来,自我与社会是分不开的,人的意识和自我形象是通过扮演他人角色以及想象他人对自己角色行为的评价,不断修正自己行为而逐步发展起来的。因此,对他人角色行为的理解和对他人评价自己行为的想象,在"自我"发展过程中十分重要。

2.2.3.3 布鲁默论"解释"与"意义"

布鲁默(1900—?)是自米德以后符号互动论最重要的代表人物。他先在密苏里大学获文学学士与硕士学位,1927年在芝加哥大学获哲学博士学位。1925年起先后执教于芝加哥大学、密歇根大学和夏威夷大学;1952—1957年在加利福尼亚大学伯克利分校任社会学系系主任职务;1956年曾任美国社会学会主席。主要著作有:《工业关系中的社会理论》(1947)、《工业化与传统秩序》(1964)、《符号互动论:观点和方法》(1969)等。

1.基本原则

布鲁默是米德的学生,他综合了米德等人的思想,明确提出了"符号互动论"这个名称。1969年,布鲁默的《符号互动论:观点与方法》一书出版,书中收集了他关于符号互动论的一些重要文章,比较全面地归纳了符号互动理论。布鲁默提出了以下三个基本原则来解释意义在人类行动中的作用以及意义的来源。

(1)人们对客体的行动是根据人们对客体所赋予的意义作出的。

(2)意义不是个人任意赋予的,而是人们在相互交往的互动过程中逐步形成的。

(3)意义不是一成不变的,它是通过解释过程而确定、被修改的。

2.基本观点

布鲁默的符号互动论的基本观点可以归纳如下。

(1)符号是社会相互作用的中介。布鲁默认为,人不仅生存在自然环境中,而且还生活在"符号环境"中,人类的互动是由符号的使用、解释和探知另外一个人的行动的意义作为媒介。这个媒介相当于在人类行动中的刺激与反应之间插入一个解释过程。

(2)人们通过对符号的定义与理解进行互动。布鲁默指出,人类的交往是理解与定义的过程,定义就是对待客体的方式,理解就是确定客体的意义。

(3)符号互动是能动的与可变的过程。布鲁默认为,是无止境地进行反思、同自己进行对话的过程;"我"要求能动的活动,而不是简单地对环境作出反应;"我"不仅要认识外在的客体,还要把自己当作一个客体。

(4)符号互动创造、维持与变革社会的组织、结构与制度。理解与定义的共同性,是社会组织存在的先决条件,社会是由处于符号互动过程中的人类构成的。

2.2.3.4 戈夫曼的戏剧理论

欧文·戈夫曼(Erving Goffman, 1922—1982)是布鲁默的学生,加拿大人。1944 年毕业于多伦多大学,后到美国芝加哥大学读书,1949 年获文学硕士学位,1953 年获哲学博士学位。1953—1957 年,他在美国精神卫生研究中心做客座研究员;1958 年到加州大学伯克利分校社会学系任教;1981 年以后任宾夕法尼亚大学社会学系教授;1981—1982 年曾任美国社会学会主席。主要著作有:《日常生活中的自我表演》(1959)、《公共场合中的行为》(1963)、《相遇》(1966)、《策略性互动》(1969)、《框架分析》(1974)等。

戈夫曼作为布鲁默的学生,在克服布鲁默的形式化倾向方面前进了一步,着重分析个人在与他人交往中如何获得社会效果及其策略;戈夫曼将戏剧比拟引入社会学分析来描述人们日常生活中的互动。戈夫曼的兴趣主要在于研究社会互动,然而,与以往学者不同,他不注重于从互动中总结出一些类型、区分互动性质等,而是注重于分析互动时的状况。他专门研究了人们在日常生活中面对面的互动、互动时的角色扮演、互动中隐含的意义等问题。戈夫曼的理论可以分为两个部分:一是戏剧分析要素;二是印象管理策略。

1.戏剧分析要素

世界是一个舞台,人人都是演员,其活动都是在表演,从而构成了一定意义的生活剧情节。戈夫曼对此尤为感兴趣。戏剧作为一个系统,包含的要素很多,其中演员与观众、剧本、舞台则是不可缺少的成分。

1)演员与观众

戈夫曼把社会看做是一直在演出的戏剧舞台,每一个人都是社会生活舞台上的演员。表演必须要有一个表演者、观众、共同参与者、纯粹的观察者。表演是表演者做给观众看的活动,而不是给观察者看的;共同参与者是协助表演者表演的人。戈夫曼认为,表演某种剧情时进行合作的一些人就是"演员",演员们彼此熟悉,他们都了解他们是在上演同一幕剧,他们都了解舞台演出技巧上的秘密,即都是"知情人"。

2)剧本

戈夫曼认为,自我是社会情境的产物,在个人行动的后面隐藏着强有力的"剧作家",他不允许个人离开剧本。这个"剧作家"就是社会体系,人们的社会互动受社会体系预先写好的“剧本”的限定。“剧本”是指社会规范对各种社会位置上的角色的限定。

3)舞台

演员在舞台中的表演有两个区域:前台与后台。戈夫曼把人们日常生活的行为比作戏院舞台上演出的戏剧,认为人的行为也有前台和后台之分。前台的行为是显露于外的,“观众”可以看得见的,它发生在特定的社会环境中,个人所扮演的角色受到环境的制约,角色行为必须根据“剧本”的“台词”——即社会规定的角色模式——来表演,不能任意更改。后台的行为是在帷幕背后的,是“观众”看不见的,属于非正式行为。在后台,人们能自由地放松自己,按自己的意愿行事。前台与后台是相对的。如果有观众闯入后台,那后台就会变成前台,也即成为另一场不同演出的前台。例如,一个餐厅中有餐桌的地方是前台,厨房则是后台,观众是顾客。如果突然有顾客闯入厨房,那么厨房就变成了前台。

2.印象管理策略

如果一个演员要想演好其角色,给观众以好的印象,就必然对自己在表演时的种种行动进行管理,否则就不能得到所期望的效果。戈夫曼把这种管理称为“印象管理”。所谓印象管理,即是如何在他人心目中塑造一个自己所希望的印象。

戈夫曼花了很大精力来研究一个人是如何在别人心目中创造印象的,即人们进行印象管理的策略有哪些。人们社会互动时的印象管理策略,可以概括为以下几点。

(1)理想化表演。理想化表演是掩饰那些与社会公认的价值、规范、标准不一致的行动,而表现出与社会公认的价值、规范与标准一致的行动。几种主要的掩饰情况如下。

第一,掩饰在参与演出之前的秘密性纵欲行为(例如饮酒),更经常是试图隐藏过去的生活(例如酗酒)等等不相容于演出的行径。

第二,掩饰演出前的准备失误以及修正这些错误的步骤。例如,计程车司机可能会极力找借口掩饰未遵照乘客指示方向前进的原因。

第三,只显示结果产品,而掩饰制造生产的过程。例如,教授可能花费数小时准备一门课程,但是,他或许表现出对这些题材极为熟悉。

(2)误解表演。表演是试图通过自己的行动使别人对自己得到自己所期望的印象。这种印象可能是真的,也可能是假的。使别人产生错觉,即得到假印象的表演是“误解表演”。

(3)神秘化表演。与别人保持一定的距离,使别人产生一种崇敬心理的表演,叫“神秘化表演”。例如,在西方国家的军队中,军官与士兵不在同一个食堂用餐,相互之间保持一定的距离,是防止相互之间过于熟悉。过于熟悉了,打起仗来士兵可能不会听军官的话。

(4)补救表演。补救表演是指用来应付一些未预期的意外行动的表演。如无意动作、不合时宜的闯入、失礼、当众吵闹等都会导致表演的不协调,对此会采取补救表演。

本章小结

(1)社会学的想象力是一种心智品质,这种品质可帮助人们利用信息增进理性,从而使人们能够看清世事,或者看清发生在他们之间的事情的全貌;社会学的想象力是一种社会的、历史的思维方式,个人要跳出自己的范围,专心致志地认识社会的依存关系,认识历史的变革动力。

(2)在西方社会学中,目前尚未形成一种统一的、占绝对统治地位的理论和方法论,而且,多数西方社会学家乐于接受这一现实:一种理论只能从某一个方面对人类社会生活进行描述或解释,那种企求建立一种能完美地解释人类社会生活各个方面的理论的尝试是徒劳无益的。西方社会学家常用三种主要理论:结构功能理论、冲突理论、符号互动论。

思考题

1.简述社会学的想象力的含义以及如何发挥社会学的想象力。
2.简述结构功能主义理论的主要特征。
3.简述帕森斯的 AGIL 行动系统普遍功能要求的内容。
4.简述科塞的安全阀理论的主要观点。
5.简述戈夫曼的印象管理策略的基本内容。

3

社会学的研究方法

学习目标

本章旨在对社会学的研究方法进行一个概括性的介绍。通过本章的学习,学生应初步了解社会学研究的方法论,了解社会学研究的基本程序,了解社会学研究的具体方法,并对社会学的研究方法有清晰的整体认识。

本章知识点

(1)社会学研究的方法论。
(2)我国社会学研究的原则。
(3)社会学研究的基本程序。
(4)社会学研究的具体方法。

社会学的研究方法在社会学的发展和应用中占有重要地位,是和社会学理论、社会学分支学科一起成为社会学学科得以独立存在的支柱。社会学的研究方法自成体系,讲求科学、实用,并在实践中不断地得到丰富、发展。要学习并全面深刻地理解社会学这门学科,必须既要重视掌握基础理论知识,又要重视了解科学研究方法。

3.1 社会学研究的方法体系

社会学研究的方法体系是由社会学研究的方法论、各种具体研究方法和专门研究技术与工具三个层次构成的。

3.1.1 社会学研究的方法论

方法论,就是关于研究方法的理论。社会学研究的方法论,就是关于社会学研究方法的理论,是社会学研究的理论基础,是社会学具体研究的理论指导,为社会学研究的具体方法提供理论依据和说明。社会学研究的方法论是对研究方式方法的一般原理和规律的系统探讨和评价,是社会学研究的最高层次,规定着社会学研究所应当遵循的最基本原则。在这个层次上最有影响的方法论是马克思主义哲学方法论、实证主义方法论和非实证主义方法论。

1.马克思主义哲学方法论

马克思主义哲学方法论即历史唯物主义方法论,是运用马克思主义哲学理论特别是历史唯物主义观察和处理问题的根本方法的理论体系,从哲学世界观和方法论高度指明社会学研究的方向和道路,构成社会学研究方法体系的基础。马克思主义哲学方法论的基本观点可以概括为以下五点。

(1)以历史条件和社会关系作为理解人及其历史活动的出发点,从而正确地揭示了社会和人的本质。

(2)历史的主体是现实的人,只有从人们所处的物质生活条件,即生产力发展的高度去考察人及其活动,才能历史地、具体地理解人类社会生活。

(3)生产关系是决定其他一切关系的原始关系,因此要肯定经济因素在社会发展中的决定作用,也要充分估计到其他社会因素对社会发展的影响。

(4)社会历史的发展与自然界的发展一样,受客观规律的支配,是一个不以人的意志为转移的自然历史过程,但人们在社会历史变化发展规律面前不是无能为力的,而是可以认识它、掌握它,并使它为人类服务的。

(5)社会是在其内在社会关系及其表现的矛盾的推动下不断发展变化的活的有机体,因此,研究社会的根本方法是矛盾分析法,对于阶级社会的研究还应掌握阶级分析法。

马克思主义哲学方法论第一次把社会学置于科学的基础之上,第一次使人们有可能极科学地对待历史问题和社会问题,是决定论方法、历史方法、功能方法的有机统一,至今仍然充满了生机与活力,是真正的社会学研究的科学方法论。

2.实证主义方法论

实证主义方法论的基本观点表现在以下几个方面。

(1)社会学的研究对象和自然科学的研究对象一样,都是纯客观的,社会现象背后存在着必然的因果规律。

(2)社会现象是可以被感知、被概括的,同时,经验是科学知识的唯一来源,只有被经验证实了的知识才是科学。

(3)作为一门科学的社会学,其任务在于说明社会现象是什么,而不是应该或必须是什么。

(4)自然科学的方法适合于研究社会,强调研究理论的模式化、研究过程的程序化、测量工具的精确化。

实证主义方法论肯定社会现象的客观性,重视经验在认识中的作用,并致力于收集资料和分析资料的科学性研究,这当然是积极的、合理的,但它把社会现象等同于自然现象,忽视了社会人及其在社会活动中的主观意识和价值取向的作用,同时,它过分强调经验的作用,忽视理论研究,因而也就存在严重的不足。

3.非实证主义方法论

非实证主义方法论的特征主要有以下几个方面。

(1)强调在自然现象和社会现象之间作出区分,突出社会现象的特殊性、不可重复性,要求社会学使用与自己研究对象的特点相适应的方法,反对把自然科学方法绝对化。

(2)突出社会行动者的主体性、意识性和创造性,反对把人当作非人格的物化现象。

(3)主张借助"价值关联",理解人的主观意识在社会认识上的重要作用。

非实证主义方法论受文艺复兴以来的人文主义等思想的深远影响,又与20世纪的存在主义、人性解放思潮紧密联系,对研究社会也产生了相当大的影响,但由于它把认识局限在主观意识范围内,片面地夸大了社会的随意性和不可证实性,因而同样存在严重的不足。

3.1.2 社会学研究的具体研究方法

社会学研究方法的中间层次是具体研究方法。社会学研究的具体研究方法比社会学方法论所规定的内容更为具体,是贯穿于社会学研究整个过程的程序、策略和方法。尽管具体研究方法往往是与一定的资料收集方法和分析方法联系在一起的,但在某一项具体的社会学研究中,可以灵活地运用多种方式和方法。这些方式和方法有社会调查法、实验法、统计法。其中社会调查法包括普查、典型调查、抽样调查、个案调查等方式,另外还有观察法、访谈法、实验法、文献法、问卷法等具体方法。

3.1.3 社会学研究的专门研究技术和工具

社会学研究方法的最低层次是各种专门研究技术和工具。专门研究技术和工具是在社会学研究的各阶段中为达到一定的目的而使用的技术手段,与社会学方法论和具体研究方法相比,具有较强可操作性的特点。专门研究技术包括收集资料的方法、分析资料的方法和在研究各阶段中采用的其他技术、手段和工具等。观察和访谈属于收集资料方面的技术,而定量分析和定性分析则属于分析资料方面的技术。工具包括观察记录表、问卷表、测量表、统计表等量度工具以及照相机、录音机、录像机、计算机等辅助工具。

社会学研究方法体系的三个层次是相互联系、相互制约的。方法论是整个社会学研究的方法体系的基础,并为具体的研究提供认识原则和理论指导,决定着具体研究方法的运用。而具体研究成果的积累、具体研究方法和专门研究技术和工具的进步也必然会促进方法论本身的发展。社会学研究的方法体系正是在这种相互影响和相互制约的过程中不断完善的,并构成为一个严密的科学体系。

3.2 社会学研究的基本原则

随着现代科学技术的不断发展,社会学的研究方法也在不断地改进和创新。作为研究社会整体结构及其运行规律的社会科学,只有在历史唯物主义指导下,才能变成科学。具体说来,我国社会学的研究,必须遵循如下几个原则。

3.2.1 理论与实践相结合原则

社会学研究必须坚持理论与实践相结合原则。研究社会问题,必须到群众中去,到社会中去,到实践中去。例如,马克思为了写作《资本论》,恩格斯为了写作《英国工人阶级状况》等著作,都曾亲自到英国政府机关、工厂、工人住宅区等地进行实地调查,收集了大量第一手资料。当然,社会调查只是理论研究的基础。要把丰富的实践材料上升到一定的理论高度,还必须进行科学的理论研究。没有科学的理论研究,就不能从社会调查中找出客观事物的内在联系和发展规律,社会调查也就不能达到相应的深度。

3.2.2 实事求是原则

实事求是是马克思主义的基本原则,是毛泽东思想和邓小平理论的精髓,也是科学的社会调查的根本指导思想。社会学研究只有面对现实,尊重客观事实,一切从实际出发,才能取得预期的结果。毛泽东同志说过:“看问题不要从抽象的定义出发,而要从客观存在的事实出发,从分析这些事实中找出方针、政策、办法来”①,“按照实际情况决定工作方针,这是一切共产党员必须牢牢记住的最基本的工作方法”②。实事求是是马克思主义的根本方法,也是社会学研究的根本方法。

3.2.3 系统性和整体性原则

社会学研究与其他社会科学研究的区别,在于其他社会科学都是以某一方面或某一领域的社会现象作为自己的研究对象,而社会学则是以整个社会为对象,强调系统性和整体性原则,注意从多方面、多角度来进行研究。系统性和整体性原则首先要

---

① 毛泽东选集.第3卷.北京:人民出版社,1991年版,第853页.

② 毛泽东选集.第4卷.北京:人民出版社,1991年版,第1 308页.

求研究者把研究对象放在整个社会大系统的背景中加以考察,在联系中把握现象的本质,因为社会系统的性质不是它的各个组成部分特性的机械相加之和,而是各个组成部分之间相互联系、相互作用的结果。其次,系统性和整体性原则要求研究者注意考察现象系统的结构与功能及其相互关系,了解和分析社会现象的内在结构,分析这种现象在社会生活中所产生的影响和作用,以便更深刻地把握研究对象。最后,系统性和整体性原则要求在充分认识和综合分析对象的基础上,从全局出发,提出最佳措施,实现整体最优。

3.2.4 定量与定性研究相结合原则

任何事物都是特定的质与一定量的统一体,社会现象同样有质的规定性和量的范围,其中,质决定量的范围,而量则用以说明质。社会现象的客观性和复杂性,必然要求研究者在研究过程中要坚持定量研究和定性研究相结合。一方面,定性研究是定量研究的前提,决定了如何进行定量研究以及如何分析量化的资料;另一方面,定量研究是定性研究科学化的重要保证,因为量的研究比质的研究更具体、更直接地反映客观事物本身。例如,仅对某些学生作定性结论"经常迟到",往往让人感到笼统、勉强或武断,难以接受,如果附有"每周迟到四五次"之类的量的说明,"经常迟到"的定性结论就容易让人接受。当然,定量研究同样有其自身的局限性,定量研究只有与定性研究有机地结合起来,才能达到对社会现象深刻、全面、准确、科学的认识,才能正确认识社会现象,准确把握社会发展的客观规律性。例如,张三的月收入是 3 000 元,李四的月收入是 2 000 元,但张三认为自己的收入不高,李四认为自己的收入高。我们固然可以通过数字的比较就可以发现张三的实际收入比李四高;但我们也许可以结合其他因素判断李四对收入的满意程度更高。

3.2.5 科学化原则

科学化是当代社会学研究的重大特征。社会学研究的科学化,是指社会学研究为了适应现代化的需要,在其实施过程中,充分吸收、利用当代科学技术的新成果,不断优化社会学研究的方法,充实新的内容,使社会学研究的理论、方法和手段不断现代化。在对错综复杂的社会现象的研究过程中,要确保真实、有效地收集资料,正确无误地分析资料,及时、准确和科学地评价研究成果,必须运用一套特有的、科学的研究技术对社会现象进行研究,例如问卷设计技术、统计设计技术、抽样设计技术、观察技术、访问技术、实验技术、记录技术等。将这些科学的方法和先进的技术手段运用于社会学研究中,既提高了社会学研究的科学性,又显示了社会学研究的时代性,能够有效地帮助人们更好地认识社会生活规律,解释社会生活现象,指导社会变革。

3.3 社会学研究的基本程序

社会学研究作为一种科学的认知活动,具有很强的规律性和程序性,因而利用社会学研究方法对社会现象和社会过程中的实际问题进行研究时，都要有目的、有步骤地进行。一般说来，社会学研究的基本程序主要包括准备阶段、实施阶段和总结阶段三个阶段。但是，这三个阶段并不是彼此截然分开的，例如，总结阶段的资料整理工作，可以在实施阶段中完成一部分，因为随时调查、随时整理，既节省时间，又能对资料有明确的了解，更便于安排下一步工作。

3.3.1 准备阶段

准备阶段是全部社会学研究的第一步。准备阶段包括选择课题、建立假设、概念操作化和设计研究方案四个步骤。

1.选择课题

选择课题是社会学研究的第一步。课题选择是否恰当，关系到整个研究工作的成败。因此，进行课题选择时要注意选题的意义、选题的类型以及选题的针对性和可行性。

选题首先要兼顾理论意义和实际意义。所谓理论意义，就是该课题对现有理论有无新发展、新突破、新贡献，或者能否提出新的理论观点。所谓实际意义，就是该课题对现实的社会问题、社会管理、社会政策等有无实际价值。越是具有理论意义和实际意义的课题，并且两种意义越是兼顾合理，就越有价值，调查研究的结果也就越有价值。

社会学研究的类型一般可分为两类：一类是应用研究，另一类是理论研究。所谓应用研究，是为了制定社会政策或解决社会问题而进行的研究，侧重于解决实际问题；而理论研究则是在应用研究的基础上，对大量相互联系的社会现象进行理论概括和论证，从中找到规律性的东西，侧重于对实际问题的分析和概括。因此，在选择课题时要根据所要研究的方向进行课题类型选择。

研究课题的选择需要注意针对性、可行性问题。所谓要有针对性，就是要从中国国情和当时当地的实际情况出发，抓住能够切中时弊的问题进行调查研究。要善于发现那些对国计民生、社会主义现代化建设有重大影响的课题，或者是社会科学领域亟待攻关的项目，这样的课题才具有现实意义和社会价值。所谓要有可行性，就是在客观条件方面，选题必须考虑到人力、物力、财力和时间等因素；而在主观条件方面，研究者本人的知识结构、能力等因素也是选择课题时必须考虑的。因此，在选择课题时必须考虑主客观条件的许可情况，遵循可行性原则。

2.建立假设

在选择课题后，尽管有了研究方向和目标，但要顺利进行社会学研究，还必须建立一系列的假设。假设是关于社会现象及其规律性的一种不完备的、尚待实践证实的命题。建立假设是社会学研究中不可缺少的一种方法。

假设的类型很多，但从社会学研究方面来考察，主要分为描述型假设和关系型假设。描述型假设主要说明某些社会现象存在的状况，是对社会现象现状的一种描述或叙述。例如，如果在对大学生做家教问题研究中发现做家教的大学生的社交能力普遍较强,就可以假设:"做家教的大学生的社交能力比不做家教的大学生的社交能力强",这就属于描述型假设。关系型假设,是用来说明社会现象之间的关系的一种描述或叙述。例如,"大学生做家教会导致专业学习受到影响",这就是关系型假设。无论采用什么类型的假设,都要根据实际研究的问题的性质而定,并且应符合如下几项要求:①假设不是随意的猜测,而是以一定的经验事实材料为基础的;②假设必须是可验证的,不能被实际资料证明或否定的就不能称为假设;③假设必须具有通用性,即假设是用来说明一系列同质现象的,而不是用于某一特例的;④假设必须具有一定的想象力,而不只是简单重复过去已被证实过的结论。

3.概念操作化

在假设建立之后,还需要对假设中所涉及的主要概念进行定义。定义一般分为理论定义和操作定义两种。理论定义是对于一种事物的本质特征或一个概念的内涵的简要的说明,例如,"环境保护"这一概念的理论定义是这样下的:保护自然环境(包括水、空气、土壤等),防止其受到破坏和污染,使之能更好地适合于人类劳动、生活和自然界生物的生存。概念的操作定义是指用可具体观察和测量的变量对一个概念的内涵和外延的确切而简要的说明,例如,环境保护这一概念是通过水资源污染的程度、空气污染的程度、绿地面积等变量具体反映出来的。概念在被操作化后,可以依据具体调查测量的数据来揭示,而不仅仅局限于使用词汇来描述。

4.设计研究方案

准备阶段的设计研究方案包括研究设计、抽样设计和提纲设计三方面内容。其中,研究设计就是研究人员在已经选定的研究课题和研究假设的基础上拟定调查研究的具体方案,包括拟定确定调查研究的内容、目的和意义;选择调查研究的地点;确定调查对象和研究单位;确定调查研究的方式;选择收集和分析资料的具体方法和技术手段;确定调查研究的基本程序;安排调查研究的时间;准备研究过程中可能遇到的各种内外影响因素的控制手段。抽样设计和提纲设计是研究设计的具体化。设计一个科学、合理的抽样方法和调查提纲,是设计阶段的一项重要工作,关系到整个调查研究的质量和水平。

3.3.2 实施阶段

实施阶段的主要工作是根据研究方案进行实地调查和资料收集。

1.实地调查

实地调查首先要确定具体的调查对象和调查范围。由于实地调查的具体方法各不相同,因而调查范围和对象必然各有差别,必须根据所使用的调查方法来确定调查对象。实地调查的方式有个案调查、普查、抽样调查和典型调查等;具体方法有实地观察、访谈、填答问卷、集中座谈等。调查对象和范围要根据不同的方法而定。在实地调查过程中,必须注意与调查对象做朋友,做调查对象的学生。例如,毛泽东指出,调查对象"就是我的可敬爱的先生,我给他们当学生是必须恭谨勤劳和采取同志态度的，否则他们就不理我，知而不言，言而不尽”①。同时，要设法取得对调查对象有影响力者的支持与配合。所谓有影响力者主要是调查对象所在地区的有关部门或调查对象的领导和亲朋好友，他们的支持与配合对顺利完成调查至关重要。

2.收集资料

收集资料就是利用具体研究方法、专门研究技术和工具收集对于课题研究有用的、准确的资料。

收集资料是整个调查研究中最艰苦、最基本的工作，因为资料就是调查研究的前提和基础。资料根据来源可分为原始资料和次级资料两类。原始资料是直接从资料来源处获得的资料，一般通过访问、填答问卷和开调查会等方法获得；次级资料是经他人整理所得的资料，一般通过文献法而获得，例如，统计资料以及各种档案资料都属于次级资料。在收集资料的过程中，要认真细致地做好每一项资料的记录，并及时核对、及时更正、及时补充缺漏。资料不完整，就不可能得到实事求是的、科学的分析结果。

3.3.3 总结阶段

总结阶段的任务是将实施阶段中所收集的资料进行整理、分析，然后从中得出规律性的结论。

1.资料整理

整理资料是指根据研究目的对收集到的资料进行的条理化和系统化，整理资料的最终目的还是便于对资料进行分析。整理资料的基本要求是保证资料的客观性、真实性、准确性和完整性，例如，调查对象提供的文字资料，往往包含着作者的主观意图，必须设法去掉这种主观意图。资料整理的主要任务是对收集来的资料进行系统的科学加工，使资料能反映研究对象的总体特征。整理资料的主要工作一是核对和检查原始资料有无错误或遗漏，如有误差应及时修正和补充，使资料具有客观性、完整性和可靠性；二是对原始资料进行科学分类，使资料系统化和符号化。

2.资料分析

资料分析是指利用相关分析、内容分析等方法，对所获得的文字或数字材料进行思维加工，通过分析，可以对研究对象得出一些基本结论，并对所作出的假设进行检验。资料分析是提供社会调查研究成果的最重要阶段。通过资料分析，可以发现研究对象的总体状况、事物之间的联系以及发展变化的规律性。资料分析的方法包括理论分析方法和统计分析方法两大类。理论分析方法要遵循的基本原则是：以辩证唯物主义和历史唯物主义理论为依据，运用对立统一的辩证思想，从现象的相互联系上，对研究对象作出全面、正确、生动的描述和分析。统计分析方法包括单变量描述

---

① 毛泽东选集.第3卷.北京：人民出版社，1991年版，第790页.

统计、多变量相关分析、推论统计等方法和技术。

3.撰写研究报告

撰写研究报告是整个研究过程中的最后一个步骤，它既包括对研究过程的一般概况和资料分析结果的说明，也包括对研究所作出的理论贡献和实际贡献的说明。研究报告的类型多种多样，例如，根据研究性质可分为描述性报告、解释性报告和预测性报告；根据作用可分为学术性调查报告和应用性调查报告。

研究报告的基本结构应当包括以下内容：①简要说明研究的缘由、背景、任务、目的和意义；②简要地介绍调查研究的时间、地点、对象、范围、过程、主要的研究方法和基本程序；③对调查研究的主要内容进行客观的描述，对主要的事例、数据和图表进行简明扼要的介绍，使读者明了“是什么”；④根据获得的丰富资料，进行科学、系统的分析，提出主要理论观点或结论，使读者明了“为什么”；⑤根据调查研究的描述和分析，从结论中引出一定的建议，使读者在阅读调查报告后明白应该“怎么办”。

撰写研究报告容易出现以下三个问题：①罗列很多现象、事例等，却恰恰缺乏理论性的观点、结论和建议；②定量分析与定性分析结合不够或不好，例如，要么让过多的数据、图表等量化性的东西冲淡或淹没了定性结论，使读者看不下去或根本不看；③语言不生动，缺乏感情，达不到调查报告应有的质量和效果。

特别需要注意的是，除了调查报告写作技术方面的问题，更重要的是调查研究的态度问题。高质量调查报告的基石在于脚踏实地、深入扎实的调查研究，没有脚踏实地、深入扎实的作风，要写出高质量的调查报告只能是缘木求鱼。

3.4 社会学研究的具体方法

现代社会学研究方法按照不同的标准可以分为不同的类型。例如，根据研究目的可分为探索性研究、描述性研究和解释性研究；按照研究资料的性质可分为定量研究和定性研究；依据课题性质还可分为理论研究和应用研究等；依据研究角度可分为宏观研究与微观研究；依据研究的逻辑模式可分为理论构建研究与理论检验研究等等。这里重点介绍文献法、观察法、个案法、抽样调查法和问卷法。

3.4.1 文献法

文献法，也称文献调查法，是指根据一定的目的通过收集各种文献资料，获得与调查课题有关信息的方法。

与社会学的其他研究方法相比较，通过文献法可以在较短的时间内掌握以下资料：①与调查课题有关的以往的调研成果；②与调查课题有关的理论和方法；③调查对象的历史和现状；④与调查课题有关的政策和法律。因此，文献法不仅可以作为独立的研究方法，也可以作为其他研究方法的前提和重要补充，即在开始其他研究方法以前，都可以先使用文献法，还可以将文献法运用于其他研究方法的全过程。例如，在准备阶段，选择课题、建立假设、概念操作化、设计研究方案等一般都应以查阅文献为必要前提,而在总结阶段要创造性地撰写调查报告和科学地评估调查成果等也往往离不开查阅文献。

文献法,首先需要一个广泛收集文献的过程。在收集文献过程中首先要注意内容上的尽可能丰富,例如,既要有过去的文献,又要有现在的文献;既要有正面的材料,又要有反面的材料;既要有本学科的专业文献,又要有相关专业的文献,等等。其次,要注意形式上的多样性,既要广泛收集互联网上的文献,又要收集各种印刷型文献,也要收集其他类型的文献,如音像、视频资料等;既要注意公开出版物,也要注意内部资料和各种档案文件,等等。第三,要注意时间的及时性,要及时收集与调查课题有关的各种新资料、新信息,要用尽快的速度及时了解、及时收集、及时研究、及时利用,以提高调查研究的时效性和调查成果的实用价值。

3.4.2 观察法

在社会学的所有研究方法之中,观察法是一种最基本、最常用的方法。所谓观察法,是指观察者根据研究课题,有目的地利用眼睛、耳朵等感觉器官直接或间接地对研究对象进行观察,以取得有关资料的方法。

1.观察法的优点

观察法的优点有:①观察者可以到现场观察了解事情的来龙去脉,获得可靠的第一手资料,具有直接性;②由于观察者深入现场,因而可以获得调查的具体细节,尤其是获得一些用文字难以表达的生动的感性材料。

2.观察法应注意的问题

利用观察法收集资料,应该注意以下几个问题:①要根据研究目的确定观察对象,并做好组织工作,做到有目的、有组织、有科学性和系统性,避免观察的盲目性;②观察者应该置身于被观察对象中,如果被观察对象是个人或群体,还需要注意与被观察者交往过程中的方式和方法,以便获得对方的支持与合作;③要尽可能借助科学的观察工具,例如照相机、录像机、录音机等,以便准确、详细、真实地记录结果;④观察的记录如果是人工记录,还应该当场核对,加以证实,避免观察者的个人感情渗透其中,以保证观察结果客观真实。

3.参与观察法与非参与观察法

观察法的类型很多,但主要包括参与观察法与非参与观察法两种类型。所谓参与观察法,也称田野工作法,是指观察者直接深入被观察对象中,熟悉了解被观察对象,在共同的活动中收集和研究有关资料的一种方法。美国人类学家摩尔根深入印第安人部落是参与观察法的一个典型事例。参与观察法的优点是能深入被观察对象内部,从而获得从外部观察得不到的资料,缺点是由于观察者与被观察者较长时期生活在一起,容易受到影响,并因此使观察产生偏差与错误。参与观察者还要设法消除被观察者的戒备心理,尊重对方的风俗、习惯,成为其群体中的一员;同时,观察者在集体生活中应保持中立态度,多听、多观察、少发言、少评论。参与观察法通常要求研究者花费较多的时间住在当地,一般数月或半年甚至花费数年时间,例如,著名人类学家马林诺夫斯基在南太平洋的特洛布里安德岛所做的3次调查，先后共花了6年时间。

所谓非参与观察法，是指观察者不直接参与被观察者的活动，而只是从外部对研究对象进行观察的一种方法，主要在观察者无法进入被观察对象内部或无须介入被观察活动时采用，例如，费孝通教授和王同惠女士在20世纪30年代对花蓝瑶少数民族进行的调查就属于非参与观察法。由于在非参与观察法中观察者是处于观察对象之外，不参与被观察事件的发展过程，不提出任何问题，只是如实地记录事件发展的自然过程，因而被观察对象不易受观察者的影响。但是，这种观察法往往不全面、不深入，对被观察者的主观态度、价值取向等无法全面了解，容易渗进观察者的主观因素，影响结论的正确性。

可见，观察法既有优点，也有缺点。因此，观察法要真正发挥作用，应当与其他方法结合起来运用。

3.4.3 个案法

个案法是指对某个特定的社会单位进行深入细致的调查研究的一种调查方法。

个案法的特点主要有如下三点。①个案研究主要是纵向研究，即对调查对象进行历史的研究。个案研究需要通过详细的过程分析，来弄清调查对象的来龙去脉，进而具体而深入地把握个案的全貌，同时，个案研究一般还需要进行追踪调查，以掌握调查对象发展变化的情况和规律。例如，如果要对一个人进行个案调查，就需要从个人的成长经历、心理特征、习惯、爱好、各成长阶段的表现、家庭环境甚至遗传因素等多方面收集有关这个人的资料。②个案研究的目的主要不是用来说明它所能代表的同类事物，而是为了了解和认识个案本身的问题，强调对调查对象进行深入的个别研究，以认识调查对象本质的各个方面。所以，个案研究一般考虑调查对象是否有代表性的问题，它所得出的结论一般也不能用来推论总体。只有通过对各个个案的综合研究，才能推导出总体性结论。③研究者可以灵活运用观察、访问、文献法等多种形式进行个案研究，而不仅仅局限于某一种方法。

个案法在社会学研究中适用范围比较广泛，特别是在社会工作领域，尤其适用于城市建设个案、农村社区个案、企业个案、学校个案、妇联个案等有关社会和经济方面的调查；适用于同社会福利工作有关的专门机关和部门，如社会福利机关、救济机关、精神病院、劳教机关等进行的老年个案、儿童个案、青少年个案、妇女个案、伤残人员个案、医疗个案等方面的研究；适用于对离婚、犯罪、吸毒、自杀等社会生活中各种社会问题的专门性调查研究。

3.4.4 抽样调查法

抽样调查是按照随机的原则，从全部研究对象中抽取一部分单位进行调查分析，以达到对全部研究对象的认识的一种调查研究方法。抽样可以分为随机抽样和非随机抽样两大类。

1.随机抽样

随机抽样，是指排除研究者的主观意志，按照概率均等的法则，从调查对象的总体中抽取样本的一种方法，包括简单随机抽样、分层抽样、等距抽样和多阶段抽样。

1)简单随机抽样

简单随机抽样也称纯随机抽样，是指按照随机原则直接从总体 M 个单位中抽取 N 个单位作为样本的一种抽样方法，是一种最简单、最基本的抽样方法。简单随机抽样的基本做法是，抽样调查之前，先确立总体范围，并对总体的每个单位进行编号，然后用抽签的方法或根据“随机数表”来抽选必要的单位数。抽签方法一般适应于群体小、个体单位少的调查对象，如果群体大、个体单位多，也可以借助“随机数表”进行抽样。

2)分层抽样

分层抽样也称类型抽样，是指按照被研究对象的主要特征，事先把总体的所有单位分成几个类型或组别，再在各个类型或组别中随机抽取适当的单位数目并合成一个样本的一种抽样方法。分层抽样可以分为等概率分层抽样和不等概率分层抽样两种。在等概率分层抽样中，各类别中的单位被抽中的机会是相同的，而在不等概率分层抽样中，各类别中的单位被抽中的机会是不相等的。例如，在某高职院校一年级、二年级和三年级学生中进行抽样，如果三个年级中抽出的比例相同，如 1 000 个抽 50 个，这就是等概率分层抽样，而如果在三年级学生中每 1 000 人抽取 50 人，在二年级学生中每 1 000 人抽取 75 人，在一年级学生中每 1 000 人抽 25 人，那么就是不等概率分层抽样。

3)等距抽样

等距抽样也称机械抽样，是指把总体中的全部调查单位按某一标志排列起来，按固定顺序或间隔抽取样本的一种抽样方法。要在 1 000 名学生中抽取 100 名学生进行学习兴趣的调查，可将这 1 000 名学生依次编码，用全部学生数除以要调查的学生数，计算出抽样间距为 10，抽样的起点可从第一组 10 个人中用简单随机抽样法确定，然后每隔 10 个人抽一个人，例如，第一组中抽中的编码是 2，则要抽的 100 个人的编号依次是第 12，22，32，42，……，直到抽满 100 个人为止。

4)多阶段抽样

多阶段抽样是指把抽取样本的过程分为两个或两个以上的阶段进行的一种抽样方法，主要适用于调查对象数目庞大、分布很广、很难直接抽取调查单位的情况。例如，要在北京市抽取若干大学生进行调查，可按高校——系——大学生的顺序，分三个阶段抽样：在第一阶段，从北京市所有的高校中抽出若干个高校；在第二阶段，从已抽出的高校中抽出若干个系；在第三阶段，从已抽出的系中抽出若干个大学生。每一阶段都必须严格按随机原则抽取样本。

2.非随机抽样

非随机抽样也称非概率抽样，是指根据研究者个人的主观经验、有选择地抽取样本的方法。非随机抽样的方法主要有判断抽样、偶遇抽样和定额抽样三种。所谓判断抽样,是指由调查者根据主观判断选取样本的方法;所谓偶遇抽样,是指调查者根据其方便,任意抽选样本的方法,例如调查者可在学校门口、教学楼前、学生食堂等公共场所访问学生;所谓定额抽样,是指把总体按一定标志分成若干类,在每一类中确定一定的抽样数目,然后按方便原则任意抽取样本进行调查的方法,在实际工作中,定额抽样主要应用于民意测验。

3.4.5 问卷法

问卷法是调查者根据研究的问题和研究的方案,通过设计一套要求被调查者回答的问题表来收集资料的方法。问卷法不仅是社会学研究中广泛应用的方法,而且也逐渐被政治学、经济学、心理学、传播学、管理学、广告学等其他学科普遍使用,还逐渐成为民意测验、市场调查等社会性、商业性调查的主要方法。

1.问卷的类型

问卷是社会研究中收集资料的一种工具,其形式是一份精心设计的问题表格,其目的在于测量人们的特征、行为和态度等。问卷一般分为开放式问卷和封闭式问卷两种。开放式问卷是在问卷中只列问题而不列可供选择的答案,被调查者可以根据自己的情况对问卷中提出的问题自由作答,例如,要调查大学生的基本状况,可以设计如下的问题:①您是哪个学校的学生?②您的性别?③您的年级?④您的专业?⑤您所在的学校属于重点大学、一般本科院校还是高职院校?等等。

封闭式问卷是调查者根据自己所要调查的问题,事先罗列出若干可供选择的答案,被调查者可以根据自己的情况选择其中的一个或若干个,例如,您对自己目前的学习成绩是否满意?A、满意　B、比较满意　C、无所谓　D、不太满意　E、不满意

在开放式问卷中,被调查者可以充分发表自己的意见,调查者可以充分了解情况,但也可能因为答案多,事后归类整理较难。在封闭式问卷中,由于答案标准化,比较容易填答和归类整理,但也可能限制了被调查者发表自己看法的自由,使调查者不能充分了解情况。在一份问卷中应该将两种形式结合起来。

此外,根据不同的使用目的和填答方式,问卷可以分为自填问卷、访问问卷两种。所谓自填问卷即由被调查者本人填答的问卷;而访问问卷则是由访问员根据被调查者的回答来填写的问卷。

2.问卷的内容

无论是开放式问卷还是封闭式问卷,问卷的结构一般包括指导语、问题及答案、编码等。其中的问题一般应包括以下几方面的内容:①个人的基本情况,例如被调查对象的年龄、性别、文化程度、职业、婚姻状况、父母的情况和家庭人口数、收入等项目,当然,如果被调查对象都是大学生,就不必设计学历这一项目,同样,如果被调查对象都是未婚者,就无须设计婚姻状况项目;②行为方面的问题,即调查所要研究的反映被调查者行为方面的客观状况的问题,例如,大学生课余时间的安排情况、消费情况和闲暇时间的利用情况等;③态度方面的问题,即反映被调查者的观念、意见、感

情倾向等主观方面的问题，由于态度具有针对性的特点，所以，调查结果一般只能用来说明当时的情况，同时，由于对态度问题的调查，仅用一二个指标是很难说明问题的，因此，往往需要用一组题目来测量。在上述三方面内容的顺序安排上，一般为个人的基本情况、行为方面的问题、态度方面的问题。

3.问卷设计的原则

问卷设计要遵循如下基本原则：①要按照正确的理论和假定提出问题，以便使收集的资料能够与研究目标相符合；②问卷要简明扼要，使受访者能够看懂，容易回答，同时，问卷不宜过长，填写问卷时间最好控制在15分钟以内；③问卷的措词和语言要准确、不可太抽象，格式要整洁美观；④问题和答案的设计要有真实性、中立性和可选择性，即首先要避免提双重含义的问题，例如，"您的父母是干部吗"，因为这让父母亲只有一个是干部的被调查者无法回答是或否，同样，"大多数人认为自己18岁时最聪明，您认为您18岁时怎样？A、最聪明　B、比较聪明　C、无所谓　D、不太聪明　E、不聪明"，其中的"大多数人认为自己18岁时最聪明"就违背了保持中立的原则，明显带有诱导性，可能会影响填答者的选择，而答案的设计也必须相互排斥，不可交叉，例如，您的政治面貌是什么？A、中共党员　B、共青团员　C、民主党派成员　D、民革成员　E、群众，其中的"民主党派成员"和"民革成员"就互相交叉，而没有互相排斥，要避免提双重含义的问题，即在一个问题中实际上问了两个问题，例如，"您的父母是干部吗"，这就让父母亲只有一个是干部的被调查者无法回答是或否。另外，不要问填答者不知道的问题，例如，"您知道哪位老师贪污？"，也不要直接问敏感性问题，例如，"您考试作弊了吗？"，更不要用否定形式提问。

4.问卷法的注意事项

在问卷的使用过程中要注意：①无论是否要求被调查对象在问卷上留下姓名，都要尊重被调查对象的意见，不能强迫命令；②填写问卷前应该对被调查对象加以指导，向对方详细说明问卷的填写方法；③要认真审核回收的问卷表，发现遗漏的或错误的，要及时找填答人订正，如无法订正的，可把这类表单独归类，并观察其分布情况。

本章小结

(1)社会学研究的方法体系是由社会学研究的方法论、各种具体研究方法和专门研究技术和工具三个层次构成的。社会学研究的方法论包括马克思主义哲学方法论、实证主义方法论和非实证主义方法论。

(2)社会学研究的基本原则包括：理论与实践相结合原则、实事求是原则、系统性和整体性原则、定量与定性研究相结合原则、科学化原则。

(3)社会学研究的基本程序包括三阶段：准备阶段、实施阶段和总结阶段。

(4)社会学研究的具体方法有：文献法、观察法、个案法、抽样调查法、问卷法等。

思考题

1.请说明我国社会学研究的原则。
2.社会学研究的基本程序包括哪些阶段?
3.社会学研究的具体方法有哪些?
4.根据本章所学内容,在任课教师的指导下,完成一次小型的社会调查研究。

4

中国社会学的发展

学习目标

通过本章的学习,使学生重点掌握中国社会学的兴起,中国社会学的成长过程;掌握中国社会学的重建过程;了解中国社会学的中断过程。

本章知识点

(1)社会学作为一门学科在中国的建立。
(2)中国社会学初具规模。
(3)1937—1949 年间的社会学。
(4)中国社会学的恢复与重建。

4.1 中国社会学的兴起

19 世纪末 20 世纪初,中国社会正在经历一场急剧的社会变革,爱国知识分子为救亡图存、富民强国,开始接受西方思想,社会学应运而传入。在近代学术史上,一门学科的发展往往是靠两种力量推动:一是学者个人的研究工作,二是学科体制的建设工作。在中国社会学的传入时期,严复等人译介社会学说,可代表第一方面的工作;而数位美国传教士在教会所办的大学中的热心推动,可代表第二方面的工作。

4.1.1 社会学说的译介

1895年,严复(1854—1921)在天津《直报》上发表《原强》,首次介绍英人赫伯特·斯宾塞(Herbert Spencer, 1820—1903)及其社会学,并称之为"群学"。此外,《昌言报》上曾连载曾广铨翻译、章太炎笔述的《斯宾塞文集》,梁启超和谭嗣同也分别在他们的著述中提到过"群学"或"社会学"的概念。1897年,严复在《国闻报》上发表的英人斯宾塞《社会学研究》一书的两个章节可以认为是最早的社会学译作;1902年,章太炎翻译的日本学者岸本能武太的《社会学》,是第一本社会学译著;1903年,严复翻译出版的《群学肄言》,为斯宾塞《社会学研究》的全译本。严复还翻译了赫胥黎的《天演论》、亚当·斯密的《原富》等,以"物竞天择、适者生存"的进化论观点,启迪人们寻求解救中国社会危机的途径。

此后,翻译和介绍社会学译著也日渐增多。在众多的译作中,严复的《群学肄言》等译本曾在当时的知识分子中产生过很大影响。《社会学》一词,最早见于谭嗣同的《仁学》。它是由日文转译而来。在这一时期,有不少从日文翻译的社会学书籍,又多是日本译自西方的社会学论著。它们经过留日归国学人之笔,译介到中国。源自西方的社会学,却通过日本传入中国。这一方面,是因为日本先于中国自西方引入社会学,早在1880年,斯宾塞的著作即译成日文出版,东京大学于1893年开设社会学课程;而更重要的是与同当时的历史背景有关。甲午战争,中国被日本打败。日俄战争,日本战胜俄国。这在老牌帝国主义国家中引起了极大的震撼。明治维新以后,日本向西方学习,在短短的几十年中取得了巨大成效。各方关注的焦点随之转向了日本。因此,日本便成为当时中国了解西方文化的一扇窗口。

4.1.2 学科体制的建设

4.1.2.1 中国人开始讲授社会学

19世纪末至20世纪初,中国开始以日本的教育体制为样板建立近代高等学校,如京师大学堂、京师政法学堂。1911年,京师大学堂改为国立北京大学,列有社会学课程,但直到1916年才首次开设这门课程,由章太炎的学生、自日本留学回来的康宝忠任教,从此开始了中国人讲授社会学的历程。然而,国立北京大学一直偏重文史哲等人文学科,尽管曾一度考虑设置社会学系,但最终未能实现。

20世纪初期,国立高等学校不发达,也不重视社会学的发展。相比之下,西方教会对于中国高等教育的发展,却起了很大的作用;当时最早、最热心推动社会学的教学与研究的,也是这些教会学校。

4.1.2.2 社会学作为一门学科在中国的建立

在教会大学中,最早比较系统地发展社会学这门学科的是上海浸礼会学院,后改名为沪江大学。1914年,该校成立社会学系,标志着社会学作为一门学科在中国开始建立。然而,所谓的社会学系,其实只设有一门社会学课程,由美国布朗大学毕业生、年轻的传教士葛学溥(Daniel H. Kulp II,1888—1980)讲授。葛学溥建立社会学系，并进行社会调查，是从基督教社会服务的观点出发的。当时外国传教士要进入某个社区传教，是一件相当困难的事情，而通过开展社会服务工作，较容易取得人民的信任，从而便于传教。

大约与葛学溥在上海发展社会学同时，另一位美国传教士约翰·步济时(John S. Burgess, 1883—1949)在北平创建了后来中国最有活力的社会学系之一——燕京大学社会学系。步济时出身于传教士家庭，1905 年自美国普林斯顿大学哲学系毕业，去日本教了两年英文，之后到纽约协和神学院主攻教堂历史与宗教哲学，同时在哥伦比亚大学社会学系学习。1909 年，步济时受普林斯顿大学驻华同学会(Princeton-in-Peking)的委派来到中国，在北平基督教青年会工作。步济时在基督教青年会带领学生参与社会服务。几年之后，他开始考虑同大学合作，建立一个培训社会服务人员的正规机构，以便此项工作能持续而有效地进行。于是，他找到了自己的合作对象——燕京大学。自 1918 年开始，步济时同时在燕京大学的文理学院和神学院任教。在他的主持下，由北平基督教男、女青年会与燕京大学合作，建立了社会学系。

燕京大学掠影

燕京大学是由四所教会学校，即北京汇文大学、北通州协和大学、华北女子协和大学及神学院，在 1915—1920 年间先后合并而成。作为一所私立教会学校，其运作经费主要靠美国的个人或机构的捐助来维持。1919 年，在中国出生、通晓中西文化的美国教育家司徒雷登担任校长。1929 年后他改任校务长，直到 1946 年出任美国驻华大使为止，他始终主持校务工作。在燕京大学那坐落于北京西郊景色优美的校园里的每一个楼阁都有英文名字，以纪念捐款建筑者。校园中的建筑模仿中国传统宫殿的风格，而内部的设备和布置则同当年美国一般大学相似。燕京大学最初在美国立案，后又在中国教育部立案。因此，毕业生领双份文凭，一份是中国教育部发的中文证书，另一份是美国纽约州发的英文证书。在 1949 年前的中国高等教育界，燕京大学是一个融合东西方文化精华的学术重镇。①

总的来说，在社会学自西方传入中国时期，维新派领袖、留日学生与美国传教士，为后来中国社会学的发展作出了很大贡献。然而，前者将社会学作为西方社会思潮介绍给中国，其目的带有政治色彩；后者在高等学校中创办社会学系，开展社会调查，为的是推动社会服务工作，最终的目的是为了传教。严格地说，他们都不能算是职业社会学者。社会学这样一门源自西方的学科，要在中国取得长足的发展，还有待于一批中国职业社会学者的出现。

① 阎明.一门学科与一个时代——社会学在中国.北京:清华大学出版社,2004 年版,第 13 ~ 14 页.

4.2 中国社会学的成长

社会学传入中国之后,在中国高等院校中,最早设置社会学系的是由美国传教团体扶植的教会学校,最初讲授社会学的教师也都是传教士或外籍学者。从20世纪20年代初期起,陈达、陶孟和、孙本文、吴景超、杨开道、潘光旦、吴文藻等中国第一代社会学者先后学成回国,打破了社会学教学多为外国教师充任的局面;他们开展学术研究,培训人才,出版专业期刊和论著,使中国社会学初具规模,学术地位得到确定。

4.2.1 第一代中国社会学者的成长

追溯中国第一代社会学者的成长,可以说,他们有着各自不同的家世背景和生活经历,很难一概而论。仅就大致而言,他们大多数来自开放较早的地区,出身于地主、官僚、商人等家庭。他们当中比较有成就的人士,无一例外都曾经留学西方,其中大多数曾留学美国。有的是自费留学,有的通过教会学校资助,更多的是享受各种公费奖学金待遇。其中几位较有成就的社会学家,如陈达、吴景超、吴文藻、潘光旦、吴泽霖等,均毕业于清华学校,由"庚子赔款"资助留学。

清华学校掠影

1901年,中国战败于由西方列强所组成的"八国联军"之后,被迫签订《辛丑条约》。此条约规定,中国要按全国人均141两的标准,"赔偿"诸国4.5亿两白银,连同利息共9.8亿两。美国从中分得3 000多万两,合2 400多万美元,外加年息4分,由中国分39年还清。1904—1908年间,经中国驻美公使梁诚、美国在华传教士明恩浦、美国伊利诺伊大学校长詹姆斯(Edmund J. James)等从中斡旋,美国政府决定,除去所谓实应赔偿的金额,其余10 785 286美元,自1909至1940逐年按月退还给中国,用以设立留美预备学校。这就是清华学校。美国于1924年第二次退款,此后各国仿效美国也相继退款。这些钱作为教育文化事业的经费,用以设立教育或研究机构,派遣留学生,补助学术、文化团体及研究所,编译出版世界名著,邀请外国学者来华讲学,与国外学术机构交换出版物等。"庚子赔款"对于1949年前中国高等教育与学术界倾向西方,特别是美国,起了不小的作用。①

中国学生先后就学于多所欧美大学,其中最为他们亲睐的学校,包括美国哥伦比亚大学和芝加哥大学。这两所学校的社会学系,恰为当时西方社会学的发达之地。它们以强大的师资阵容,培养了一批中国社会学者,其中比较具有代表性的有:朱友渔、陶孟和、孙本文、李景汉、陈达、吴泽霖、言心哲、杨开道、潘光旦、吴文藻、吴景超。

① 阎明.一门学科与一个时代——社会学在中国.北京:清华大学出版社,2004年版,第27~28页.

4.2.2 中国社会学初具规模

中国第一代社会学者学成后陆续回国任教。1917年,陶孟和开始在北京大学讲授社会学。1921年,哥伦比亚大学博士徐声金在厦门大学创办历史及社会学系,这是中国自办大学中,设立的第一个社会学系。20年代初,美国克拉科大学博士余天休在北京师范大学、陈达在清华学校教授社会学;依阿华大学博士许仕廉执教于燕京大学社会学系,并于1929年接替步济时担任该系系主任。

到1930年前后,越来越多的社会学者学成回国,在他们的共同努力下,使中国社会学初具规模,学术地位得到初步确定。这表现在以下六个方面:

第一,更多的高等学校设立了社会学系。到1930年,中国已有16所大学,或设置社会学系,或设立社会学专业。当时包括教会学校在内的所有大学社会学系系主任,都已由中国人担任。

第二,社会学被教育部列为大学课程。1929年,国民政府教育部将社会学列入新修订的大学章程中。

第三,自编社会学教材。中国社会学者讲授社会学,起初采用英文教科书,但感到不适合中国学生使用,于是由南京中央大学社会学系教授孙本文主持,组织全国10位学者编著教材15种,分述社会学原理、方法、历史及各专门领域,于1929—1930年由世界书局出版,后合订为《社会学大纲》,共计1652页。这是中国人自编的第一套中文社会学教材。

第四,成立社会学研究机构。1926年,中华教育文化基金董事会社会调查部成立,1929年改为北平社会调查所。1928年,中央研究院社会科学研究所成立,下设社会学组。至此,中国有了两个专门的社会调查研究机构。

第五,中国社会学社成立。1928年冬,孙本文与吴泽霖、吴景超、游嘉德等一批在沪宁各大学的社会学者,发起组织成立了东南社会学会。之后不久,在北平社会学者杨开道、许仕廉等建议下,东南社会学会改组为全国性的社会学组织。1930年2月,中国社会学社在上海举行成立大会,会上孙本文当选为正理事,并任理事长。

第六,《社会学刊》初由东南社会学学会编著,自1930年开始,成为中国社会学社社刊,由孙本文担任主编。

4.2.3 1928—1937年间的社会学

自1928年国民政府定都南京,到1937年日本大举进犯中国之前,在高等教育方面,这是一段相对稳定的发展时期。学校的数量、在校生和毕业生的人数等,均有大幅度增长。大体而言,社会学在教会学校中,特别是在燕京大学与沪江大学最为发达。20世纪30年代以后,前身为留美预备学校、深受美国高等教育影响的国立清华大学之社会学及人类学系,其实力也日渐雄厚。但在大多数国立高等学校中,社会学并不太受重视。国立北京大学尽管曾一度考虑设置社会学系,但最终未能实现。位于南京的国立中央大学,1927年成立社会学系,但却在1932年夏将其取消。

中央大学的社会学系后于抗战时期得到恢复。20世纪30年代初,先后有包括中央大学在内的数所国立高校的社会学系遭停办。这其中的原因是多方面的:一是由于社会学是新兴学科,基础较薄弱,有的学校因师资力量弱,学生修习人数少等原因将之取消;二是在当时的政治环境下,有些人对社会学产生误解,把它等同于"社会主义",予以压制;三是受当时国家教育政策和经济政策的影响。自科举制度废除后,有几十万多年攻读文史哲经典的学子,顺理成章地转到学校中的文法科,一时间修习文法科的人数大增。这种状况一直持续到国民政府成立后,国民政府基于国家建设对理工农医等应用学科的需要,数次实行教育改革。教育部不断颁布通令,削减文科,放宽理工类的办学限制。留学教育政策和法规亦体现注重自然科学与应用科学,严格控制文法科。

4.2.4 1937—1949年间的社会学

1937—1945年的抗日战争,对于中国社会及中国社会学都是一次极为严峻的考验。在高等教育方面,战前大部分高校集中于几个大城市。战争爆发以后,这些城市以及坐落其间的大学,多遭日军轰炸或占领。例如沪江大学于1937年8月14、15两日遭敌军炮轰,全部被毁,仅余破墙颓垣,所有图书、仪器,均未抢出。战争摧毁的不仅是房屋和设备,对学者来说,更大的损失是积多年心血而成的教学研究资料。燕京大学社会学教授吴文藻,损失了十几箱原本可以出版的讲义。清华大学教授陈达自1923年回国至抗战开始,十几年间,搜集了两万余册剪报材料,因敌机轰炸被焚,俱成灰烬。为了继续办学,几所位于广东的大学暂移至香港,大多数学校则陆续辗转迁移到后方的川、云、贵等省,形成了一次中外教育史上罕见的文化大迁徙。

八年抗战及紧接着的三年内战,给国家造成了极度的政治、经济动荡。在此期间,社会学者的学术研究,更加立足于本土,注重研究解决实际社会问题;社会学学科之组织规模,也略有扩充与加强,这表现在以下四个方面。

第一,抗战期间,国民政府成立社会部,各大学为培养社会行政与社会事业方面的人才,有的添设社会学系,如云南大学;有的设置社会事业行政系,如社会教育学院;有的恢复社会学系,如中央大学;有的与其他系合并成系,如大夏大学的历史社会学系;有的增设社会福利行政组,如金陵女子文理学院社会学系。

第二,教育部于1938年修改大学课程,颁行文、理、法、师四学院共同必修科目表,规定社会学为社会科学必修科目之一,与政治学、法学通论并重。1939年,教育部颁布社会学系必修科目表。1944年10月,教育部将该表修正后公布,并在社会学系中设社会行政组,以便培养社会行政人才。

第三,在社会学期刊的出版方面,抗战前的《社会学刊》出版至第5卷第2期。抗战后,因经费缺乏而停刊,1948年复刊之后出版了第6卷。从1944年春开始,中国社会学社与国民政府社会部合作,由社会部出资,编印《社会建设》月刊,以研讨社会问题、社会行政、社会建设等为主旨。

第四,中国社会学社因战时交通不便,在1937年7月至1949年9月之间,仅举行过3次年会。每次都不得不同时在3～4城市分别召开。中国社会学者于国家危难中召开的最后一次盛会,是学社第九届年会暨成立二十周年纪念大会,于1948年10月分别在南京、北平、广州、成都四地同时举行,以"二十年来之社会学"为年会总题。

在中国社会学成长过程中,中国第一代社会学者从中国具体实际出发,进行深入的社会调查研究,使中国社会学逐渐形成了自己的特点。从20年代后期开始至40年代后期,社会学者深入城乡社会、少数民族地区,进行了大量的社会调查研究。此外,对这一阶段中国社会学的发展作出贡献的,除了高等院校中的社会学教学和研究外,还有马克思主义者在解放区和国民党统治区进行的社会学理论探讨和实地调查研究,以及一批乡村建设改良主义者所进行的社会调查。

4.3 中国社会学的中断

1949年10月1日,中华人民共和国成立,标志着中国社会从此进入了一个全新的发展阶段。新政权的建立,意味着中国社会的政治、经济、文化、外交等方面的全面变革。从1950年到1952年,除台湾和港澳地区外,在全国高等院校调整中逐步减少直至最后取消了社会学系。1957年,社会学被称为"资产阶级伪科学"而遭到了彻底否定,大多数社会学家遭到了错误的批判处理,从此,社会学在中国大陆成了无人敢问津的领域。

4.3.1 社会运动与社会学

1949年9月各高等学校开学时,一切如常。以燕京大学为例。此时,燕大受到新政府的鼓励继续开展各项工作,唯一的改变是在历史、哲学、经济学系增加了三门马克思主义课程。1950—1951年,随着新政权的逐渐稳固,各项改革便以社会运动的方式迅速地展开。通过参加几次大的社会运动,如抗美援朝、土地改革、思想改造,社会学以及社会学者或主动或被动地接受了初步的改造。

1950年初,朝鲜战争爆发后,中国政府做出了"抗美援朝"的决策,迅速动员全社会的力量,发动"反美"攻势,并批判当时社会上流行的崇美、亲美、恐美的心态。在"反美"运动中,有些社会学者如费孝通、雷洁琼、严景耀及潘光旦,分别发表了批判美国的文章。1950年12月29日,在中央人民政府政务院第65次政务会议上,通过了《关于处理接受美国津贴的文化教育救济机关及宗教团体的方针的决定》。此时,燕京大学作为教会主办高等教育的典型,成了"耻辱"的象征。美帝国主义教会创办的这所学校,不仅被认为是散布资产阶级思想的中心,而且也被认为是文化侵略的阵地。

1951年2月12日,燕大被教育部接管。除燕大,辅仁、金陵、齐鲁、圣约翰、沪江、之江、震旦、岭南等教会大学先后被撤消,同美国教会传统联系密切的社会学系,也随之取消。

4.3.2 社会学的取消

社会学系的存废，自新中国成立后就成为了一个极具争议性的问题。1949年，高等教育委员会颁布文法学院课程改革方案，其中社会学系没有像其他各科系一样明确列出必修课程，而是仅提出了原则性的要求。

在这一时期，高校中社会学系的教师们做了种种努力，试图通过强调社会学的应用性保留这门学科。20世纪50年代初期，由于中国以世界上第一个社会主义国家前苏联为样板，进行社会经济建设。文化教育的改革和发展，也按照前苏联的模式进行。按前苏联当时的主流观点，以社会为研究对象的科学，是历史唯物主义，而且只能是历史唯物主义；社会学在社会主义社会是绝对不应该存在的。这一观点后来也主导了中国的思想界近30年。

1950年6月，第一次全国高等教育会议召开，讨论高等教育的方针、任务、课程改革、教材等问题。这次会议的重要内容之一，就是听取苏联专家介绍苏联经验，用以指导中国高等教育改革。

1952年的院系调整，使所有高校的社会学系都被取消，至此，社会学作为一门学科，从中国大陆的高等教育中消失了。

4.3.3 为社会学说话

从1956年到1957年上半年，中共中央针对知识分子问题，提出了“百花齐放，百家争鸣”和“长期共存，互相监督”的方针，因此形成了一个比较宽松的政治气氛。在这样的背景下，社会学的问题被重新提了出来。

1956年，社会学者们逐渐在各种场合表示了不同意取消社会学，并提出重新恢复社会问题的研究。其中有些建议很快得到了回应。例如，中国人民大学成立了调查研究室，让李景汉担任室主任，吴景超参与工作。1957年1月，吴景超率先发表文章，主张恢复社会学的教学和研究。同时，在前苏联和东欧国家，社会学也开始受到关注。例如，1956年10月19日，前苏联《真理报》报道了关于国际社会学会第三次会议的情况。这次会议有57个国家的约500位代表参加，其中也包括前苏联及东欧国家的代表。1957年1月至6月，社会学者们进行了一系列试图恢复社会学学科的活动。6月9日，陈达召开社会学工作筹备委员会第一次会议，会议通过成立社会学工作委员会，推举陈达担任主任委员。该委员会的任务是团结与联系原社会学界同人，筹备成立中国社会学会、社会学研究机构、社会学系，并讨论开展社会调查研究工作的计划。

在北京的社会学者们积极筹备恢复社会学的时候，上海的社会学者们也踊跃参与。他们多次召开座谈会，讨论社会学在新中国究竟有没有发展前途。言心哲响应费孝通《关于社会学，说几句话》一文，发表了《也为社会学说几句话》，以此与北京的学者们相呼应。他主张应立即恢复社会学的研究。

人物掠影：费孝通

费孝通(1910—2005)，江苏吴江县人，1933年获燕京大学社会学系学士学位，1935年获清华大学人类学硕士学位。同年，在去英国留学前，他接受导师史禄国的建议，为收集实地调查材料到英国做论文用，携新婚妻子王同慧到广西瑶山考察瑶民的生活习俗。结果费误入猎人所设捕虎陷阱，费妻独自下山求援，落入激流，未获生还。费孝通得救后返回家乡江苏吴江县开弦工村。在家养病期间，他以本村为对象进行调查，到英国后，在导师马林诺夫斯基的指导下，将调查材料系统整理，写成了《中国农民的生活》(即《江村经济》)一书。1938年，费孝通获伦敦经济学院社会人类学博士学位后，回到战时的祖国，到云南大学教书。抗战胜利后，他受聘到清华大学社会学系任教。①

然而，在1957年"反右"运动中，社会学被作为"资产阶级伪科学"遭到了彻底否定，大多数社会学家遭到了错误的批判处理。从此，社会学在中国大陆成了无人敢问津的领域，一直到1979年。

4.4 中国社会学的重建

1979年3月，在北京召开的社会学座谈会上，中国社会科学院院长胡乔木代表中共中央作了讲话，为社会学恢复了名誉。座谈会后不久，相继成立的有中国社会学研究会(后改名为中国社会学会)和中国社会科学院社会学研究所，由费孝通担任会长和所长。社会学组织的建立成为中国社会学史的转折点，它标志着中国大陆社会学中断期的结束与重建期的开始。

4.4.1 社会学的重建

中国大陆社会学恢复与重建的首要任务是培养人才和建立机构。

4.4.1.1 人才培养

在人才培养方面采取了速成与系统教育相结合的办法，即一方面从其他学科抽调了一些人员进行短期培训；另一方面在高等学校建立社会学系培养学科专业人才。

1980年和1981年两个夏天，中国社会学研究会与社会学研究所联合在北京举办了两期"中国社会学讲习班"，共有100多人参加。1982年4月，研究会协助湖北省社会学会及华中工学院(后更名为华中理工大学，现合并为华中科技大学)举办"武汉社会学研究班"，参加学习的有120人。以后全国各地也相继举办了各种类型的讲习班。由于各期学员都是具有相当理论水平和其他专业基础的中青年学者，经过紧张、

① 阎明.一门学科与一个时代——社会学在中国.北京：清华大学出版社，2004年版，第159～160页.

速成、浓缩的社会学基本理论和方法的训练，其中不少人成为了中国社会学重建的“种子”，为恢复重建中国社会学起了骨干作用。

1980年4月，上海大学(原复旦大学分校)成立了重建后的第一个社会学系。南开大学于1980年11月设置社会学专业，1981年2月与中国社科院社会学研究所合作，举办了为期一年的“社会学专修班”，接着于1982年3月成立了社会学系并招收了重建后的第一批研究生。北京大学、中国人民大学和中山大学等高校，相继建立了社会学系。

4.4.1.2 社会学机构的建立

1980年初，中国社会学研究会经过近一年的筹备，协助中国社会科学院建立了社会学研究所。随后，上海市等地也陆续成立了社会学研究所。华中工学院突破长期文理分立的模式，建立了理工大学中的第一个社会学研究所。到1981年底，北京、天津、上海、湖北、吉林、江苏、黑龙江等省市先后成立了社会学会。

1982年5月，中国社会学研究会与华中工学院合作，在该院召开了“中国社会学研究会1982年年会”。年会总结了3年来中国社会学的恢复重建工作，展望今后发展前景，共庆学科的恢复重建，并决定把中国社会学研究会改名为中国社会学会。这标志着中国社会学从恢复阶段，进入了发展时期。

4.4.2 社会学的发展

中国大陆社会学重建以来的发展，可分为队伍建设、研究领域和学术成果三个方面。

4.4.2.1 队伍建设

中国社会学重建后迈出的第一步，是组织教学与研究的队伍。经过20多年的发展，截至2003年，全国已有80余所高等院校建立了社会学系和专业，或社会工作系和专业。全国已有20个培养社会学硕士研究生点，5个博士研究生点，还有3个博士后流动站。在校本科生3000多人，研究生约400人。同时，全国已有各类社会学研究所50多个，已经形成了一支相当规模的社会学专业研究队伍。

与社会学专业队伍的建设同步，社会学学术团体也相继建立。它共有三级：第一级为中国社会学会，它只接纳团体会员；第二级为省、直辖市、自治区的社会学会；第三级为地区、市、县的社会学研究会。

4.4.2.2 研究领域

中国大陆社会学重建以来研究领域的拓展，以历史演进为经，以重大课题为纬，可做如下概括：①1983年全国哲学社会科学规划会议后，“小城镇研究”、“婚姻家庭问题研究”、“城市人口问题研究”等被列为国家“六五”(1981—1985)期间项目，中国社会学的研究以这三个问题为重点而展开；②1986年“七五”(1986—1990)全国哲学社会科学规划会议，将社会发展、社会结构、阶级和阶层、生活方式、老龄问题、社会发展指标体系等13项列为重点课题；③随着中国社会学研究的拓展与深化，1991年，中国社会学学科史的研究又被国家列为“八五”(1991—1995)期间项目“马克思主义社会学理论”,作为其子课题;④到了“十五”(2001—2005)期间,中国社会学得到了较为迅速的发展,2004年全国哲学社会科学规划办公室,决定将社会学分成理论社会学、经济社会学、农村社会学、灾害社会学、社会保障与社会工作、港澳社会研究、科学社会学、社会问题研究、妇女问题研究、社会心理学、社区研究、城市社会学、工业社会学、社会分层研究、文化与政治社会学、组织社会学、社会思想史(含社会学史)、信息社会学、社会人类学和民族社会学、社会发展研究、社会学研究方法、环境社会学等22个领域进行学科调研。由此可见,目前,中国社会学已经形成了较为完备的学科体系,社会学研究已在相当广泛的领域展开。

4.4.2.3　学术成果

中国社会学重建以来,经过20多年的发展,取得了一定成果。中国大陆社会学自恢复以来的学科建设及研究成果,集结在由300多位社会学专家学者通力合作完成、于1991年出版的145万字巨著《中国大百科全书·社会学》卷中。该卷辞书收集了千余条词条,总结了社会学研究的最新研究成果,是社会学学科的一本总结性巨著。作为学术研究中调查报告与专题论文载体的社会学刊物,1988年已公开定期出版的有6种。上海大学文学院社会学系主办的《社会》,是中国社会学重建后的第一家社会学刊物。中国社会科学院社会学所主办的《社会学研究》,是中国最高的社会学学术刊物。至于《国外社会学》(内部),则着重译介和评论西方、前苏联、东欧和第三世界国家社会学的学术成果和最新动态。中国社会科学院社会学所还定期出版了及时反映中国大陆社会学前进足迹的《中国社会学年鉴》(每几年出一辑)。

本章小结

1.19世纪末20世纪初,中国社会正在经历一场急剧的社会变革,爱国知识分子为救亡图存、富民强国,开始接受西方思想,社会学应运而传入。在近代学术史上,一门学科的发展往往是靠两种力量推动:一是学者个人的研究工作,二是学科体制的建设工作。在中国社会学的传人时期,严复等人译介社会学说,可代表第一方面的工作;而数位美国传教士在教会所办的大学中的热心推动,可代表第二方面的工作。

2.社会学传人中国之后,在中国高等院校中,最早设置社会学系的是由美国传教团体扶植的教会学校,最初讲授社会学的教师也都是传教士或外籍学者。从20世纪20年代初期起,陈达、陶孟和、孙本文、吴景超、杨开道、潘光旦、吴文藻等中国第一代社会学者先后学成回国,打破了社会学教学多为外国教师充任的局面;他们开展学术研究,培训人才,出版专业期刊和论著,使中国社会学初具规模,学术地位得到确定。

3.1949年10月1日,中华人民共和国成立,标志着中国社会从此进入了一个全新的发展阶段。新政权的建立,意味着中社会的政治、经济、文化、外交等方面的全面变革。从1950年到1952年,除台湾和港澳地区外,在全国高等院校调整中逐步减少直至最后取消了社会学系。1957年,社会学被称为“资产阶级伪科学”而遭到了彻底否定,大多数社会学家遭到了错误的批判处理,从此,社会学在中国大陆成了无人敢问津的领域。

4.1979年3月,在北京召开的社会学座谈会上,中国社会科学院院长胡乔木代表中共中央作了讲话,为社会学恢复了名誉。座谈会后不久,相继成立的有中国社会学研究会(后改名为中国社会学会)和中国社会科学院社会学研究所,由费孝通担任会长和所长。社会学组织的建立成为中国社会学史的转折点,它标志着中国大陆社会学中断期的结束与重建期的开始。

思考题

1.简述社会学作为一门学科在中国的建立。

2.简述中国第一代社会学者学成回国后,中国社会学初具规模表现在哪些方面。

3.简述20世纪30年代初数所国立高校的社会学系遭停办的原因。

4.简述中国内地社会学恢复与重建的首要任务。

5

文化

学习目标

通过本章的学习，使学生了解文化及相关概念，了解社会文化变迁的特点、文化的社会功能及运行规律。在掌握基本理论的同时能学会正确分析各种现实的文化现象，并能对中国传统文化做客观的评价。

本章知识点

(1)文化的涵义。
(2)文化的特征。
(3)文化的结构。
(4)文化的功能。
(5)文化分析的视角。

文化是社会的重要组成要素。文化是人类社会特有的现象，人类离不了文化，文化不能没有人。人类社会生活的一切方面，都可以归结为是各种文化现象。文化联系着社会生活和社会运行的各个方面，文化是与自然现象不同的人类社会活动的全部成果，它包括人类创造的一切物质与非物质的东西。自然界本无文化，自从有了人类，凡经人“耕耘”的一切均为文化。人类社会与动物群体的重大差异就在于人类有丰厚的文化,文化传承对于人类社会的维系和发展具有重要作用。

倒贴福字的传说①

每逢新春佳节,家家户户都要在屋门上、墙壁上、门楣上贴上大大小小的“福”字。春节贴“福”字,是我国民间由来已久的风俗。据《梦梁录》记载:“岁旦在迩,席铺百货,画门神桃符,迎春牌儿……”;“士庶家不论大小,俱洒扫门闾,去尘秽,净庭户,换门神,挂钟馗,钉桃符,贴春牌,祭祀祖宗”。文中的“贴春牌”即是写在红纸上的“福”字。

“福”字现在的解释是“幸福”,而在过去则指“福气”、“福运”。春节贴“福”字,无论是现在还是过去,都寄托了人们对幸福生活的向往,也是对美好未来的祝愿。民间为了更充分地体现这种向往和祝愿,干脆将“福”字倒过来贴,表示“幸福已到”“福气已到”。“福”字倒贴在民间还有一则传说。明太祖朱元璋当年用“福”字作暗记准备杀人。好心的马皇后为消除这场灾祸,令全城大小人家必须在天明之前在自家门上贴上一个“福”字。马皇后的旨意自然没人敢违抗,于是家家门上都贴了“福”字。其中有户人家不识字,竟把“福”字贴倒了。第二天,皇帝派人上街查看,发现家家都贴了“福”字,还有一家把“福”字贴倒了。皇帝听了禀报大怒,立即命令御林军把那家满门抄斩。马皇后一看事情不好,忙对朱元璋说:“那家人知道您今日来访,故意把福字贴倒了,这不是”福到“的意思吗?”皇帝一听有道理,便下令放人,一场大祸终于消除了。从此人们便将福字倒贴起来,一求吉利,二为纪念马皇后。

民间还有将“福”字精心制做成各种图案的,图案有寿星、寿桃、鲤鱼跳龙门、五谷丰登、龙凤呈祥等。

5.1 文化的内涵

5.1.1 文化的涵义

文化是文化人类学的主要研究对象,英文是 culture,这个词源于拉丁语,原意为:耕耘、耕作。可见,从其最初的涵义上看,就有人们对于自然界的开拓之意。到了文艺复兴时代,人们将农业、手工业、商业、教育等活动都纳入了文化范畴,认为凡是与自然状态相对立的都属于文化现象。在中国古籍中,“文化”一词是与“武功”相对应的。汉代刘向在《说苑》中说:“凡武之兴,谓之不服也,文化不改,然后加诛。”这里说的是古代文、武对于治民的作用。

对文化一词在学术上的明确定义首先是由英国著名文化人类学家泰勒(E.B.

① http://www.sdau.edu.cn/chunjie/xz5.html.

Tylor)做出的。他在1871年出版的《原始文化》中指出,文化是一个复杂的整体,它是人作为社会的一成员时,所学习而得到的所有事物。它包括知识、信仰、艺术、道德、法律、风俗以及其他的能力和习惯。因此文化可以说是人们从过去集体经验中,所学习和保存的每一件事情[①]。英国人类学家马林诺夫斯基(B. K. Malinowski)发展了泰勒的定义,他认为文化是指那一群传统的器物、货品、技术、思想、习惯及价值而言的,他还把文化分为物质文化和精神文化。美国文化人类学家克罗伯(A. L. Krober)等在分析考察了一百多种文化定义后做出了他们的综合定义:文化存在于各种内隐的和外显的模式之中,借助符号的运用得以学习与传播,并构成人类群体的特殊成就,这些成就包括他们制造物品的各种具体式样。

因此可以将文化简洁地定义为:文化是人类所创造的物质的和精神的成果,它包括人类创造的器物和其他物质产品、技术和知识、规范和习惯、信仰和价值等。文化是人类所创造的一切文明形象与产品。文化是人类适应和改造自然环境,进行共同的社会生活的经验。

5.1.2 文化的要素

文化的基本要素是符号、语言、价值、规范,它们是构成文化的框架。在所有的文化特质里,符号或形象和语言是最有决定义的。一种文化的存在与否在于人们是否具有创造并了解符号形象的能力。

所谓符号,是指能够传递事物信息的一种标志。声音、文字、颜色或图画、手势、姿态、表情、物体等都是符号,它所代表的意义是超出其事物本身的。符号是任意设定的,是集体创作的产物,只要社会中的人同意其意义便可以。它所蕴含的意义完全是约定俗成的产物。所有的符号都是在互动中取得意义的。一个符号或形象是代表某一件事情或东西的抽象概念。每一个社会都有它独特的一套符号或形象,而社会里的人对这些符号、形象有同样的定义或了解。

语言是一种字词的系统。它们按照一定的规则建构成符号。语言能够使人储藏意义和经验,并传递这些遗产给下一代。使人类能够了解过去人们所思考与经历过的东西。通过语言我们能够学习别人的经验,而不必身历其境。语言使经验具有意义,使得理性的思绪成为可能。语言使我们能够进行推理,能根据我们的理性推断做出合乎逻辑的结论,使我们能从一件事归纳出另一件事。它使我们超越时空的限制,整合不同的经验,发展出抽象的概念,形成复杂的计划。语言还能够形成思想,指导我们对世界的解释,给世界以意义。语言使我们能够进行预见、创造和理解。语言作为文化的表述,把我们和动物分离开来,并使我们成为人。语言代表着一个社会的文化,是社会互动的主要媒介,它影响着人们对世界的看法。

价值是人们用以评判日常生活中的事物与行为的标准。价值是一个社会里集体

---

① Edward B. Tylor, 1871, Primitive Culture, Vol.1.London John Murray.

成员所追求的目标或需求的目的。例如现代社会中人们的价值观主要有公平的竞争、成就与成功、自由、平等、民主、人道主义、效率、物质享受、个性发挥等。而中国人的价值观重视和谐、权威、集体主义、平均主义、精神至上。

规范是日常情境中指导行为的规则。它调整着人类的行为,保证着人们交往的有序进行。

5.1.3 文化的特征

文化的特征表现在以下几个方面。

1.从文化的形成看——集体创造性

文化是人类生存需要的工具,它的存在和变化在于满足人生存的需要。文化是人类社会集体经验的成果,这种成果是社会中每个人都有一份,是社会成员共同创造的。每个人也同时共享着他人的发现和发明。每一代成员都是人类文明接力棒的传递者。文化的内容是一代一代增加的,人类为了追求真、善、美的理想,为了追求生存的舒适和便利,从物质方面与精神方面不断地创造与发明着新的文化成果。

2.从文化的习得看——非生理遗传性

不像生物的本能可以通过生理遗传,遗传学上也未发现过文化的基因。文化有超越个人生理性的特点。人类要获得文化必须通过学习。文化是学习的产物,每一个新生的婴儿,从出生的一刻,便开始学习,在成长过程中,他要学习如何与人沟通、交际和合作。一个人从前辈和同辈的互动中获得文化,个人虽有接受文化和创造文化的能力,但是形成文化的力量却不在于个人。个人只有在与他人的互动中才需要文化、接受文化、影响文化。

3.从文化的内容、形式看——文化的多样性

任何一种文化现象都不是孤立的,而是由多种文化要素复合在一起。每一种文化现象或文化形式,都是多重因素的复合体。比如电影,是画面、语言、文字、音乐、舞美等等的复合体,还需要胶片作载体。人类的文化形式是丰富多样的,从存在于人自身的思想、情感、价值观念,到人与人之间的相互交往的不同形式,再到存在于人自身以外的各种物质产品及文化形式(音乐、舞蹈、绘画、电视、电影、互联网络等),无一不是这样。

4.从文化的意义看——文化的象征性

文化现象总是具有广泛的意义,文化的意义远远超出文化现象所直接表现的那个窄小的范围。人们无时无处不生活于象征性的社会之中,从人们的衣、食、住、行到举止交往都具有象征性。文化的象征性充斥于全部社会活动、社会秩序之中。人的一生,在很大程度上都是文化的的象征性的过程,人类社会的发展也体现为文化象征性的发展。

5.从文化的发展看——动态性的特性

文化不是静止不动的,而是不断变化的。它的发展是一个动态的、变迁的历程,

随时吸纳新的文化特质,同时也在抛弃旧的负荷。①

5.2 文化的结构和功能

5.2.1 文化的结构

任何一个社会的文化均有其特定的文化体系,而不是一盘散沙。文化所结成的这种系统、体系所表现出的不同层次,就是文化的结构。社会学主要从文化特质、文化丛与文化模式三个层次上分析文化的结构。

文化特质(cultural trait),是组成文化的基本要素或最小单位。一个社会的文化内容就是各种文化特质的总和。文化特质可以表现为物质文化的形式,也可以表现为非物质文化的形式。例如,中国传统文化中的物质文化特质有:象形字(汉字)、纸、墨、笔、砚,建筑中的大屋顶建筑及各种象征物等。非物质文化特质有:儒家的四书五经、作揖、下跪、磕头等各种礼仪。每种特质都可以独自成为一个单位,发挥独特的功能。

文化丛亦称文化特质丛(cultural complex),指因功能上相互联系而组合成的一组文化特质。它往往与人们的某种特定活动有关,而且往往是物质文化与非物质文化的特殊结合。这种相关的文化特质整合成一个功能单位,它往往与人们的某种特定活动有关。我国春节的民间庆祝活动可以视为一个文化丛。在庆祝活动中,各种文化特质在功能上与别的文化特质有某种联系或构成一套活动,以一定方式结合起来,如放炮竹、点灯笼、贴窗花、吃饺子、串亲戚等。当然,不能将根本不相关的文化元素放在一起,因为它们并不能形成文化丛,这种奇怪的"组合"并不能发挥任何作用。

所谓文化模式(cultural pattern),就是一个社会中所有文化内容(包括文化特质与文化丛)组合在一起的特殊形式和结构。这种形式往往表现了一种社会文化的特殊性。在社会学关于文化的研究中,关于文化模式的研究具有最重要的意义。社会学和社会人类学在两个层面上理解文化模式:第一种对文化模式的理解用于不同民族文化的本质性区别,比如东方文化与西方文化是两种文化模式(文化类型),不同民族(族群)也可能有自己独特的文化模式;第二种对文化模式的理解是从功能角度出发,它指的是任何文化体系中在较大时空中发挥功能的、由文化丛结合而形成的整体。在比较文化研究中常常采用前一种理解,即发现不同文化类型之间的差异。在研究其一族群的生活时则采用后一种理解,其目的是分析文化的功能意义。

实际上,文化模式也是分层次的。相关的文化丛通过有条理的整合,会形成在一个较大领域发挥作用的功能体系即文化模式,那些相关的、在一定领域内发挥作用的文化模式还可以结合成更大的文化模式。比如,在传统的中国农村有指导人们婚姻

---

① 朱力等.社会学原理.北京:社会科学文献出版社,2003年9月,第5~8页.

行为的婚嫁文化,而且构成了一种文化模式。家庭生活的规则体系构成了家庭文化,而且也构成了一种文化模式。然而,它们都属于特定的婚姻家庭文化——一种更大的文化模式,而后者与独特的社会交往的规范体系(也是一种文化模式)和农耕制度一起又都属于农耕文化这种最大的文化模式。

5.2.2 文化的类型

文化可以从不同的角度加以区分。

1.物质文化与非物质文化

物质文化指物质世界中,一切经过人的加工、体现了人的思想的东西。物质文化是人类与自然界斗争的工具与成果,它是人们能直接掌握和控制的。物质文化是有形的,在使用过程中不断地被损耗。非物质文化又称精神文化,是解释和指导人类行为的理念成分,指制度、规范、观念等,精神文化还可以进一步区分为理念文化与制度文化。精神文化主要是用来指导人们互动的知识、信仰、价值和规则、制度,还有各种具体的艺术形式。非物质文化是无形的,它可以被反复使用而不损耗。非物质文往化往蕴含在物质文化之中。物质文化是指一个社会普遍存在的物质形态——机器、工具、书籍、衣服等。物质文化是社会生活的一部分,非物质文化的所有因素——规范、价值、语言、传统及其他都必须去适应物质文化。

2.主文化、亚文化和反文化

主文化是在社会上占主导地位的、为社会上多数人所接受的文化。主文化对社会上大多数成员的价值观、行为方式、思维方式影响极大。

亚文化指仅为社会上一部分成员所接受的或为某一社会群体特有的文化。亚文化的性质有的与主文化是一致的,亚文化一般并不与主文化相抵触或对抗。亚文化又可分为不同的类别,如民族亚文化、职业亚文化、越轨亚文化等。亚文化在某种程度上被视为“另类”,与主文化相对比,常处于劣势,但有时它又另有新意。主文化与亚文化在一定条件下可以互相转化。

反文化是一种特殊的亚文化。一般说来,在这里,主文化指在社会上占主导地位,对现存社会秩序起着维护、支持作用的文化。反文化是对现存秩序的背离和否定,是对现存主文化的抵制和对抗。例如,20 世纪 60、70 年代,西方社会中青年人兴起的一种“嬉皮士”运动,就是否定当时西方主导价值观的一种反文化。

3.评比性文化与非评比性文化

就不同民族文化比较而言,文化或外来文化可以区分为评比性文化和非评比性文化。所谓评比性文化是指有好坏、高下之分的文化,即在两种文化的比较中,可以评出孰优孰劣的文化。一般说来,评比性文化都是比较容易鉴别其价值的文化。所谓非评比性文化,也可称做中性文化,是指在文化比较中没有明显的优劣、高下之分的文化。这类文化多与人们的行为方式、习惯、习俗相联系。

5.2.3 文化的功能

文化的功能表现在社会整合功能、社会导向功能和反功能三方面。

1.社会整合功能

文化的整合功能包括价值整合、规范整合、结构整合。

(1)价值整合是文化整合功能中最重要最基本的功能。因为只有价值观的一致,才能有结构和行为的一致。在一个群体或社会中,人们之间的价值观是有差别的,但是经过文化的熏陶,就会在社会生活的基本方面形成一致的价值观。例如被社会文化肯定的事物和行为,必然是这个社会的成员所认同、所追求的;反之则是他们所鄙弃的。价值观的一致是其他一切社会活动一致的基础,是一个民族凝聚力的根源。

(2)规范整合是将社会规范内化为人们自觉遵守的行为准则。规范本来是价值观的外化、普遍化和标准化,就像国家颁布的法律一样,它反映着国民的意志(即价值观),但是要想使每个人都自觉遵守,还必须进行普法教育,这普法教育就是使法律规范内化为人们自觉遵守的行为准则的过程。

(3)结构整合。社会是一个多元结构,无论是产业还是人群的结构都是多元的,社会越发达,结构越复杂。社会结构的整合有赖于各部门和各阶层之间互相依赖和功能上的互补,但是也有矛盾和对抗。如何解决这些矛盾和对抗,在通常情况下是依靠共同文化的整合。文化的整合功能是一个民族团结和社会秩序的基础。社会学中功能学派强调文化的整合作用。一个民族由于享受一份共同的文化,不论他们是否居住在一起,也不论他们是否生活在共同的制度下,都会有民族的认同感,都会在心理上和行为上连接在一起,这是任何力量都不能分离的。

2.社会导向功能

文化的整合功能维持民族团结和社会秩序,而导向功能则推动社会进步。每个社会都有自己的导向体系,它是指导社会向前发展的,如教育、科研和组织管理等就是社会导向体系。在当代中国,发挥文化导向功能,就要大力发展先进文化,支持健康有益文化,努力改造落后文化,坚持抵制腐朽文化。文化的导向功能主要表现在两个方面。一是提供知识。社会进步是人的进步,是人的知识、技能和思想道德品质的提高,没有新的知识和技能,没有观念的更新和道德品质的提高,社会是不可能进步的。新的知识技能,新的思想观念,是在社会实践和教育与科学研究中学习得来的,而实践、教育和科研都是文化。所以文化在社会进步和人类发展中起着引导推动作用。二是积累成果。社会是一份文化遗产,这份遗产是逐步积累起来的。怎么积累?惟有依靠文化。科学技术的进步,制度的创新本身既是文化活动,又必须由文化把它记录下来。人们对历史的了解,对前人创造的成果的继承发扬都必须通过文化来实现。当然,文化的导向若违背了社会发展的潮流,则会阻碍社会进步。

3.反功能

文化的反功能是一种文化功能的特殊情况。与以上两种功能的作用方向相反,文化也会对社会整合与社会进步起着阻碍乃至破坏作用,此即文化的反功能。文化的反功能一般发生在两种情况下:一是文化滞后现象发生时,精神文化会对物质文化的发展起着阻碍作用。在社会发展过程中,一般是生产力的发展和物质文化的发展走在前头,精神文化相对落后,这时落后的思想观念和落后的规章制度,对生产力和物质生产的发展就起阻碍作用,这种情况在中国改革开放初期表现得尤为明显。解决的方法通常是通过改革来实现精神文化与物质文化的协调发展。另一种情况是发生在反文化群体和某些亚文化群体中。每个社会除了主流文化之外,都存在着一些次属文化,也称亚文化。亚文化是从属于主流文化的,但又有与主流文化不同的特征。在通常情况下亚文化并不与主流文化相对立,但是有时候会发生冲突,这时候亚文化对主流文化就会起反向功能。此外,每个社会都存在着一些负文化或反文化群体,最典型的是犯罪团伙、黑社会。这些群体里的文化就是反文化,它对主流文化起着破坏作用,发挥的是反向功能。①

5.3 文化的分析

文化分析是将文化作为一个整体来分析考虑。要分析一个整体的文化,涉及的主要问题是确定其主流价值观和标准,观察这些文化是如何在社会行为中得到体现的,研究价值观和观念是如何塑造物质文化,同时又为物质文化所决定的。

5.3.1 文化分析的视角②

社会学家和人类学家在考察信仰体系、礼仪、制度或文化其他方面的特征时,首先总是要提出这样一个基本的问题:"为什么文化的这个方面能够存在?"社会科学家们从多种视角来探讨这个问题。我们将考察三种最重要的研究视角:功能主义的、冲突论的和文化生态学的探讨方法。

1.功能主义的视角

从功能主义的视角来看,一个特定的文化特征的存在是由于其履行了某种重要的社会功能。功能主义是文化分析中使用最广泛的方法之一,它曾是英国人类学家的主要研究方法,又在第二次世界大战后的美国大行其道。在回答为什么某个文化特征能够存在的问题时,功能主义论者会进一步提问:"它承担了什么功能?"这一视角强调文化的各个组成部分对文化整体所做的贡献,既包括正向的贡献,也包括反向的贡献。

例如关于美国文化的讨论中最富争议的功能主义分析是由赫伯特·甘斯(Herbert Gans)提出的关于美国贫困正向功能的分析(1971)。与其他发达的工业化社会相比,美国具有相对更高的贫困人口比例,政府在这方面的措施也较少。对这一政府决策,通常的解释是因为美国是一个"机会之邦",因此人们一般认为贫困是由穷人自身的原因造成的。在大家看来,只要一个人想成功,他就一定能成功。但是,甘斯认为美国政府对贫困如此漠不关心有其潜在的原因,即贫困履行了重要的社会功能。最重

---

① 刘豪兴主编.社会学概论.北京:高等教育出版社,2003年7月,第85~87页.

② [美]戴维·波普诺.社会学.李强,等,译.北京:中国人民大学出版社,2007年10月,第86~89页.

要的一点是,如果没有贫困,那么,社会的"脏活"——不需要任何特殊训练或知识的体力劳动——就会没人去干。这样,虽然平等这一价值观被赋予很高的评价,但美国社会还是有一个杠杆以保持一定比例的贫困人口。

2.冲突论的视角

从冲突论的视角看,文化之所以存在是由于它保护或促进了某一社会集团的利益。这一视角的基本假设是,一个社会存在着,或者说也许存在着许多相互冲突的文化要素,不同的文化要素代表着不同利益群体或社会阶级的利益。通过这一视角,社会学家试图发现哪个集团支持哪种观念和价值观,并试图弄清原因。

这种冲突论视角的核心概念是意识形态——指某一阶级、群体或其他社会部分在与其他群体为争夺特权与统治的斗争中,为使自己的利益合法化或正当化的一套文化信念。马克思主义的文化理论认为,意识形态的主要作用和目的就是维护(或挑战)在经济上占统治地位的社会阶级的权利。从这种角度出发,美国人所普遍接受的只要努力就能获得经济上成功的观念,其真正作用在于反对根本的经济变革,从而维护经济精英们的权利和特权。

3.生态学的视角

文化分析的第三种视角援用的是研究有机体及其环境间关系的生态学观点。文化生态学断言,文化特性由资源及周围环境的限制所决定,并随环境的变化而变化。

人类学家朱利安·斯图尔特(Julian Steward,1955)奠定了这种生态探讨法的主要基础,他对不同社会的文化与相同水平的生存技术作了比较,发现每个社会都使用了弓箭、长矛和陷阱以狩猎。斯图尔特提出,社会文化将随着狩猎对象的变化而变化。他提出这样一个假设,认为如果主要的狩猎对象是较大的迁徙动物群,如驯鹿,则这个社会往往规模较大,是组成多个家庭的群体。这是因为他们必须发展较大规模的协作狩猎。如果正好相反,狩猎对象是分散而不迁徙的小兽群,则该社会的规模往往较小,有可能组成一种单一家庭的群体。为证明他的假设,斯图尔特提出了三个环境完全不同,但都以小动物为狩猎对象的社会为例子。桑部落(生活在沙漠中)、尼格利特斯人(生活在雨林中)和福吉安斯人(生活在寒冷、多雨的沿海平原)都表现出了一种小动物狩猎者的社会文化。

虽然我们已经发现社会经济活动很容易受到环境条件的影响,但实际上,在别的领域中——宗教、科学和艺术——文化要素受环境因素的影响程度更加明显。在另一项可能引发争论的研究中,马文·哈里斯(Marvin Harris,1989)试图用当时人们的营养需求去解释阿兹台克人的牺牲习俗和食人肉的习惯。哈里斯认为,一种习惯只有能够帮助人们适应环境,它才能得到生存和延续的机会。由于阿兹台克人不饲养大牲畜,所以他们的食物中缺乏足够的蛋白质。食人肉的习俗之所以出现并得到延续,就是因为它满足了这种营养需要。

尽管生态学探讨对解释某些文化的特征是有用的,但它不能解释一切问题。例如,我们很难纯粹用环境的差异来解释现代世界中各种政府的差异。哥斯达黎加、洪都拉斯和尼加拉瓜处于基本上一样的生态环境中，但哥斯达黎加是民主政府，而洪都拉斯和尼加拉瓜两国则在大部分历史中都处于独裁体制之下。

5.3.2 文化的差异和一致

1.文化的差异

每一种文化都是不同的，因为它们要适应特定的环境条件，包括自然条件和社会条件。文化生态学家已经为我们揭示了有助于文化形成的关键要素，包括气候、地理、人口和动植物。生活在南海的人们不会去捕捉海豹和北极熊作为食物，自然条件要求他们以当地野生的果实为食物，并且要学会在湖和公海中捕鱼。这类环境往往与定居市区的发展有很大的关系，为保证渔民的安全而举行的各种巫术和宗教形式也很容易得到发展。生活在一个气候温暖、土地肥沃的环境中则因为花费较少的时间就能满足基本的生存需要，包括食物和住所，从而人们可以投入更多的时间以发展艺术和仪式典礼。

然而，虽然自然条件非常重要，但与社会条件相比，前者的影响显然不如后者，特别是在复杂的社会中。我们所说的社会因素包括技术水平、语言、普遍的信仰以及与其他文化联系的程度。就是这些社会因素决定了南海社会的管理方式，决定了是由祭师还是由巫师来为出海的船队念符咒，决定了该文化的艺术主要是描述爱情还是侵略。

2.文化普遍性

人们可能会很容易过于强调文化上的差异。人类学的比较研究已证明，几乎所有的文化都具有相同的社会结构和文化意义的基础，通常我们称之为文化普遍性。人类学家默多克(Murdock)在1956年曾列举了近60种文化普遍性，包括烹饪、劳动、民俗、葬礼、音乐和法律等。

所有的人种在生理上都是类似的，这就可以解释许多已知的文化普遍性。我们都需要吃饭，需要住所。我们都必须照顾儿童，处理年老、疾病等问题，我们都要面对死亡。

其他一些文化普遍性源于人类社会生活的一些基本需要。社会为了正常运行，就必须替换掉那些死去的、离开的或者生病的和身患残疾的成员。它必须教育新成员承担有用的社会角色。任何一个社会，只要想生存，它就必须生产和分配商品，提供服务，维护秩序，保持目的感，不可能脱离于这些需求之外。

文化普遍性也与一定的自然环境所允许或所限制的范围有关。几乎每一种文化都用火来取暖和照明。几乎每一种文化都要创造出一种面包。没有任何一种人会使用方的轮子，因为它根本不会转。

婚姻和家庭是两种重要的文化普遍性。每个社会都有由于性别不同而造成的社会分工，每个社会都必须抚育儿童。迄今为止，还没有发现缺乏婚姻和家庭系统的社会。但是，和其他文化普遍性一样，婚姻和家庭的具体形式在不同社会中很可能大相径庭。

5.3.3 文化的变迁

文化的各组成部分在发生变迁时，各部分变迁的速度是不一致的，有的变化快，有的变化慢，结果就会造成各部分之间的不平衡、差距、错位——文化滞后。

任何文化都不会永远保持不变，因为人们的实践活动在发生变化，而且不同文化之间会有交流。从最本质的角度来讲，文化的变迁来自人们的发现和发明。人们的新发现和新发明的成果是新的思想(精神产品)。这些新产品会在一定程度上改变人们的生活方式、行为规范或价值观念。文化变迁的另一个原因是因为不同文化的接触而发生的文化传播。文化传播是一个群体向另一个群体或社会借取文化要素，并把它们融合进自己文化之中的过程。当一个群体向另一个群体借取了文化要素，并将之融入自己的文化时，自己本来的文化就发生了变化。

一般认为，大规模的文化变迁无不因三种因素引发。第一，自然条件的变化。气候变迁、自然灾害、资源匮乏、人口变迁，都会引起文化之变迁。第二，不同文化之间的接触不同国家、民族在技术、生活方式、价值观等方面的交流会引发大的文化变迁。第三，发明与发现。各种技术的发明、创造，导致人类社会文化的巨大变迁。

在研究文化变迁的特性时，美国社会学家威廉·奥格本(W. F. Ogburn)提出了“文化滞后”(culture lag)的理论。该理论认为，由相互依赖的各部分所组成的文化在发生变迁时，各部分变迁的速度是不一致的，有的部分变化快，有的部分变化慢，结果就会造成各部分之间的不平衡、差距、错位，由此造成社会问题。该理论认为，一般说来，总是“物质文化”先于“非物质文化”(奥格本称之为“适应文化”)发生变迁，物质文化的变迁速度快于非物质文化，两者不同步，于是就产生差距。就非物质文化的变迁看，它的各构成部分的变化速度也不一致，一般说来总是制度首先变迁，或变迁速度较快，其次是风俗、民德变迁，最后才是价值观念变迁。

我国现阶段社会正处于重大的改革、变迁之中，因此，文化各部分失调或曰文化堕距的现象十分突出。

5.3.4 种族中心主义和文化相对主义

在研究不同民族的文化差异时，可能会发现某一民族的成员因过分认同本民族的文化而对其他民族的文化不理解的现象，这种现象被称为文化中心主义亦称种族中心主义。种族中心主义(ethnocentrism)，指各个国家、各个民族都常有一种倾向，常易于将自己的生活方式、信仰、价值观、行为规范看成是最好的，是优于其他人的。文化中心主义将本民族、本群体的文化模式当作中心和标准，以此衡量和评价其他文化，常常敌视和怀疑为自己所不熟悉的文化模式。民族中心主义是比较极端的认同本族群文化而否定其他文化的现象。种族中心主义可以在社会中履行正向的功能。如社会成员相信他们文化中的价值观和规范是正确和好的，他们就有可能更严格地遵守它们。这维护了社会的秩序和稳定。但极端的种族中心主义却会妨碍有利于社会成长和发展的文化交流，从而导致社会孤立。种族中心主义还有可能被滥用于政治目的。希特勒就利用一种种族中心主义的极端形式——极度宣扬德意志文化——从而抬高他自己的声望。

与种族中心主义相对应的是文化相对主义或称文化相对论(relativism)。文化分析的一个最基本的原则就是必须根据文化的自身标准来评判它。这一原则就是文化相对性。文化相对性原则认为，要真正理解和正确评价一种文化特性，就必须把它视为一个更大的文化或社会的一部分。文化相对主义认为各种不同的文化模式是不能评价和比较的。因为从各种不同的文化模式所赖以生存的环境看，每一种文化模式都有其存在的合理性，它们之间没有优劣之分。要判断或解释他人的行为就应该依照他群的文化逻辑或文化模式，并以此为标准。因此不能站在本民族文化的立场上、用本民族文化的价值观念去评判其他民族的文化。

从民族文化的角度来看，文化相对论反对强势民族对于弱势民族的歧视，强调民族文化之间的平等。比如，在国际关系方面，强调文化的多样性，尊重不同民族的文化，强调不同文化之间共存和互相吸收对方的长处，就是文化相对论的表现。文化相对论对于分析同一民族内不同群体的文化差异时也是有意义的。它强调要认识其他族群的文化，就要把这一文化类型放到特定的、与这一文化相关的文化背景中去理解。可见，文化相对论是有一定进步意义的。

但是，在强调文化的相对性时也不能走向极端，如用来保护落后的东西不能用文化相对论来支持这种做法，比如一些文化有歧视妇女、虐待女婴的做法。

5.3.5 文化震惊和文化边际

文化发展的一个巨大动力就是不同文化模式之间的交流。在不同文化的交流中常发生的一种现象就是文化震惊。文化震惊(culture shock)，指生活在某一文化中的人当他初次接触到另一种文化模式时所产生的思想上的迷惑、混乱与心理上的震撼。文化震惊不仅发生在不同的民族之间，在不同的社会群体之间、地区之间也会发生。农村人到了城市，会对喧闹、快节奏的城市文化不适应。相反，城市人到了农村，也会对农村时间观念不强、做事离不开人情感到不适应。改革开放初期，当大量的国外信息、生活方式涌入我国时，在社会成员中产生过文化震惊的情况。当一个人在自己熟悉的文化中，能够相当有把握地预期他人的行动模式。但是一旦移居到另外一种文化环境中去，他就发现自己的那些期望都是靠不住的，别人的行为也突然变得非常陌生而不可预测。震惊现象是暂时的，通常经过一段时间就能适应，这时震撼就消失，但少数人可能受干扰而一直无法适应。文化震惊是一种客观现象，正确对待和处理文化震惊需要科学的态度。近代以来，在中西文化交流中，中国曾出现几次大的文化震惊，它们都促进了中国社会、文化的发展。

边际文化(marginal culture)，指文化边缘地带或两种文化的交界地带。一般说来，一种文化的中心地带，往往位于该文化的起源地附近，具有比较稳定的、最能代表本文化特色的特征。该文化的力量在中心地带最强,因而它接受外来文化影响相对较少、较弱。然而在文化模式的边缘地带,本民族的文化特征大大减弱,外来文化的影响增强。边际文化也常出现两种以上文化的混合。例如,在我国,中原地带的黄河流域是中心文化比较雄厚的地区,它接受外来文化的速度远不如广州、深圳、上海这些边缘地带来得迅速,由于近代以来外来文化主要是从东南沿海传入,因此这些文化边际地带,能对各种文化模式进行比较,能吸收多种文化营养,因而发展较快。

本章小结

(1)文化是人类所创造的物质的和精神的成果,它包括人类创造的器物和其他物质产品、技术和知识、规范和习惯、信仰和价值等。

(2)文化的基本要素是符号、语言、价值、规范,它们是构成文化的框架。

(3)文化具有集体创造性、非生理遗传性、多样性、象征性、动态性等特征。

(4)文化的结构是:文化特质、文化丛和文化模式。

(5)文化可以区分为:物质文化与非物质文化;主文化、亚文化与反文化;评比性文化与非评比性文化。

(6)文化有社会整合和社会导向等正功能,同时,文化的滞后现象与反文化群体的文化也具有反功能。

(7)文化分析的视角有功能主义、冲突论和生态学。文化具有差异性和普遍性。

(8)文化的各组成部分在发生变迁时,各部分变迁的速度是不一致的,有的变化快,有的变化慢,结果就会造成各部分之间的不平衡、差距、错位——文化堕距。

(9)文化的态度有种族中心主义和文化相对主义。

(10)文化交流包括文化震惊和文化边际。

思考题

1.文化的特征是什么?

2.怎样理解文化的社会功能?

3.文化分析的三种视角的主要内容是什么?

4.试解析文化中心主义与文化相对主义。

5.请谈谈你对中国传统文化的看法。

6

社会化

学习目标

本章旨在介绍社会化的含义、条件、内容以及社会化的机构和历程。通过本章的学习,学生应初步了解心理学、人类学、社会学等学科有关人的个性发展的理论,掌握社会学的含义、内容及机构,了解社会化的基本过程及继续社会化、再社会化的含义。学生在学习本章时应将有关社会化的知识与现实生活、人的实际成长过程联系起来加以掌握,并运用社会化的知识指导个人发展的社会化过程。

本章知识点

(1)社会化的含义和基本内容。

(2)社会化的条件。

(3)社会化的机构。

(4)社会化的过程。

留守儿童正在遭遇的问题①

有这样一群孩子，父母在遥远的城市打工谋生。人们给这群孩子起了一个特殊的名字：留守儿童。全国有3.6亿未成年人，平均每18个孩子中，就有一个是留守儿童。

在《溧水县：留守儿童犯罪数逐年上升》一文中就写道，溧水县的留守儿童就存在以下问题。

留守儿童犯罪多起来。溧水县检察院较早地关注到这一社会问题。检察长倪一斌介绍："在我们检察院2004年至2007年10月留守家庭未成年子女民事涉案情况中，案件比例呈增高趋势，而父母长期在外打工更是占了大多数。"

留守孩子多跟老人生活。根据去年的统计数据，溧水县现有在校留守儿童5 220人，分别占在校初中生总人数的16.7%和小学生总人数的6.9%。昨天，记者在溧水县东庐小学见到了一些留守儿童。7岁的小伟今年刚上一年级。大队辅导员尹老师特别喜欢这个孩子："聪明，机灵，上课时都是他第一个举手回答问题。就是太调皮了，三分钟都坐不住。这也是留守儿童的一个特点：家里没人管束他们，不守规矩。"小伟说，自从他上小学还没见过爸爸妈妈，"我和奶奶一起过。奶奶种地、做饭、洗衣服，还养宝宝(姑姑家的孩子)。爷爷在山上看鸡、看树。以前在另外一个山上，前几年搬了，去年又搬了一个山。我6岁的时候也和爷爷一起住在山上。"

心理发育容易受到影响。东庐小学的杨来根校长从电脑里调出一个最新学期统计数据。数据显示，在东庐小学515个学生中，父母双方外出打工的留守儿童有22个。杨校长说："父母一方外出打工的没有统计，估计数目很大。因为在我们这一带，年轻人外出打工是一个共同的现象。"杨校长说："留守儿童因为成长的家庭环境的不同，在心理和性格的成长中还是有很大的问题的。他们受父母关爱少，跟父母沟通又有障碍，心理上的发育受影响。"

据研究人员分析，当今的农村留守儿童主要存在以下问题：健康安全令人担忧；学习状况普遍较差；个性心理发育异常；品行养成危机凸现。

留守儿童问题是中国社会转型期的一个突出问题，留守儿童由于缺乏父母的教育和关爱，不能像完整家庭的孩子那样顺利完成儿童时期的社会化过程，在心理、行为方面存在很大问题。那么，什么是社会化？社会化包括哪些内容？社会化过程对人来说具有怎样不可或缺的意义？除了材料中提到的家庭这个社会化机构，还有哪些社会化的机构？这些就是本章要介绍的主要内容。

① http://www.cnliushou.com.

6.1 个性发展的理论

社会化问题是关于个人成长的过程,西方心理学、社会学、社会心理学以及人类学等学科多从个性发展的角度剖析个体的社会化历程。在讲述社会化的相关内容之前,本节首先介绍一下西方学者关于人的个性发展的理论。

6.1.1 行为主义

行为主义心理学的重要代表华生主张心理学应像自然科学看齐,研究人明显的外在行为,而无需考虑人的内心发展。华生认为人的行为除少数简单的反射外,完全是由外界环境塑造的,人们可以通过控制环境的变化塑造不同的个人。

在华生行为主义理论的基础上,一些心理学家对行为主义理论加以修改、补充,并在各自对理论的发展创造中形成行为主义"学习理论"。行为主义学习论的主要代表人物之一是对学习理论产生重要影响的心理学家斯金纳,他提出了关于行为学习的"操作-强化"观点。斯金纳认为,对于由个体的生物本能决定的操作性反应可以通过强化而被塑造成不同类型,他通过多种动物实验来证明自己的理论。比如,斯金纳设计了控制白鼠按压杠杆的试验,白鼠压到杠杆时会得到奖励,这就使白鼠增加了压杠杆的可能性。他将这种奖励物称为强化物,即通过强化物对动物产生刺激,从而增加操作行为发生的可能性。斯金纳将从试验中得到的结论运用到人身上,认为人的行为是受制于外部环境的,价值是社会对人类行为的正强化即奖赏。总之,行为主义心理学主张外部环境对人的行为的塑造作用,并强调环境的决定性作用。

6.1.2 文化决定论

文化决定论,即是说人们的人格及社会行为的不同取决于他们所受的文化影响不同。人类学家露丝·本尼迪克特试图探寻成长于特定社会环境、具有独特遗传特质的个人与他们所处的文化之间的关系。她研究了三种不同的原始文化,并分析了个人与文化的关系,认为文化为个人提供了赖以生存的原材料。尽管文化模式可以对人的社会行为习惯产生决定性的影响,但文化并不能完全消除个人的个性气质。

另一位著名的人类学家玛格丽特·米德对南太平洋玻利尼西亚群岛上的萨摩亚人的青春期问题进行研究,试图通过分析原始人群的心理特点找出决定人格的文化因素。米德指出文化对青春期的发育有着重要的意义,青春期的心理及行为特征并非完全由人的生物因素决定,而是相反,文化因素对人格特点的影响具有比生物因素更重要的意义。在后来关于男女两性的研究中,米德得出类似的结论:"所谓男性和女性的特征并不依赖于生物学的性差异,相反,它是特定社会的文化条件的反映。"①

---

① 周晓虹主编.现代西方社会心理学流派.南京:南京大学出版社,1990年,第292页.

6.1.3 弗洛伊德:性心理的发展

西格蒙德·弗洛伊德是奥地利著名的精神分析学家,他在研究人的人格发展遵循的是本能论,强调人格形成过程中性的因素。弗洛伊德认为人格包括本我(id)、自我(ego)和超我(superego)三个部分。本我是人格结构中最原始隐秘的部分,它包括人的各种基本需求和人类本能特别是性本能;自我是遵循现实原则,充当本我和超我之间冲突的调节者;超我是人格结构中的最高部分,它是在个体成长过程中接受并内化社会道德规范,受道德限制,追求完美。

6.1.4 皮亚杰:认知发展理论

瑞士心理学家皮亚杰提出认知发展的理论,该理论的核心是“发生认识论”。皮亚杰认为个体心理发展的实质是主体对客体环境的适应,心理起源于动作,动作是认识的源泉,是主客体相互作用的中介。心理发展的过程是主体自我选择、自我调节的主动建构过程,是人的认知结构不断发展变化的过程,表现为连续发展过程中的阶段性。皮亚杰将心理发展分为四个阶段:①感知运动阶段(0~2岁),此阶段认知活动处于感知动作思维水平;②前运算阶段(2~6、7岁),儿童心理认知具有符号功能,认知活动处于表象思维水平;③具体运算阶段(6、7岁~11、12岁),这一时期思维需要具体事物支持,认知水平处于领先具体经验支持的逻辑思维水平;④形式运算阶段(12~14、15岁),心理发展到抽象逻辑思维水平。

皮亚杰的认知发展理论既肯定环境对认知发展的作用,又强调在适应环境变化过程中,个体进行内部结构上的积极建构,突出了个体心理发展的主动性和建构性。

6.1.5 科尔伯格:道德发展理论

科尔伯格是当代西方道德认知学派的重要代表,他提出了道德发展阶段理论,建立了“三水平六阶段”模型,创立了道德认知发展教育的理论体系。

科尔伯格将儿童的道德发展看做是整个认知发展的一部分,强调儿童的道德发展与其年龄及认知结构的变化有很大关系,儿童的道德判断同逻辑思维能力有关,同时社会环境对道德发展有着巨大的刺激作用。科尔伯格认为,儿童的道德发展分为三种水平、六个阶段。道德发展的三种水平分别为:前因循水平、因循水平和后因循水平;六个阶段分别为:他律道德、个人主义或工具主义性目的、相互性的人际期望、社会制度和良心、社会契约或功利和个人权利、普遍的伦理原则阶段。

科尔伯格将研究成果运用到对儿童的教育中去,他认为道德教育的首要任务是提高儿童的道德判断能力,培养他们明辨是非的能力。由于道德教育具有阶段性,应根据道德发展阶段的特点对儿童进行道德教育,另外,家庭、学校和社会要为开展道德教育活动创造良好的条件。

6.1.6 米德:概化他人理论

美国社会心理学家乔治·赫伯特·米德是符号互动论的主要代表人物,米德互动论的基本假设是心智、自我和社会通过互动而产生与发展。心智包括理解并运用象征符号的能力，是与自我观念紧密联系的。自我观念是人们主观意识的核心，是在与他人的互动过程中逐渐形成的，即个体在形成自我观念的过程中会引入"概化的他人"，简单说就是站在他人立场上认识并评价自身的行为，获得自我形象和意识。

米德将自我观念的发展分为三个阶段：一是玩耍阶段，在这个阶段，个体简单地扮演其他人的社会角色；二是游戏阶段，个体同时承担多个社会角色，并把它们组成一个整体；三是概化阶段，个人按照概化的他人行动，也就是说按照一般的期待和标准行动。[①]在最后一个阶段，个体实质是按照社会普遍遵循的标准来规范自己的行为，从而使自己的行动符合社会的价值观以及社会规范的要求。

除此之外，米德还将自我分为"主我(I)"和"客我(ME)"，主我是自生的、直接的、个别的自我，而客我则是包含了社会规范、他人观点以及社会的价值观的自我。客我实质是社会化了的主我，并且主我和客我处在一种不断的对话过程中，相互影响。总之，米德的理论强调自我观念是在逐渐的发展中得到完善的，而自我观念的发展离不开一定的社会环境和社会活动。

6.2 社会化的含义

生老病死，是每一种生物都会经历的普遍生命过程，人作为高级动物也不例外。但是与普通动物不同的是，人作为有思想和主观能动性的生物，从出生到死亡，都生活在社会之中。通过人与人以及人与社会之间的互动，个体逐渐完成着社会化过程。通过社会化，个体将社会的文化、基本规范、价值观、行为方式、习俗、生活习惯等加以内化，成为承担一定社会角色的社会人。同时，社会的正常运行和发展也依赖于个体社会化的顺利实现。本节介绍社会化的定义、社会化的内容以及社会化的条件三个方面的内容。

6.2.1 社会化的定义

人首先是作为一个生物有机体存在，个体从一出生就处于一种既定的社会环境中，在社会中成长、学习，成为社会的有机成员。这个从婴儿成长为社会成员的长期过程，就是社会化过程。简单地说社会化就是个体从自然人成长为社会人的过程。

关于社会化的含义，学者们有不同的定义。例如，郑杭生认为，社会化是指个体逐步适应社会生活的过程，经由这一过程，社会文化得以积累和延续，社会结构得以维持和发展，人的个性得以形成和完善。易益典主编的《社会学教程》指出，社会化是指个体通过学习群体文化，学习承担社会角色，把自己一体化到群体中去的过程。广义的社会化指生命的整个过程，狭义的社会化指未成年人变成成年人的过程。这个定义强调社会成员通过社会化获得和扮演各种社会角色的过程。不同学科对社会化

---

① 宋林飞著.西方社会学理论.南京:南京大学出版社,1997年版,第263页.

研究的侧重点不同。如与社会学相邻近的社会心理学就将社会化的重点放在个体的人格和社会行为的形成与发展方面。周晓虹认为，社会化就是人的社会行为的模塑过程。通过这一过程，人们形成了为其生存环境所认可的社会行为模式，对其生存于其间的社会文化环境中的各种简单与复杂的刺激能够给予合适、稳定的反应。时蓉华则强调社会化过程中人格的形成。在特定的社会和文化环境中，个体形成适应于该社会与文化的人格，掌握该社会所公认的行为方式，叫做社会化。

从以上定义可以看出，社会化包括了社会文化的学习、社会规范及价值观的灌输、人格的形成、社会角色的培养以及社会行为的模塑等过程。因此，综合以上方面，社会化指的是个体学习社会文化，内化社会的价值观和行为规范，成为承担一定社会角色的社会人的过程。社会化的含义可以从广义和狭义两个层面上加以理解：狭义的社会化是指儿童成长为成年人的过程，即童年期的社会化；广义的社会化既包括童年期的社会化，也包含个体成年后的社会化过程，如现代社会开办的“老年大学”就是针对老年人的社会化。广义的社会化研究是社会文化的传承、社会角色学习、内化、获得价值标准的统一过程。

6.2.2 社会化的条件

人是有意识有思想的个体，处在社会中的人创造了灿烂的文明，制定了一系列社会规范和组织制度，并且通过教化和培养使人类的优秀成果一代代传承下去。这些都说明人类除了具备生物学基础外，还具有社会人接受和进行社会化的特定条件。正是这些条件保证了个体顺利通过社会化成长为合格的社会成员，保障了社会有秩序、有规范的发展和运行。这些条件主要包括以下几个方面。

1.人具有高级的大脑

人的社会化是以其生物的遗传素质为基础的。“从生物学意义上讲，人之所以会成为不同于动物的高级生物形式，正是由于物种在漫长的进化过程中，不断分化并使其遗传素质表现出自身发展所特有的趋势，从而为发展成为一个社会的人提供了可能性。”① 人具有高级的生物结构，有善于思维的大脑，进行有目的、有计划的生产活动。人脑可以进行抽象思维，创造出非物质文化，这使人可以更主动地去认识世界、改造世界。除此之外，人结成社会组织，制定规范的制度形式，保障社会化的传递，维持社会的有序运行。

2.人具有较长的生活依赖期

人类不同于动物，人从出生到能够独立生活需要一个较长的依赖期。在这段时期内，人在生理上不能独立生存，心理发展也不成熟，在生活的各个方面都依赖他人（通常是父母）的帮助。人大约有六年的时间处于幼年期。在这个时期，人要完全依赖他人，“就是延展了的依赖时期，为学习文化的意义与社会技能提供了必要的时间，

① 时蓉华 著.社会心理学.第2版.上海：上海人民出版社，2002年4月，第43页.

也与他人和社会总体建立了终生的社会和情感联系。"①较长的生活依赖期使人的社会化成为可能,也说明了社会化的必要性。

3.人具有较高的学习能力

上文已经讲到人具有发达的大脑,可以进行主观活动和抽象思维,这为人学习社会文化、科学知识,进行较长时间的学习提供了条件。人的这种较高的学习能力是任何一种动物都不具备的。虽然动物有时候通过训练也可以习得一些简单的人类活动,比如说鹦鹉学舌,狗会帮人递东西等,但动物的这种学习都是依靠本能,它们只是简单地模仿,或者只是一种条件反射,它们并不会创造,不能灵活运用学到的东西,不能成为像人那样具有主观能动性的行动者。人就是凭借这种学习的天赋,通过后天的培养和社会教化,再加上个人的努力,为人的社会化创造了足够的条件。

4.人有语言的能力

语言是人类所特有的现象,它是人作为社会人的基本标志。"语言是人类社会中客观存在的现象,是一种社会上约定俗成的语音符号系统。语言不仅是人类传播信息的最有效、最便捷的媒介,而且也因此成为语言使用者与他人共享文化经验及个人经验的工具。一方面,语言的存在使同代人的社会交往、隔代人的文化传承成为可能,另一方面,语言本身又是伴随着人类社会的形成而产生的,它是构成人类丰富多彩的文化的重要成分。"②人们通过语言进行口头交流,传递信息,表达感情,传递思想,传播文化,记录社会规范、制度。语言既为现实生活中的直接的社会互动架通了桥梁,又使人类文化知识得以保存、传承。因此,语言是人进行社会化的重要工具,它保证了社会化的顺利进行。

6.2.3 社会化的内容

上文介绍了社会化的含义和条件,一一列举了人所具备的社会化的条件,那么这个从自然人到社会人的过程,个体到底内化些什么,也就是人在社会化过程中学习的内容是什么呢?社会化的机构又将社会的哪些方面以知识和能力的形式传授给个体呢?下面介绍社会化的几方面内容。

1.学习生活常识,掌握生活技能

个体从出生伊始,首先面临的就是生存问题,也就是怎么样活着。在长达六年的生活依赖期,个体的一切生活活动都依靠家人,如婴儿时期父母每天照料孩子的吃饭、穿衣等等基本日常生活,并且教孩子说话,如何用筷子、勺子吃饭,认识基本的拼音汉字,识别数字等等。人在儿童期已经可以基本掌握吃饭、穿衣、辨别物体等简单的生活常识以及生活技能。随着年龄的增长,个体都要离开家庭,进入学校,学习科学文化知识,接触家庭成员以外的社会成员,进行初级的社会互动。在长期的学校教育过程及生活实践中,个体基本掌握了独立生活所需要的知识和初步的生活技能,这

---

① (美)戴维·波普诺 著.社会学.北京:中国人民大学出版社,1999年版,第142页.

② 周晓虹 著.现代社会心理学.上海:上海人民出版社,1997年版,第283页.

个过程延续到人步入工作，直到个体可以凭借这些知识和技能进行劳动，自食其力，独立生存。在独立踏上社会的这个长期过程中，个体得以掌握生活所必需的常识和技能，成长为成熟的社会成员。

2.内化价值观念，学习社会规范

价值观，是人们对价值问题的根本看法，包括人自身的价值，人对世界持有的基本价值观点，人活着的意义等等。每个人都是在各自的价值观的引导下，形成不同的价值取向，追求着各自认为最有价值的东西。价值观是一个人认识和参与社会的根本指导原则，能否树立正确的价值观和科学、合理的价值取向，对一个人的发展是至关重要的。价值观念的灌输从个体的儿童时期就开始了，比如父母会教导孩子怎样做才是一个好孩子，要懂礼貌、善良，不做坏事。在学校，老师除了教会学生科学文化知识，还要告诫学生应该好好学习，热爱祖国，生活中要乐于助人，将来做一个对社会有贡献的人。这些价值观念逐渐在个体心中内化，成为个体行动的基本指导思想。当个体有独立意识，思考生命的意义、探索生存目标时，个体开始找寻个人的生活目的、奋斗目标，在这种目标的实现过程中实现个人的价值，对社会做出自己应有的贡献。这种价值标准、思想观点和人生追求是在长期的社会化过程中熏陶并内化的，是社会化的结果。

社会规范是一套完整的维持社会正常运行的基本规范，是社会行为的规矩，社会活动的准则。社会生活中的部分规范是人类为了社会共同生活的需要，在社会互动过程中衍生出来，相习成风，约定俗成的，也有一部分是由人们为了保障社会的健康发展和运行而共同制定并明确施行的。大到法律法规，小到日常生活中的行为规范。社会规范的内容囊括了社会生活的方方面面。这些规范既包括广泛的道德规范，又包括强制性的规范，另外还有生活中具体的行为规则等。社会规范和价值观一样，是社会化的一项重要内容，是人们在长期的社会化过程中学习并逐渐内化的。

任何社会都有一套社会规范规定着人的行为，从家庭内部的习惯规则，学校的学生守则，到社会生活中每日规范着人们行为的交通规则、法律法规、道德规范等等，个体都必须按这些行为规则行动。这些规范依靠社会化的各种机构进行灌输，个体开始被动接受规则，然后按规则行动，逐渐将这些规范潜移默化地内化为日常行为的基本准则。当然，社会化也并非一帆风顺的，其中也夹杂着个体对规范的违反，成为生活中存在的社会失范行为，而这种种失范也将在进一步的社会化过程中得到纠正，而后步入正轨。

3.形成个性，完善自我

《心理学大词典》中这样定义个性："个性，亦称人格。指一个人的整体精神面貌，即具有一定倾向性的心理特征的总和。人格结构是多层次、多侧面的，由复杂的心理特征的独特结合构成的整体。"这个整体主要包括性格、气质、能力、兴趣、爱好、理想等方面的内容。人格是伴随着人的一生而不断成长的心理品质，是一个丰富而复杂的心理成分，它凝聚着自然、文化与社会的元素，健全的人格塑造与培育是个体心理完善与发展的必要条件，人格的健康发展也是促进社会健康发展的一种力量。中国有句老话“江山易改，禀性难移”，这是说本性是人生来就有的，道出了人类个性的自然即生物基础。但是人的生命历程是漫长的，人的个性的各个方面也在社会学习的过程中不断丰富，不断变化，很多时候更是可以发生质的改变。每个人的生理特征不同，心理状况也有差异，在社会中所处的生活环境、社会条件的种种不同，因此，尽管同样经历社会化的过程，个体还是会形成具有与众不同的个性特点。社会化既是上文提到的共性化过程，又是个性化过程。

宏观地看，各个国家的人们都会经历社会化的过程，而不同国家的社会成员会呈现出不同的“国民性”，这是由各个国家不同的习俗、文化、社会规范等决定的。从微观方面说，同在一个家庭的兄弟姐妹受相同的生活环境影响，学习相同的知识、行为规范，但经过这种相似的社会化过程，他们最终表现出来的个性却未必一样。这就是社会化过程中的个性化过程，这种个性化说明每个独立的个体都具有不同的个性品质。在一个个体身上，我们既可以看到他所在的社会的特征，又能看到这些特征通过他个性化的行为表现出来，呈现出个人独特的行为方式。因此，社会化是共性和个性相互融合，相互渗透的过程，是个体根据自身的生理和心理特点能动地接受社会价值观念、社会规范及行为模式的过程，通过这个过程，个体得以实现自我。

4.培养社会角色

社会角色，顾名思义就是社会成员在社会中所扮演的角色。社会角色通常是后天培养的，而不只是人生来就被决定的先赋性角色，如性别、种族等。培养社会角色就是为社会培养符合其要求的社会成员，这不仅使个人可以正确履行自己的社会职责，找到自己的社会位置，而且保障了社会的有序运行。

个体在一生中会承担不同的社会角色：作为孩子，应该尊重父母、孝敬父母；作为学生，理应学习科学文化知识，尊敬老师，团结同学；作为工作者，应把创造社会价值作为职责，为社会做贡献；作为公民，要遵守社会规范，行使并履行一个公民的权利和义务等等。所有这些都是不同阶段不同社会角色的要求，而角色规范、角色的责任和义务都是在社会化过程中不断学习并形成的。从出生开始，个体在不同的生命阶段注定会承担不同的社会角色，个体也会不断在认识并适应其在社会关系中的位置，学习各种角色规范，扮演各种社会角色，成为社会结构中的一颗螺丝钉。社会化的成功与否，在很大程度上体现在个体能否成功履行其所承担的社会角色，成为合格的社会成员。培养社会角色是社会化的重要内容，也是社会化的主要目的之一。

6.3 社会化的机构

上面讲到社会化是个体从自然人成长为社会人的过程，这个过程是在一定的社会环境中进行的，社会环境的具体形式就是社会化的机构。这些机构主要包括家庭、学校、大众传媒、同辈群体、社区、工作单位等。

6.3.1 家庭

家庭是最早的社会化机构，因为在个体出生伊始，家庭就承担了婴儿最初的社会化。同时，家庭也是非常重要的社会化机构，它负责个体最初的情感教育、文化价值、行为规范等，而儿童期的这种培育对一个人一生的影响是巨大的。

儿童有五六年的时间在生活上完全依赖于父母，从最细小的生活习惯到广大社会的方方面面，儿童都是首先从父母那里认识和学习的。可以说家庭就是儿童的世界，父母就是儿童的引路人。养育，即抚养兼教育，父母在抚养孩子长大的同时将人最基本的本领教授给孩子，说话、行走、吃饭、穿衣，父母就是个体的第一任老师。儿童在形成基本的意识后，开始主动接触和学习他发现的新鲜事物，而父母在这时就成为孩子的模仿对象。父母的言行举止、种种的生活习惯、待人接物的方式特点，都成为孩子模仿的内容，并且这些行为方式会潜移默化地在孩子的脑中留下印记，影响他以后的社会行为。

当然，除了父母，家庭中的其他因素也会对儿童的社会化产生作用。比如说家庭的贫富情况不同，儿童的行为会表现出不同的特点。生活在富裕家庭中的孩子往往缺少节约意识，在金钱的使用上也比较大手大脚；而贫困家庭的孩子往往更早明白金钱的来之不易，大多会养成节俭的习惯。再比如，近年来由于离婚率的上升，单亲家庭越来越多，单亲家庭的儿童成长问题也越来越为人们所关注。有研究指出，孩子在只有父母双方中的一方的家庭中长大，由于缺少父亲或母亲的关爱，孩子容易在心理上产生低落感，特别是当与健全家庭的孩子比较时，会产生自卑感。很大一部分单亲家庭的孩子在长大后依然显现出孤僻、少言寡语的性格特征。因此，家庭对个体的影响往往是其一生都不能抹去的，家庭作为个体的第一个社会化机构其重要性是不容忽视的。

6.3.2 学校

学校是社会专门设立的教育机构，负责对社会成员进行有组织有计划的系统教育。学校教育既包括科学文化知识的传授，也囊括了社会规范、价值观念和专门技能等的培养。

儿童在进入学龄期后，主要的社会化场所就是学校和家庭，学校的社会化作用逐渐增强。在现代城市社会，核心家庭的父母由于工作忙碌等原因，往往在孩子两三岁的时候就送入幼儿园的全托班，孩子就较早地进入到学校教育过程中。学生在学校学习文化知识，学习如何与同学相处，参加丰富的学校活动，在这些活动过程中，个体得以接触到更多的人和事，社会交往范围扩大。另外在学校中，个体开始学会独立，减少了对父母的依赖。学校是个体接触的第一个有组织、有制度的社会机构，就像是一个微型社会。每一个班级都有负责管理班级事务的班主任，班主任会制定一套制度规范，学生要遵守校纪班规，并且学生之间也会形成基本的“等级”制度。例如，班长是班级的“最高领袖”，他的下面还有学习委员、课代表、小组长，这就呈现出不同的身份和角色。个体开始获得在一个组织内的身份、地位及角色,并且学习如何正确扮演自己的角色。这些都为个体将来迈入社会,成为一个社会人做好了多方面的准备。

另外,值得注意的是,学校已经形成了很强的竞争机制,这是社会生存中的重要机制之一。学生从进入学校的那一天起,就面临着学习、考试,而考试就意味着排名,意味着学生学习成绩有优有劣。还有中国的升学制度,学习好成绩好才能升入好的学校,这些都强化了学生的竞争意识,对以后的工作和生活产生重要的影响。

6.3.3 大众传媒

大众传播媒介,包括报纸、杂志、书籍、广播、电视、电影等信息传播工具,在现代信息社会,网络也成为社会成员获得信息的重要手段。通过这些工具,人们不仅可以了解世界各地的信息,体会各国不同的文化,并且可以培养兴趣爱好,娱乐身心。大众传媒是社会化的重要机构,大大丰富了社会化的内容。

报纸是最早的传播媒介,其内容的广泛、详细为人们了解社会打开了便捷的窗口,直到现在报纸仍是人们经常使用的媒介。广播、电视利用现代化的电子技术传播新闻,突破了时间和空间的局限,传播迅速,范围广泛,问世几十年来,其发展速度和规模,超过了报纸。还有网络的发展,这些先进的传播工具大大缩短了空间距离,节省了时间,为人们提供了巨大便捷。那么,这些媒介在哪些方面发挥着其社会化作用呢?

首先,大众传媒传播社会的价值观念、文化规范。大众传媒对价值观念的传播,一个重要的方面就是国家意识形态的宣传和灌输,这也是社会成员政治社会化的主要手段。政府会把国家的政策、观点通过报纸广播等传输给社会成员,增进人们对国家政治的了解,强化人们对国家的认同意识。除此以外,由于其内容的广泛性,大众媒介中特别是网络也充斥着各种不正确的价值观,人们应该具有辨别是非的能力,树立正确的价值观。在行为规范方面,大众传媒有时会对人们的行为方式产生很深的影响。比如,人们容易受广告的影响,广告不仅对人们选择商品产生作用,而且无形地将广告中宣传的生活方式、行为规范刻印在人们头脑中,改变着个体的行为。

其次,大众传媒为社会成员学习知识、技能提供了便利。信息社会网络的发展使每个人感受到了它的强大功能,人们可以利用网络学习知识,也可以查阅所有想要了解的信息,很多行业甚至离开了网络就无法保障工作的正常进行,可以说网络彻底改变了现代人的生活方式。网络的发展促进了教育形式的多样性,很多人通过远程教育在家就能学习文化知识和各种技能,这就丰富了社会化的途径,提高了社会化的效率。

6.3.4 同辈群体

同辈群体又称同龄群体,是由一些年龄、兴趣、爱好、态度、价值观、社会地位等方面较为接近的人所组成的一种非正式初级群体。同辈群体的成员因为在年龄、爱好、价值观等方面的相似性,会一起进行各种活动,并且在频繁的交往中建立起朋友关系。同辈群体是个体成长过程中的重要的社会环境因素，是个体社会化进程中的主要机构。

从儿童时期的玩伴，到学校的同学，再到工作中的同事和社会上的朋友，同辈群体总是伴随个体共同成长，群体成员不仅相互学习、相互影响，而且彼此成为参照。比如，青少年在学校生活中常常会为自己树立学习的榜样，向好学生学习他们身上的优点，改正自己的缺点。这就是同辈群体的作用，在某种意义上，它就是个人成长过程中的种种参照群体。由于群体成员处在相似的社会环境，有相似的成长经历、相似的年龄和志趣等等，同辈群体就构成了青少年除家庭和学校外主要的人际环境，这种环境是建立在自由平等、志趣相投、价值取向相似的基础上，因此有较强的内聚力并会形成自己的亚文化。

个体是以一种自由的姿态选择加入某一个同辈群体的，而这种行动的基础是对这个群体的认同感，因此在融入这个群体的过程中，个体与群体成员容易产生较强的心理认同感，进而增强个体的群体归属感。同时，同辈群体的成员在地位上都是平等的，成员之间的这种平等关系不同于家庭、学校和工作单位，因为后三者往往存在或强或弱的等级关系，而同辈群体中的平等关系有利于成员的自由平等交往。

同辈群体会形成自己的亚文化，这种亚文化为成员提供了共同的价值标准和行为方式，在人际交往方式、生活方式、沟通语言等方面呈现出明显的亚文化特征，这种亚文化对个体的个性、价值观念、行为规范等方面的社会化产生重要的作用。在这方面应该注意的是，各种不同类型的同辈群体必然形成多样的亚文化，其中既有与主流文化一致的文化，同时也不可避免形成与主流文化相悖的亚文化，导致青少年反社会行为的发生。并且上述情况极易出现在价值观尚未完全形成的青少年之中，因此，社会化的其他机构如家庭、学校应该时刻关注青少年同辈群体，引导发挥同辈群体对青少年身心发展的积极作用。

总之，同辈群体对青少年社会化的作用主要表现在以下几个方面：①为青少年提供一个平等、自由的交往空间，促进青少年的情感交流和兴趣爱好的发展；②同辈群体可以增长青少年的社会经验，增强青少年对社会环境的适应能力；③培养青少年树立明确的生活目标和正确的价值观；④为青少年学习社会规范、扮演其社会角色奠定基础。

6.3.5 社区

社区是指一定地域内，按一定的社会制度和社会关系组织起来的，具有共同人口特征的地域生活共同体。社区是社会的基层单位，一个村落、一个住宅小区、一条街道、一个县、一个市，都是规模不等的社区。任何一个人都生活在一定的社区之中，日常生活、价值规范无不受到社区的影响，社区也是社会化的基本机构。

一个成熟的社区具有政治、经济、文化、教育、服务等多方面的功能，单从社会化角度讲，社区的社会化功能主要体现在：①社区负责管理社区居民的社会生活事务，大到社会规范、价值观的宣传，小到衣食住行的各个方面，社区管理都会涉及；②社区具有服务功能,为社区居民和单位提供社会化服务,如城市住宅小区开办幼儿园的全托班就为城市双职工的子女教育提供了巨大方便;③社区有教育功能,有助于提高社区成员的文化修养和文明素质;④社区也有娱乐功能,特别是社区内针对老年人开设的棋牌室、老年健身中心等,既丰富了老年人的日常生活,也填补了现代社会一些空巢家庭老人的情感空白。

随着现代网络社会的崛起,网络虚拟社区也成为人们生活和工作中的重要部分。例如很多高校都拥有各自学校的电子公告牌即 BBS,同学们在版上发布新闻、讨论学习、分享资料、进行情感交流,这种方式发挥了类似同辈群体的社会化作用。还有文学类的如榕树下社区,人们通过这些虚拟社区的交流互动,发展了文学方面的共同志趣,提高了成员的文学修养。但是由于网络社区的匿名性、隐蔽性特点,也会出现一些不健康、不安定因素,社会有关部门应注重适时引导。

6.3.6 工作单位

当个体完成一定的教育,就要以独立的姿态登上真正的社会舞台,作为一名合格的社会成员参与到社会生活中,这一般是以个体谋求到第一份职业作为起点的。从这个时期开始,个体就以一名工作者的身份进入到工作单位之中,进行生产、劳动等社会价值的创造。工作单位是人独立进入社会后主要的社会化场所,单位不仅为员工进一步提高职业技能和科学文化水平提供了平台,而且为员工学习处理人际关系提供了必要条件。

工作是个人作为一个独立的社会人步入社会生活的开始,工作单位可以说是成人社会化的重要机构。单位的社会化功能主要体现在两个方面:一方面,个体在进入工作单位时往往面临着从学生到社会人的转变,这是一个过渡期,在这段时期内,个体需要学习具体工作中必备的基本知识和技能,学习单位的基本规章制度。简单地说,也就是个体要进行职业社会化。另一方面,工作单位是人际关系的大舞台。个体应学会扮演自己的工作角色,在履行自己的工作职责外,还要学会如何和同事及上级领导保持一种协调的关系。这不仅表现在对同事要和善、对领导要尊敬,更重要的是,个体应明白别人对自己的角色期待和角色本身的要求,努力使自己的行动符合同事或领导的要求。从这个意义上说,个体在工作单位的社会化过程就是个体从学习担任新的角色到成功扮演工作角色的过程。

6.4 社会化与生命历程

人的社会化过程贯穿人的整个生命周期,从牙牙学语的婴儿到饱经沧桑的垂暮老者,人都在不断的认识和学习中适应社会。社会化过程伴随着人生各个时期不同新角色的学习和扮演,是人不断与各种社会环境相互作用的过程。个人纵然在具体的社会化过程中存在差异,但人生各个阶段的基本社会化状况是具有一致性的。本节介绍生命各个阶段的社会化历程。

6.4.1 埃里克森:成人的生命圈

埃里克森是新精神分析学派的代表人物,他从人格和人类社会行为的发展角度,提出人的心理社会发展的八阶段理论。埃里克森将社会化的研究重点放在人格的形成上,他认为人格形成的根本问题是确定个体如何适应他们生存于其中的独特的社会历史环境,并且描述了个人生命中八个阶段的社会化历程,其中每个阶段都存在个体需要不断解决的危机,个体就是在渡过危机的过程中完成每一阶段的社会化。

婴儿期。这个阶段从出生开始持续到1岁左右,具体内容是信赖的获得,该时期的危机是基本的信赖与不信赖。当父母能够充分满足婴儿的需要时,婴儿就会对世界产生信赖感;而当父母限制、反对婴儿的某种需求时,婴儿就会对世界产生一种不信任,且这种不信赖会被带到个人后期的发展中。埃里克森认为,不信赖感对人格的发展是非常重要的,两种基本的感情都是必需的,是应同时共存的。

童年期。这是人们生活的第二阶段,大致处在2岁到3岁期间。在这个时期,儿童逐渐明白了自己的期望、责任、权力及自己所受的限制,并且产生独立活动的渴望。这个阶段的危机是自主感和羞耻感,即父母一方面鼓励孩子独立活动,自我控制,培养他们的自主自治;另一方面,当儿童做不到父母提出的要求时,又会产生羞耻感。虽然二者对人格形成都有重要作用,但自主感是形成自信、意志的前提,而强烈的羞耻感会增强个体对自我的怀疑。

学前期。这一阶段在4岁到6岁之间,随着儿童活动范围的扩大,简单语言的运用以及想象力的扩张,儿童的创造能力得到发展,并且形成计划的能力。但儿童的一些不好的想象以及失败带来的讥笑会让他们产生一种罪恶感,因此该阶段社会化的内容就是获得创造的肯定,克服罪恶感。

学校时期。该阶段处于6岁到12岁,儿童在接受正规教育的过程中形成一种勤奋的感觉,完成任务和获得奖励让他们产生愉快的心情。但当他们由于学习或其他活动受到老师和父母的指责时,又会产生一种自卑感。埃里克森强调勤奋感和自卑感之间应保持一个适当比例,"适度的失败是有益的,它可以提高人们对挫折的忍耐性;但过度的失败却会导致自卑和缺乏信心。因此,他认为,该阶段最重要的课程是'体验以稳定的注意和孜孜不倦的勤奋来完成工作的乐趣'。"①

青春期。在这个时期,基于前几个阶段同一性的形成,个体在此阶段的同一性也在形成。个体积极适应各种角色,对自己的生活目标和自己的能力产生合理预期,并为自己将来的发展制定规划。但这个时期由于个体的身心发展以及社会角色的增多,容易产生同一性的混乱,导致个体产生疏离感和焦虑。个体在该阶段的任务主要是正确认识并整合自己的各种角色,克服同一性的危机。

青年期。个体在这一时期开始寻找朋友和伴侣,当他与自己信任的人建立起亲

---

① 周晓虹著.社会心理学.上海:上海人民出版社,1997年,第159页.

密关系时，个体会获得一种亲密感；而如果这种亲密关系的建立受阻或破裂时，个体就会形成一种孤独感。因此，这个时期的主要内容就是获得亲密感，避免陷入孤独的境地。

中年期。这个时期个体开始关注自己的劳动成果，关心下一代的成长，“这种具有社会价值的交替不仅对人格的理性方面的形成是重要的，而且对人格的心理社会方面也是很重要的，但这个时期如果自己的生产品很弱小，不能得到表现，这样的人就会回归，产生一种停滞的感觉”。①

老年期。这是人生的最后阶段，这个时期个体回顾自己的人生历程并对此做出反思和评价，产生完整的感觉，是对自己成功和失败经验所持有的感觉态度。但这个阶段又是人生历程的尽头，面临生命将要结束的最后阶段，人又会产生一种对生活和社会失望感。因此该阶段的主要问题是获得完整感，避免失望感。

埃里克森从人格发展的角度详细描述了个体生命中八个阶段的社会化过程，在他看来，社会化就是不断应对各种成长过程中遇到的矛盾并克服各种危机的过程。社会化是贯穿人的一生的，个体应调试好各个阶段的积极和消极因素，保证每个阶段社会化的顺利进行。

6.4.2 基本社会化过程

人一生的社会化历程可以分为基本社会化过程和成人的继续社会化过程。人的基本社会化是指从出生到青年初期的社会化，继续社会化是成年以后个体的社会化。同时，在社会化的过程中会出现种种反社会化现象，当这种社会化的失败出现时，个体就要进行再社会化以保证后期社会化的顺利进行。

基本社会化是儿童和青少年时期的社会化，这个过程一般可以分为五个阶段。

1.婴儿期的社会化

婴儿期是从出生到3岁左右，在这个阶段婴儿的生理机能还不完备，全部生活都依靠父母或其他扶养人来照顾。婴幼儿时期是个体生理机能快速生长和完善的时期，同时伴随着个体心理活动的萌发，尽管处在社会化的最初阶段，这一时期的社会化对个体以后的行为习惯和认识社会的基本观点具有重要的意义。

这个阶段婴幼儿的社会化主要是在大人的照料下进行的，个体在与父母的接触中获得各种需求的满足，同时在这种过程中认识自己与父母的关系并确立自我认识。父母教孩子最基本的语言，引领孩子感知并认识周围世界，培养他们最初的行为习惯。可以说，父母对个体的影响是先导性的，是根深蒂固的。

2.幼儿期的社会化

幼儿期是从3岁到6岁左右，这一时期也称学前期。这一阶段儿童的很多基本

① 郑希付 编著.现代西方人格心理学史.开封：河南大学出版社，1991年，第206页.

需求可以自我满足而不需完全依靠大人的帮助,比如拿东西等类似的事情。儿童掌握了基本的语言会话能力,基本能表达自己的各种想法,并且个体在这一时期已经表现出明显的个性倾向。这一阶段儿童的主要活动是游戏,儿童在游戏中展开对社会世界的想象,培养对社会角色的认知,习得基本的社会规范。游戏活动是该阶段儿童社会化的主要途径。

由于儿童在这一时期可以自我控制,因此除家庭外,他们接触的范围也有所扩大。他们会与邻居家的小朋友一起玩耍,建立最初的友谊;他们也可能进入幼儿园认识幼儿园的阿姨和小同学,学习基本知识和角色规范。这个阶段出现了很重要的社会化环境即同辈群体,儿童的社会化就主要在与这些同龄小伙伴的接触、互动中完成的。儿童在一起游戏的过程中学习人与人之间的沟通交流,遵守一定行为规范,培养儿童的角色扮演能力。

3.学龄初期的社会化

学龄初期是从6、7岁到12岁左右,大致处在小学阶段。这一时期是儿童身心发展发生重大转折的阶段,社会化的环境和进程也发生重大转变,因为这个阶段个体将从家庭、幼儿园步入正规的学校,从游戏玩耍转变为接受有目的、有组织的系统教育。学校与家庭、同辈群体的不同之处就在于其具有一整套的规范和组织制度,并且在学生管理和培养方面具有系统性和一定的强制性。个体的社会化任务主要表现在:个体的思维方式发生转变,不再仅仅停留在游戏中的形象思维,而是在学习科学文化知识的过程中锻炼其抽象思维能力;学生学习正规的知识,学习运用书面语言;学生在遵守学校正式规章制度的过程中,学习扮演正式组织中的社会角色所需的角色规范;在更大的活动范围及广泛的人群接触中,个体学习到正式、系统的社会规范。

4.少年期的社会化

少年期是从12岁左右到15岁左右,这个时期个体的自我意识进一步发展,能够正确地进行自我认识和评价,个性品质基本形成。随着年龄的增长、知识的增多,个体形成强烈的自主意识,不再凡事听从和依赖于长辈,而是逐渐有了自我主张。该阶段是个体思想观念活跃的时期,也是世界观、价值观形成的初期,因此,老师和家长应注重与个体的沟通交流,进行适时引导,以确保个体的价值观和行为方式不会偏离正确方向,保证社会化过程的顺利进行。

5.青年初期的社会化

青年期一般指12岁左右到18岁,是个体在生理和心理方面发育成熟的时期。到这个阶段,个人已经掌握了基本的生活技能,世界观、价值观以及个性特征已基本定型。除了家庭和学校外,个人有更广泛的社会接触并担当各种不同的社会角色,同辈群体构成他们重要的社会环境。青年初期的社会化是基本社会化的完成阶段,是个体脱离各方面的监护,向成人期迈进的时期。经过这个时期,个体就成为独立的社会成员,独立自主地参与社会生活,开始成年人的生活。

6.4.3 继续社会化

继续社会化是指个体在完成基本社会化之后,为了适应社会文化环境而进行的新的社会化。在前面的章节已经提到,社会化过程贯穿人的一生。尽管在基本社会化完成后,个人已形成了基本完整的世界观、价值观,掌握了基本的生活技能,形成了符合社会规范的行为方式,但是在进入成年期后,个人仍会面临各种新环境和未知领域的挑战,进行继续的社会化是他们应对新挑战的需要。因此,从这个意义上讲,上文讲到的基本社会化是狭义的社会化,而广义的社会化是包括继续社会化过程的终生课题。

继续社会化从个体进入成年期一直持续到老年期。成年初期和中年期的社会化主要是个人不断应对学习深造和工作中的新问题或某种生活转变时进行的社会化过程。比如说,现代人在拥有固定收入和稳定生活的基础上,为了更合理运用自己的财富收入,开始学习新的理财方式。为了使自己的财富实现其有效价值,他们会向专业的理财师咨询,并在学习这些知识的基础上更有效地管理自己的财富收入。社会是不断发展变动的,新事物、新知识和新的文化价值也会不断出现,成年人需要适应各种新的环境,学习新的知识、社会观念以及行为方式。此外,个人应在承担新的社会角色的过程中学习新的角色规范,积极进行中年期的继续社会化。

老年是人生命历程的最后一个阶段,老年人在积累了丰富的人生经验和社会经验以后,在各方面都进入衰退期。他们会对不断发展变化的社会产生种种不适,并且面临着克服老年期的孤独感,因此,老年人也需要继续社会化。他们的生活需要丰富,知识等待更新,要锻炼一种看待事物的新眼光。比如,现在很多省市和社区都积极开办老年大学,一方面可以帮助老年人接受新知识,更好地认识不断变化的社会环境;另一方面也使他们的生活更加丰富,避免产生暮年的孤独感。

6.4.4 再社会化

社会化的历程是漫长的,人在各个阶段的社会化过程中并不是一帆风顺的,而是会出现社会化的中断或反社会化现象。反社会化就是说人在社会化进程中偏离正确的社会规范和价值观,社会行为发生对社会化总目标的背离,从而需要社会及时给予纠正的现象。反社会化也发生在个人接受与社会主流文化相悖的亚文化的情况下。这种社会化的偏向和中断就需要个人进行再社会化,这个概念是指个人改变原有的价值标准和行为规范,建立起符合社会要求的新的价值观和行为规范,重新树立生活目标的过程。

再社会化的例子有很多,比如对监狱服刑人员进行的社区矫正,以帮助他们确立正确的价值观和规范,避免将来走上社会后再次步入歧途。还有现在引起社会普遍关注的网瘾少年问题,他们陷入虚拟的游戏世界中无法自拔,完全忘记了自己的社会角色,甚至中断了自己的学业。对这一部分青少年,一方面是靠家庭和学校的教育、感化,帮助他们重新确立社会规范和价值观,劝说他们回到正常的学习、生活之中;另一方面也需要社会的帮助，将这些青少年送入专门戒除网瘾的特殊学校，进行强制性的再教育。从再社会化的性质来看，上述两种方式都属于带一定强制性的再社会化，这种较为温和的再社会化主要是指军事训练。而另外一种性质的再社会化是完全强制性的，其主要对象是那些有越轨行为的、危害多数人利益的人。[①]不管是完全强制或带一定强制性的再社会化，它们的最终目的都是引导个人确立正确的社会规范和价值观，步入正确的道路，顺利完成社会化过程。

本章小结

(1)有关个性发展的理论包括行为主义、文化决定论、弗洛伊德的性心理发展理论、皮亚杰的认知发展理论、米德的概化他人理论等。

(2)社会化指的是个体学习社会文化，内化社会的价值观和行为规范，成为承担一定社会角色的社会人的过程。社会化的条件包括：人具有高级的大脑、较长的生活依赖期、较高的学习能力以及语言能力。社会化的内容表现在：学习生活常识，掌握生活技能；内化价值观念，学习社会规范；形成个性，完善自我；培养社会角色。

(3)社会化的机构包括家庭、学校、大众传媒、同辈群体、社区、工作单位等。

(4)作为一个社会人的一生除了儿童和青少年时期的基本社会化过程之外，还包括基本社会化基础上的继续社会化以及由于社会化的偏向和中断所导致的再社会化。

思 考 题

1.社会化的含义是什么？其内容包括哪些？
2.社会化的主要机构有哪些？
3.人的一生要经历哪些阶段的社会化过程？
4.什么是继续社会化和再社会化？

---

① 易益典主编.社会学教程.上海：上海人民出版社，2007年版.

7

家庭

学习目标

通过本章的学习，使学生了解什么是婚姻和家庭，了解婚姻的各个阶段及其特点、家庭的结构和功能，掌握现代婚姻和家庭中表现出来的各种问题及趋势。

本章知识点

(1)家庭的概念与性质。
(2)家庭的结构与功能。
(3)婚姻家庭的过程研究。

家庭是人类最早和最基本的社会群体形式，它对人类社会的发展起着十分重要的作用，人类社会生活无法脱离家庭的影响。可以说，家庭是社会的细胞。在每个历史时期、每个已知的社会中，家庭都呈现出这样或那样的形式，这些形式和规模随着社会的发展而呈现不同的特征，未来的家庭机构虽然会呈现出多样化的趋势，但核心家庭仍将占据重要的地位。

现代人婚姻家庭观的变化①

新快报讯(钟新):零点公司日前针对北京、上海、广州、武汉、成都、沈阳和西安7城市1888名18~60岁常住居民进行的一项调查显示:婚姻家庭逐渐成为现代男性人生价值的重心,而在女性心目中,家人健康最为重要,家庭幸福美满最值得骄傲。现代人的婚姻家庭观虽然延续了传统模式,却在急速发展的社会中悄然发生着变化。

现代男人将"事业"排第三位

大多数人先入为主地以为"事业"是男性的核心价值。但调查却显示,婚姻家庭已成为现代男性的人生"最重"。调查中,当被问及"人生最重要的事情是什么"时,"家人健康、没病"(13.3%)成为男性的首选,"有一个好妻子"(10.7%)紧随其后,而职业的重要性则被排在了第三位(10.6%),之后是"家庭美满幸福"(10.4%)。可见,事业虽然在男性心目中仍占有比较重要的地位,但是随着时代的发展,婚姻家庭逐渐成为现代男性人生价值的重心。

女人最看重的事:家人健康

针对女性的此项调查发现,虽然现代女性能顶半边天,但她们仍然以家庭为重。在她们心目中,最重要、最珍惜的事情仍是家人的健康,最骄傲的事情也是家庭美满幸福。值得一提的是,认为职业最重要、最应受珍惜者也占据了较高比例(均为7.4%)。这反映了现代女性既继承了"贤妻良母"的传统价值观,同时又向着"职业女性"的现代价值观转变。

调查人员分析,现代男女均以家庭婚姻为重,可见以"家"为贵、以"和"为贵的文化传统依然深入人心。

男子择偶首选家庭责任感

"窈窕淑女,君子好逑",人们普遍认为中国男人重视自己另一半的相貌,除了"爱美之心"外,还与中国人爱面子有着直接关系。但是,本次调查结果却显示,要求妻子(或未来妻子)长相第一的男性仅占3.5%。31.9%的男性择偶的首要标准是有家庭责任感,27.3%的男性认为妻子的性格和脾气最为重要,还有约1/4的男性把妻子的道德品性摆在第一位。

异性友谊受重视

越来越多的强势女性进入职场,由附属变成了同事,进而成为了众多男士事业上可互助、感情上可互慰的知心朋友。拥有一段异性友谊,得到了现代人的认可。73.7%的男性认为,异性友谊和同性友谊一样重要,甚至有4.4%的男性认为异性友谊更为重要。同样,女性受访者中,77.1%的人认为异性友谊和同性友谊同等重要,甚至有4.4%的女性认为异性友谊更为重要。

① http://news.21cn.com/domestic/qita/2005/09/13/2285948_1.shtml.

7.1 家庭的起源与性质

7.1.1 家庭的起源

家庭是个历史范畴,不是从来就有的,也不会一成不变的,它是人类社会发展到一定历史阶段的产物。

人类社会的第一种家庭组织形式是血缘家庭,它是以血缘婚姻为基础的群婚家庭。至此人类排除了杂婚方式,按照辈份限制婚姻关系,不允许不同辈份的社会成员结成夫妻,但兄弟姊妹之间仍不分亲疏远近,这是人类婚姻家庭发展的第一步。婚姻家庭的进一步发展就是限制兄弟姊妹之间的婚姻关系,排除血亲通婚,由族内婚向族外婚发展。摩尔根认为:"没有血缘亲属关系的氏族之间的婚姻,创造出在体质上和智力上都更强健的人种;两个正在进步的部落混合在一起了,新生一代的颅骨和脑髓便自然地扩大到综合了两个部落的才能的程度。"①对偶家庭是继群婚家庭之后的第二种家庭组织形式,是由群婚制向一夫一妻制转变的过渡阶段。对偶家庭中一个男子同时拥有许多妻子,其中有一个是主要的,称为主妻;一个女子也可以同时有许多丈夫,以其中的一个为主。对偶家庭可以以女子为中心,也可以以男子为中心。前者是"母权制"社会的家庭组织形式,后者是"父权制"社会的家庭组织形式。随着社会生产力的发展,家庭成为基本的生产单位,私有观念和私有制逐渐形成,男性家长在家庭生产中处于主导地位,"母权制"逐渐让位于"父权制"。同时,私有财产的占有和继承使婚姻家庭进一步发展,出现与此相适应的一夫一妻制的个体家庭。马克思曾说过:"在生产、交换和消费发展到一定阶段上,就会有一定的社会制度、一定的家庭、等级或阶级组织,一句话,就会有一定的市民社会。"②

总之,家庭的产生和发展是两种生产推动的结果,一种是物质生产,一种是人类自身的生产。两种生产的发展使家庭由低级向高级演进,最终过渡到一夫一妻制。

7.1.2 什么是家庭③

每个人从出生开始就生活在家庭中,对家庭下一个定义似乎很简单。然而,到目前为止,还没有一个学者能一致接受的定义。亚里士多德在《政治学》开篇第一卷就谈到了家庭。"由于男女同主奴这两种关系的结合,首先就组成'家庭'……家庭就成为人类满足日常生活需要而建立的社会的基本形式。"马克思、恩格斯认为:"每日都在重新生产自己生命的人们开始生产另外一些人,即增殖。这就是夫妻之间的关系,父母和子女之间的关系,也就是家庭。"奥地利心理学家 S.弗洛伊德认为家庭是"肉体生活同社会机体生活之间的联系环节"。美国社会学家 E.W.伯吉斯和 H.J.洛克

---

① 马克思恩格斯全集.第四卷.北京:人民出版社,1972 年 6 月,第 42 页.

② 马克思恩格斯全集.第二十七卷.北京:人民出版社,1972 年 6 月,第 477 页.

③ 朱力等著.社会学原理.北京:社会科学文献出版社,2003 年 9 月,第 142~145 页.

在《家庭》一书中提出“家庭是被婚姻、血缘或收养的纽带联合起来的人的群体,各人以其作为父母、夫妻或兄弟姐妹的社会身份相互作用和交往,创造一个共同的文化”。中国社会学家孙本文认为家庭是夫妇子女等亲属所结合的团体。中国社会学家费孝通认为家庭是父母子女形成的团体。西方社会学者的常见定义是:家庭是由于血缘、婚姻或收养关系组成的一个群体,群体成员通常生活在一起。也有的学者,如伊恩·罗伯逊是这样定义的:“家庭是一个由于家世、婚姻或收养联系在一起的人组成的比较持久的群体,这些人共同生活,并组成了一个经济单位,他们中间的成年人要对小孩子负责”。他对这个定义似乎也不满意,解释说:“假如说这个定义显得有些繁琐,那只是因为它必须将纷繁多样的家庭形式都包括在内”①。

伊恩·罗伯逊一语道出了对家庭下定义的难处:家庭从它产生的那一刻起,其形式就处在不断变化和发展当中,而且将会继续发展出新的家庭形式,如果要让家庭的定义涵盖过去和未来,是有相当大的难度的。家庭发展到现在,已经对现有的定义提出了挑战:自愿不育的夫妇是否可以组成家庭?未婚母亲(父亲)与孩子的组合是不是家庭?生物医学的发展,出现了捐精者、捐卵者,通过试管婴儿生育的孩子和领养者组成的是不是家庭?如何确定捐精者(捐卵者)的身份?同性恋的组合是不是家庭?

对家庭下定义面临的一些困难,并不能妨碍作出家庭定义尝试:家庭是两个以上的人具有婚姻、血缘或收养关系,并长期共同生活的群体,是人类进行自身再生产的单位。在理解家庭的定义时,需要说明以下两点。

(1)家庭与户的区别。第一,从群体角度讲,家庭是群体,户不一定是群体,户的概念要比家庭的概念更宽泛,户包括家庭、集体户和单身者。第二,从人与人的关系角度看,家庭以婚姻关系、血缘关系和收养关系为基础,而户并不都是这三种关系。第三,从共同生活的角度看,家庭中的成员以共同生活为基础,户均是单独生活的。第四,户是社会管理的一种形式和制度,是世界各国的一种普遍的社会制度。

(2)本定义是从一般意义上对家庭的普遍特征的描述。一些国家关于家庭的特殊案例,由于不具有普遍性,暂时不纳入家庭的范畴。

7.1.3 家庭形成的条件和性质

美国社会学家古德指出,家庭形成的条件有以下六点:

(1)至少两个不同的成年人居住在一起;

(2)他们之间存在着某种劳动分工,即他们并不都干同样的事情;

(3)他们进行许多种经济交换、社会交换,即他们互相为对方办事;

(4)他们共享许多事物,如吃饭、性生活、居住,既包括物质活动,也包括社会活动;

---

① [美]伊恩·罗伯逊.社会学(下册).北京:商务印书馆,1991年11月,第455页.

(5)成人与其子女之间有着亲子关系,父母对孩子拥有某种权威,但同时也对孩子承担保护、合作与抚育的义务,父母与子女相依为命;

(6)孩子们之间存在着兄弟姐妹关系,共同分担义务,相互保护、相互帮助①。

家庭的性质主要有以下四点。

(1)家庭是自然关系和社会关系的统一。一方面,婚姻是一种自然关系,是男女两性的生理结合。另一方面,婚姻也是一种社会关系,是以生理结合为自然基础的社会结合。

(2)家庭是一个历史的范畴。作为人类社会生活的组织形式,家庭并不是从来就有、一成不变的。家庭有其产生和发展的历史,因而它是一个历史范畴,是人类社会发展到一定历史阶段的产物。人类从血亲杂交依次经历血婚制家庭、伙婚制家庭、偶婚制家庭,到实现个体婚家庭,任何一种家庭形态都不是偶然产生的。家庭形态发展的根本原因是社会生产力的进步②。

(3)家庭是一种最普遍的社会生活组织。从古至今,世界各地都存在着不同形式、不同性质的家庭,由此构成了社会的基层组织。

(4)家庭不同于一般的社会生活组织。家庭是一个人生活时间最长久的组织,人的一生中,绝大部分时间是在家庭中度过的。

家庭可以满足个人多方面的需要——生理的、心理的、精神的各种需要,这是其他社会组织所不具备的。家庭还是一个最亲密的社会团体。家庭关系,包括夫妻关系、亲子关系、兄弟姐妹关系,情同骨肉,不可分离,这是任何其他的社会关系所不能比拟的③。

7.2 家庭的结构与功能

7.2.1 家庭结构

家庭结构是指家庭成员的构成状况,是家庭中人与人之间的关系模式。家庭结构包含了两方面的要素。一是家庭人口要素,相关的问题是:家庭由多少成员组成,家庭规模大小如何。二是家庭代际要素,相关的问题是:家庭成员的代际分类是怎样的不同的家庭人口要素、代际要素的组合,形成不同的家庭成员之间相互联系的方式,因而形成不同的家庭结构模式。家庭结构在婚姻关系和血缘关系的基础上形成的共同生活关系的统一体既包括代际结构,也包括人口结构,并且是二者组合起来的统一形式。

根据不同的家庭结构,又可以将家庭划分为以下几种形式。

---

① [美]W. 古德.家庭.北京:社会科学文献出版社.1986年10月,第11~13页.

② 邓伟志,徐榕.家庭社会学.北京:中国社会科学出版社,2001年1月,第20~23页.

③ 张可容.当代社会学.北京:群众出版社,1998年1月,第139~140页.

1.核心家庭(nuclear families)

由一对夫妇及其未婚子女组成的家庭称为核心家庭。这种家庭结构内部只有一个权力中心和活动中心。只有一对配偶,家庭关系只有夫妻关系和父母子女关系两种形式。目前,我国的核心家庭大都是由一对夫妇和一两个未婚子女组成。在一个人的一生中,大多数人都要经历两种不同形式的核心家庭。一个人出生的核心家庭称为出身家庭(它使个人得以出生或者社会化)。通过结婚和生育子女而建立起来的家庭,称为生育家庭。核心家庭还有一些不完整的形式。①配偶家庭,指只有一对夫妇而没有子女的家庭:一是未育配偶家庭,即尚未生育子女的一对夫妇组成的两人家庭;二是空巢家庭,即子女均已成婚并单独生活,只剩下夫妇二人的家庭。②单亲家庭,指由于死亡或离婚而只剩下夫妇中一方与未成年子女组成的家庭,有母亲单亲家庭和父亲单亲家庭两种类型。

2.扩大家庭(extended families)

扩大家庭是指由两对或两对以上的夫妇及未婚子女组成的家庭。扩大家庭是在核心家庭基础上演化而来的。核心家庭异代、纵向扩大的结果,产生了主干家庭,是由两对或两对以上均异代的夫妇与未婚子女所组成的家庭。这类家庭的主要形式是:①一对夫妇与男方或女方父母及未婚子女组成的家庭;②一对夫妇与男方或者女方父母及未婚子女及未婚兄弟所组成的家庭。同时,主干家庭还有一些不完整的结构形式:①配偶主干家庭,即只有两对及两对以上均异代的夫妇而没有未婚青少年的家庭;②单亲主干家庭,即夫妇中父母缺损一方的主干家庭。

核心家庭同代、横向扩大的结果,产生了联合家庭,指至少两对或两对以上的同代夫妇及其未婚子女组成的家庭。联合家庭主要有:①异代联合家庭,指两对或者两对以上的同代夫妇及其子女与父母组成的家庭;②同代联合家庭,指两对或两对以上同代夫妇及其未婚子女组成的家庭。联合家庭一般是兄弟们不分家而形成的,大都是出于共同继承财产的需要,由于房屋多或经济条件宽裕,可以提供住房或一些经济补贴,使得子女在婚后仍和父母住在一起。这种家庭的权力往往集中在长辈一代或第二代人的一对配偶中,每一对配偶都是一个次级的活动中心,都享有一定的权利,所以是一种联合家庭。

扩大家庭与核心家庭的区别主要在于这种家庭的结构比核心家庭复杂,它不仅包括夫妻关系、子女关系,还包括祖孙关系、婆媳关系、兄弟姐妹关系、叔嫂或姑嫂关系。核心家庭包括一代人或者两代人,不会超过三代人,而扩大的核心家庭至少包括两代人,一般的包括三代人,家庭人口一般也比核心家庭要多。

家庭的规模是指家庭的人口数量,通常以家庭对等遗传规模为数量界限。家庭对等遗传规模是指一对夫妇与两个子女构成的数量规模,即四口人。四口与四口以下的家庭,叫小家庭;四口以上的家庭,叫大家庭。

家庭类型或家庭结构在某种意义上是一种人为的划分,即它具有的只是一种操作上的意义(为了统计分析的需要,根据一定的标准如共同生活做出的认定)。在现实生活中,中国城乡的家庭结构是多姿多彩的,并且,从家庭生命周期的每一阶段看,都存在着变动的可能。比如,当子女结婚的时候,这些子女和他们的父母会面对一个选择:是合住还是分开?即使这些子女当时选择了和父母分住,但当他们生了孩子,从照顾的需要考虑,他们也会再次做出选择,搬回家与父母共住。亲情是父母和子女都需要的,这样的情感和伦理的因素使得父母和他们的成年子女即使分开居住,相互之间也会有频繁的互动(包括物质和精神生活方面的相互支持和相互帮助),而且一旦外界环境发生变动,父母家庭的凝聚力就会大大增强,这种凝聚力会帮助成年和已婚的子女依托父母家庭来应对社会环境的变化(比如下岗),这是我们在许多中国城市中已经看到的情况。

另外我们还应注意的是,家庭结构只是一种形式,它可以具有不同(家庭制度)的内容。比如,父系父权的家庭制度下也有核心家庭这样的家庭类型,当已婚的儿子与父母家庭分家,自己独立生活之后,若他们的孩子此时未成年,他们肯定是生活在核心家庭中,但这并不影响已婚的儿子成为这个家庭中的家长。而且,现在中国城市中的绝大多数主干家庭,两代人经济上是独立的,关系上是平等的,男性长者不可能再具有以往家长的权力。这样的主干家庭可视为是一个夫妻家庭(父代)与一个核心家庭(子代)的叠加,因为“分”的可能性是始终存在的。

7.2.2　家庭功能分析的视角

我们真的需要家庭吗?一个世纪前,马克思的挚友恩格斯指出,家庭是社会不平等的最终根源,因为家庭扮演协助权力、财富以及特权移转的角色。近来,冲突理论家主张,家庭导致社会不公、限制女性的机会、过度保障男性,并且限制性自主权以及选择配偶。相对地,功能主义者强调家庭能够满足家庭成员的需求,并维持社会的稳定。互动观则从亲密、面对面的家庭关系来分析家庭。

1.功能主义的分析

社会学家威廉·奥格本(W. F. Ogburn)在1934年就提出家庭有以下六大功能。

(1)生殖:一个社会要持续存在,就必须能够替补死亡的成员。从这个角度来看,家庭通过生殖的功能来维持人类的存续。

(2)保护:与其他物种不同,人类的初生婴儿需要经常的照顾与经济支持。儿童有极长的依赖期,这需要其他较年长的家庭成员的协助。在所有的文化中,都是家庭在担负最终保护与养育儿童的责任。

(3)社会化:双亲以及其他的亲属负责监管小孩的行为,并且传递所处文化的规范、价值观以及语言。

(4)规范性行为:虽然性行为的规范因时因地皆有所不同,然而在一个社会里,不论是哪个家庭都会为合宜的性行为做清楚的定义。

(5)情感交流:理想中的家庭能够提供家人温暖且亲密的关系,并且让家人感到满足与安全。当然,家庭成员也可以从他处获得情感的交流,比如同辈、学校或是职场,也有些人会觉得家里是个不快乐的地方。然而,家庭与其他的社会制度不同,家庭有义务提供家人情感上的需求。每个人都会期望亲人的理解与照顾，当需要他们时，他们总能在身边陪伴。

(6)提供社会地位：家庭提供新生婴儿种族与族群的先赋地位，决定了这名新生儿在社会阶层化体系中的位置。除此之外，家庭的资源多寡也会影响到儿童未来追求某些机会的能力，比如说，高等教育与专业的课程等。

从传统上来说，家庭还可以满足很多其他的功能，包括提供宗教训练、教育以及休闲的渠道。奥格本主张，其他的社会制度渐渐也能提供这些原先是家庭所独具的功能。虽然家庭曾经在一个人的宗教生活中扮演很重要的角色，这些功能现在都转移到教堂、犹太教的会堂以及其他的宗教组织。教育也是一样，以前教育小孩大多在家中进行，但是，现在教育小孩的责任则转移到各级学校。甚至家庭的休闲娱乐功能也部分转移到其他的团体，比如说，小联盟、运动俱乐部以及网络聊天室。

2.冲突论观点①

冲突理论家不认为家庭对社会有稳定的功能，他们反倒认为，家庭反映的是整个社会财富与权力的不平等。女性主义与冲突理论家传统上都主张，家庭维持并合理化了男性的主导与支配权。横跨人类的历史(并涵盖绝大多数的社会)，丈夫在家中都拥有绝对的权力与威望。直到19世纪中期，美国当代的“第一波”女性主义运动兴起，妻子与小孩是丈夫合法财产的历史定位才遭受到挑战。

社会冲突分析方法不再把家庭作为维护社会整体的一种社会组织，而是把它视为社会不平等的一部分。恩格斯认为，家庭是私有制的产物，它本身体现了阶级的分化和不平等，男性拥有压迫剥削妇女的权力。美国社会学家兰道尔·柯林斯指出，男性压迫妇女的权力在婚姻家庭中表现得非常突出，主要表现在两个方面：首先，男性推崇强健有力，注意培养侵犯性的品格，女性则被要求柔弱顺从。在许多社会中妇女被视为一种财产，作为男性社会地位的标志或作为其父母获取财富的手段。其次，在男性统治的社会中，婚姻使他们的性强暴行为合法化，婚姻实质上是社会认可的财产合同，与房屋、土地等没有本质的区别，只不过它涉及的是两性关系，丈夫根据婚姻合同就可以拥有对妻子的性权力。柯林斯强调，随着妇女社会地位的改善和经济上的独立，她们会设法消除在婚姻关系中所受的压迫和剥削。

另外一些社会学家从人际互动的微观角度研究婚姻家庭问题。他们认为，家庭成员之间既有爱也有矛盾，社会冲突是一切社会组织的特征，家庭也不例外。家庭成员通常面临两个相互矛盾的要求，一方面相互竞争，获得权力和地位；另一方面相互合作，分享成功和失败。家庭成员必须学会在日常生活中通过协商来解决问题和处理冲突，才能形成亲密的人际关系。

冲突理论家也认为，家庭是助长社会不公平的经济单位。家庭是一代一代间转移权力、财富以及特权的地方。

---

① [美]戴维·波普诺.社会学.李强，等，译.北京：中国人民大学出版社，2007年10月，第427页.

双亲的社会阶级显著地影响了子女社会化的经验以及他们获得的保障。这意味着，家庭的社会经济地位对子女的营养、健康照顾、居住品质、教育机会以及长大之后的生活机遇，都有很重要及明显的影响。家庭助长了社会的不平等。

3.符号互动分析方法

符号互动主义者强调人际互动必须凭借抽象的语言符号，人们通过语言理解对方行为的意义，调整和控制自己的行为。符号互动理论为理解家庭生活中的复杂人际关系进行了有益的探讨。它关注的是家庭的个体层面以及其他的亲密关系。它从家庭成员的社会角色以及相互之间的人际互动着手，认为任何一个家庭成员社会角色的变化都会引起其他家庭成员社会角色的变化，从而导致家庭互动模式的变化，影响家庭成员之间的人际关系。例如，如果夫妻离婚或一方死亡，家庭生活就失去了一个重要的社会角色，其他家庭成员就会面临危机，需要做出调整。

符号互动分析方法把家庭视为在一定社会关系基础上相互作用、相互影响的家庭人际互动模式，每个家庭成员都是家庭关系的积极构建者，通过沟通、理解和合作共同创造家庭生活，家庭的和谐关系是家庭成员共同努力的结果。每个家庭成员都要根据其他家庭成员的行为和实际情况作出自己的理解和判断，并给予积极的配合。

结构功能分析方法、社会冲突分析方法和符号互动分析方法从三个不同的角度研究分析了家庭关系，虽然各自的见解有比较大的差异，但都为我们理解家庭的本质和特征提供了有益的帮助。

7.2.3 家庭的功能

一般来说，家庭功能包括如下一些方面。

1.生物功能

家庭的生物功能包括性生活的满足和生育两个方面。性行为是人的本能，但它的满足方式却是社会性的。家庭的成立使夫妻之间的性生活建立在合法的基础之上，从而为人的健康发展和社会秩序的稳定提供了基础。

2.抚育功能

在一般家庭中生育子女是一项重要任务，是人类繁衍后代的唯一社会单位。在传统社会，生育子女与家庭和家族的延续连在一起，也与人们的养老期望紧密相关。养育子女不但是一项社会责任，也是人对未来的寄托，而且生育子女有利于家庭的稳定。

3.保障功能

家庭是社会生活的基本单位。未成年儿童、老人和残疾人等大多依靠家庭的供养，这就是家庭的保障功能。通常家庭中只有一部分人或一个人劳动，无偿供养没有劳动能力的家庭成员。家庭在婚姻关系有效期间，如果夫妻任何一方没有工作或无法工作，另一方都有供养的义务。显然，家庭的保障功能会随着时间、地区的不同而变化。现代社会，随着退休金、社会保险和社会福利等社会福利制度的建立，家庭的保障功能逐渐减弱，但仍有部分社会保障功能需要家庭承担。

4.教育功能

家庭是人生的第一课堂,担负着传授社会生活技能、灌输社会价值观念、训练和指导个人等促使个人社会化的重要责任。

5.经济生活功能

家庭的经济功能包括生产和消费。在传统社会中,家庭是基本的生产单位,生产组织与生活组织合一,家庭通过组织生产满足着家庭成员的生存和发展的物质需求。在现代社会中,家庭的生产功能外移,家庭的主要经济功能表现为组织消费。在家庭之外获得收入并组织消费是家庭存在的物质基础。消费功能始终是家庭的重要功能。

6.精神生活功能

在现代社会中家庭作为工作之外人们活动的另一重要场所,发挥着休息和满足家庭成员精神满足的功能。人们的许多心理上、精神上的特殊需要,是在家庭中实现的。

以上是在一般意义上所说的家庭的功能,它们反映了家庭作为初级社会群体的特征。实际上,家庭承担的功能及其方式与社会发展的阶段、家庭的生命周期以及文化等因素有关。

家庭功能受到家庭生命周期的制约,这种制约表现为在家庭生命周期的不同阶段,某些家庭功能会突出显现,但过此阶段又会隐匿或退出。比如,当一个新家庭成立时,生育和随之而来的抚育就是突出显现的功能,但是到了家庭的主要成员(夫妻)步入中年的时候,随着孩子的长大和工作,抚育功能几乎消失,等到夫妻步入老年,赡养又提上了家庭的日程,成为此时家庭的主要功能。

家庭的功能会因国家和社会发展的不同阶段而异。家庭的功能还受到民族文化、社会政策等因素的影响。

7.2.4 我国家庭的现状

家庭既是社会的细胞,同时又是社会及其文化的产物。不同社会、不同文化下,家庭的性质、结构、观念、功能等都是不尽相同的。随着改革开放和社会主义市场经济的发展,我国家庭也出现了同西方家庭变迁某些相似的趋势。这些变化主要表现在以下几个方面。

1.家庭规模趋于缩小

家庭小型化是世界家庭发展的趋势。家庭小型化,给家庭生活带来一些新变化。首先,家庭关系简化,使家庭成员在一定程度上摆脱了大家庭中那种处事要按大小辈分安排等不合理的约束,减少一些可有可无的权利和义务,有较多的时间安排个人的生活、学习、工作、娱乐。其次,家庭成员相互交流的空间和时间增多,每个人在家庭交往中都具有重要的地位。因此,相互之间的感情更容易密切。再次,家庭人口少,家庭生活安排的自由度较大,意见也较容易统一,更便于管理。

2.家庭功能有所变化

家庭功能的变化,一是家庭的消费功能在加强;二是家庭的生育与抚育功能的层次在提高;三是家庭的精神生活功能逐渐增强;四是家庭的事业功能不断扩大。

3.家庭价值观的认识趋向现代化

随着我国家庭从温饱型向小康型过渡,家庭的价值观正越来越多地体现在提供人们心理感情的需要和个人发展完善的需要以及这些需要的满足程度上,这种现象正逐步成为我国家庭未来的大趋势。①

7.3 婚姻与家庭

婚姻是男女双方按照习俗和法律的规定,结为夫妻的一种制度。婚姻制度是家庭的基础,有了婚姻关系才能产生家庭制度。

婚姻,作为个人活动结果的生活实体,其定义可以概括为:持续的性关系+共同生活。作为社会设置的婚姻则是指:①两个人按照社会所要求的契约关系和程序来组建共同生活(当事人的"婚");②双方都与对方原来的家庭结成确定的关系(当事家庭之间的"姻")。因此在社会设置中,当事人的地位、角色、权利、义务是最本质和最重要的,性关系与共同生活则在其次。

下面介绍婚姻家庭的过程研究。

7.3.1 婚姻准备

婚姻准备就是当事人在性、爱情、婚姻三方面持续地社会化与个性化的过程。自己认可了,就会试图建设生活实体,产生实际的结婚行为。符合社会设置的要求,国家就会准予办理法定手续。选择独身也是婚姻准备,只是结果相反。

婚姻准备中最引人关注的问题就是择偶(生活实体意义上的恋爱)。它可以用以下一系列指标群来测度或标定。

(1)择偶动机。

(2)择偶标准(可排序)。

(3)通婚圈半径,即最终择偶的空间范围,常用双方先前长期居住地之间的直线地理距离来标志。

(4)通婚者的般配程度,即通常说的"门当户对"的程度。

(5)择偶的家庭因素,主要考察三方面:当事人对"门当户对"的考虑;原家庭对其择偶活动的参与程度;当事人从属原家庭的程度。

(6)择偶经历,主要考察爱上过、交过朋友、恋爱过以及有过性行为的累计人数。

不同的研究目标还可以增加不同的指标,但要强调的一是动态过程,二是多因素

① 刘豪兴主编.社会学概论.北京:高等教育出版社,2003年7月,第167页.

影响与互动,三是实际结果与现实行为,不应只限于纯粹的观念形态。

7.3.2 结婚

对于结婚,主要考察以下几方面。

(1)结婚行为的具体形式。单纯的婚前性行为、怀孕、同居、举办婚礼、法定登记这几者之间,在时间、意义和自愿程度上都有同有异。这是通常所说"婚姻基础",必须整体化地考察,否则就无法解释:同是试婚,为什么结局却有悲有喜。

(2)结婚投入,即双方(包括其原家庭)投入的情感和资源的总量是多少,双方比例结构如何,在其原有总储存量中又占多少比例,其中最重要的是最后一项。作为社会设置,我国婚姻法认可夫妻将婚前个人财产分立,就是为了解决结婚投入中可能的冲突。

(3)结婚对双方的价值。在研究时,最重要的是要考察双方所认定的结婚价值与原有基本人生观的吻合程度。同时不可忽视性别因素,因为结婚对男女的人生意义显然不同。

7.3.3 婚姻的维系、发展与破裂

尽管可以罗列出无数外界因素的作用,但最终决定婚姻状况的,仍然首先是当事人自己。第一,他(她)必须认定目前婚姻是自己不可或缺的人生价值。第二,他(她)必须肯于和善于为此首先付出。第三,他(她)必须拥有促使对方适当互动的能力。否则,这个人很可能不仅是难于与目前的配偶过好婚姻生活,而且根本就不适于跟任何人结婚。

夫妻关系的协调,可以从共同生活内容方面划分为:感情交流的、性生活的、处理家务的、教养子女的等数十种因素;也可以从双方各自的角度来考察:个性、习惯、期望、能力、忠诚等数十个方面;还可以按"一加一大于二"的思路,研究婚姻内的地位、角色、交往、表演和假象等数十种结构与互动关系。据此,可以建立起众多的婚姻模型、伦理原则或心理疗法。这方面,社会学已是硕果累累。

婚姻总是处于特定社会环境中,因此,社会学从经济活动、文化素质、居住条件、闲暇时间的利用、姻亲关系等方面,大量研究了社会与个人的关系和作用。分层、流动、代际差异、社会化程度等等因素对婚姻的作用,更是社会学的"家珍"。

中国正处于急剧转型期,婚姻领域的悲喜剧也大多来源于转型中的不适应,大致有以下几种情况。

1.婚内两性地位与角色在变化

不仅很多丈夫,而且许多妻子也不能适应婚内两性地位与角色的变化。因"事业家庭双肩挑"而苦恼而争论。"阴盛阳衰"已经常常直指夫妻关系了。这对于夫妻双方的个性特征、坚持自我意愿的决心与能力、对人格尊严的珍惜程度、首先主动让步的能力等诸多因素,都造成了悄悄的但深远的变化。传统婚姻的"和和美美"是以"夫唱妇随"为根据的,现在却不得不转向交换、互动、妥协等陌生的行为方式。因此,就

连许多在其他方面相当自立的女性和相当宽容的男性，也还不大明白这种婚姻生活该怎么过。

2.夫妻共同生活目标更难于建立

传统婚姻有一个天然的共同目标：过日子。它常常既是最低要求又是最高理想。现在，即使部分农民也开始经历家与业在时空和价值上的分离。尤其夫妻双方在家是“劳燕双归”，在外是“各有洞天”，对生活的价值取向不仅变得更加多元，而且常常难于排序。因此除了像怀孕和哺乳这类特殊时期外，夫妻共建一个值得双方主动彻底投入的目标就较难了。

3.婚姻目标日益浪漫化

大多数中国夫妻都有过极浪漫的婚姻憧憬，但又都一步步地现实起来，最终才能结得成婚。因此民间传统认为，越现实的婚姻越保险，越保险就应该越现实。但现在社会与个人都在转型，客观上开始需要婚后再一步步地浪漫起来，才能靠内聚力来抵御外界可能的危害。许多夫妻把时序倒了，形成“婚前要死要活，婚后不死不活”。更多的夫妻则是还没学会创造浪漫。

4.婚姻质量

婚姻质量可以分成三种主观满意度：对配偶的、对双方共同生活状况的以及与假想的“第三者”做比较的。它们一般根据主诉情况来做定比的或定序的判定，也可以直接填答，还可以求出婚前期望值与婚后实现值之间的正负差异。从世纪之交的一些大规模社会调查的发现来推论，中国城乡夫妻主诉的婚姻满意度相当高，自认很满意或比较满意的人一般都占到大多数。这种状况反映出中国夫妻已开始认识到上述变化及其问题，正在努力协调和发展自己。

离婚以及离婚后的生活形态也存在着生活实体（分居、遗弃等）与社会设置（办理法定手续）之间的运行。有些婚姻已破裂者不愿或无法正式离婚，有些离婚者却仍有婚姻实体。

据世纪之交的大规模社会调查推论，中国离婚者的主诉原因以性格不合为最多。实际情况则是双方缺乏感情交流或者关系协调不好，其中又以欠缺理解、体贴与尊重最为常见。其他的离婚原因至少还有经济矛盾（分配或赡养等）、生活方式、用情不专等等，但这些往往是第一主诉原因的派生物或添加剂。对已有离婚想法的人来说，主诉的最常见的阻止因素是顾及子女、舆论、对原父母家庭的影响、再婚可能性等等；也有的是由于找到了某种婚姻生活的替代物，如事业、教养子女、婚外情等等。

离婚者所最不易承受的后果，表面上涉及孤独、经济损失、离开子女、名声不好等等，但最深刻的是心理挫折。他们常常认为离婚是自己整个人生的失败，很可能陷入应激或自我防御的不良心理状况中，进而产生严重悲剧或再婚障碍。反过来，明智的协议离婚则可避免之。①

---

① 郑杭生主编.社会学概论新修.北京：中国人民大学出版社，2003年1月，第173～176页.

本章小结

(1)家庭是个历史范畴,它的产生和发展受到物质生产和人类繁衍的影响。

(2)家庭是两个以上的人具有婚姻、血缘或收养关系,并长期共同生活的群体,是人类进行自身再生产的单位。

(3)根据家庭代际层次和亲属关系,可把家庭划分为核心家庭、扩大家庭等类型。

(4)家庭功能的研究,通常采用结构功能分析方法、社会冲突分析方法和符号互动分析方法。

(5)家庭是社会最重要、最基本的社会组织形式,它的主要社会功能包括:生物功能、抚育功能、保障功能、教育功能、经济生活功能和精神生活功能等。

(6)社会现代化带来家庭结构和关系的变迁。在家庭的联系上,更加注重家庭成员之间的相互关注和爱;在家庭的形式上,具有小型化和核心化的发展态势。

(7)婚姻家庭的过程包括婚姻准备、结婚、婚姻的维系与破裂。

思考题

1.家庭形成的条件有哪些?

2.家庭的性质是什么?

3.家庭的基本结构有哪些?它们各自有何特点?

4.家庭的基本功能有哪些?

5.家庭功能分析的视角有哪些?

6.婚姻过程有哪些主要环节?

8

群体与组织

学习目标

通过本章的学习，使学生了解社会群体和组织的基本内涵、特征和分类，了解初级社会群体的内涵、特征和功能，掌握组织管理的理论以及管理过程中所产生的问题。并能正确认识我国社会转型期初级群体变化的趋势和中国单位组织的变革。

本章知识点

(1)群体的要素。
(2)群体的类型。
(3)组织的特征。
(4)组织的管理。

美国的非营利组织①

在美国，人们通常把社会上所有的单位部门划分为三类：第一类是政府或政府系

① 孙倩. 美国的非营利组织. 社会. 2003年，第七期，第49页.

统的部门;第二类是如公司、企业等的营利部门;第三类是非营利部门即那些不以营利为目的的组织。人们也常常用另外一些称谓如非政府组织、公民社会组织、第三部门、志愿组织或公益组织等来指涉它们,这些不同的名称都强调了这类组织某一方面的特征。

美国的非营利组织主要包括学术研究机构、教育培训机构、医疗保健机构、专业协会、教会、工会、商会、体育组织、文化娱乐组织、青年组织、老年公民组织、民间基金会、公益性团体、慈善机构等。哈佛大学、普林斯顿大学、美国红十字会、洛克菲勒基金会、大都会艺术博物馆、纽约交响乐团、全球救助合作社、环境保护基金、美国商会等,都是比较典型的非营利组织。

美国的非营利机构,数量庞大,经济实力雄厚,社会影响广泛,从业人员众多。据统计,1998 年美国登记在册的非营利组织达 160 多万个,约占美国各类组织的 6%,平均每 12 个就业人员中就有 1 人在非营利组织工作,其财产总额达 2 万亿美元,年收入为 1 万亿美元。在文化教育、医疗卫生、妇女与儿童权益保护、老年人服务、消除贫困、就业、移民、环保、预防犯罪、社区改造、帮助少数族裔等方面,非营利机构都发挥着十分重要的作用,是政府机构和其他组织无法替代的。作为社会组织的主要部分,非营利组织已经与政府、企业渐成三足鼎立之势。美国约翰·霍普金斯大学教授萨勒蒙(或译萨拉蒙)将这一现象描述为"全球结社革命",对此他甚至不惜用一些激赏之词予以评价之:"20 世纪末出现的这场革命所具有的社会和政治意义,有可能会同 19 世纪民族国家的崛起相媲美。"

人的本质属性是其社会性,群体生活是这种社会性的直接表现。群体作为个人与社会之间的桥梁,对于个人的发展和社会的运行都有重要意义。群体是人类生存的普遍形态,家庭、组织是群体的不同形式,社区、阶层则是群体在空间上的展开和组合,而社会是一种特殊的、发展到高级阶段的群体形态。

8.1 社会群体

8.1.1 什么是社会群体

群体生活是人类生活的基本特征,自人类社会产生以来,人们就在相互交往中形成了众多的社会群体。人类社会的所有成就和变迁,都不是孤立的个人所制造的,而是各种个人组合的内部的相互协调或冲突斗争的结果。似乎个人可以做许多事情,其实个人做任何事情都处在一定的与他人的组合之中。人的社会性特征不是随意获得的,而是在社会生活中通过不同群体的阶梯逐步实现的。人的行为也不是任意发生的,一切社会行为都是发生在不断组合或重新组合的群体中。人类活动的基本单位和具体单位,就是这样或那样的个人组合,即群体。社会群体有广义和狭义之分,从广义而言,社会群体包括社会组织,指人类一切社会共同体。从狭义而言,社会群体仅指那些通过直接的社会联系和心理沟通所结成的社会共同体,包括家庭、邻里、工作班组和各种小团体。

所谓社会群体是指人们通过社会互动和社会关系而建立起来的组合体。

社会群体是一个人群。一个人类群体,是若干个人的一种有机组合形式。它既同社会和个人相区别,又介于社会和个人之间,并且是联系二者的中介。群体有着非常广泛的外延,因此,很难对其确定一个明确的边界。一般来说,二人以上的组合体,就可视为群体。

群体是一种人群组合现象,但并不是任意集中在一起的一些个人都可以称为群体。群体和人群既有区别又有联系。

人群,是人们日常生活中经常使用的一个概念,也是社会学研究的一个范畴。人们通常讲的人群,主要包括两大类:一是偶发聚集体,二是社会类属。所谓偶发聚集体,一般是指同一时空内临时聚合的人群。如列车上的旅客,电影院里的观众。所谓社会类属,一般是指一些具有统计学意义上的某种共同或类似特征的人群类别。如按年龄区分的儿童、青年、中年、老年等等。

严格地讲,偶发聚集体和社会类属均不是社会学理论上的社会群体。因为群体不是简单的个人堆积,而是有机的排列、组合。

因此,群体的有机结合性所反映出来的群体特征或要素主要有以下几点。

1.群体成员之间保持相对稳定和持久的人际互动

群体成员之间的互动是形成群体的基础,如果成员之间缺乏人际互动,就只能是一个聚集体,无法形成群体。群体成员之间的互动通常比较长久,在反复互动中形成特定的行为模式。群体结构和规范的形成都依赖群体成员之间稳定持久的人际互动。

2.群体成员具有共同的行为模式

群体成员在互动过程中相互依赖、相互影响,逐渐形成共同的行为模式。成员在群体活动中可以迅速有效地对其他成员的行为作出反应,并通过群体特有的互动方式要求其他成员配合。每一成员都了解其他成员对自己的期待和要求,并且能够积极有效地与其他成员配合,形成一致的群体行为。

3.群体具有明确的结构和规范

群体成员之间的互动具有一定的结构,成员在群体活动中按照一定的等级秩序确定自己的地位,在群体内部形成一种相互合作、相互依赖的地位角色关系。每个成员根据自己所处的群体地位要求的行为模式与其他成员互动,对违反群体规范的成员,群体会给予必要的惩罚,而那些遵守群体规范的成员则会得到一定的奖励。

4.群体成员具有明确一致的群体意识

群体要求成员在群体活动中保持一致并以此与群体外成员区别开来,这些独特的群体活动特征使成员能够明确区分群体内成员和群体外成员,并把本群体视为一个整体,形成一致的群体意识。群体意识的形成不仅依赖于群体内成员之间的互动,还与群体外的成员有关。当群体外的成员也把该群体视为一个整体时,群体成员的群体意识就会非常牢固和稳定。

简单地说,群体在成员之间表现为持久稳定的人际互动,在整体上具有明确的结构和规范。①

8.1.2 群体的类型

社会学家根据自己的研究需要把群体分为不同的类型。常见的标准有以下几种。

1.初级群体和次级群体

初级群体(primary group)和次级群体(secondary group)的划分是最常见的一种分类,它主要是为了考察群体成员内部的人际互动、人际关系及其对成员人格发展的影响。库利在其《社会组织》一书中对初级群体作了具体的描述,他认为初级群体"具有亲密的面对面交往和合作等特征。这些群体之所以称为初级,其意义是多方面的,但主要是指它们对于个人的社会性和个人理想的形成是基本的"。家庭、同龄群体、邻里是初级群体的主要形式。

初级群体具有以下一些突出的特征。

第一,初级群体的互动具有直接的、面对面的特点,互动的频率较高,时间较长。这种互动方式决定了初级群体成员之间的人际关系比较密切,成员的情感投入比较高,成员可以在互动中满足多方面的需要。

第二,成员在初级群体的互动中扮演多种角色,表现了全部个性。在初级群体中,成员间并没有明确、严格的分工,不可能仅仅保持一种角色关系。这也正是初级群体形成的一个标志,即由一种角色关系转变为多种角色关系。在家庭中,父母既是长辈又充当着子女的教师与朋友。

第三,初级群体通常可以满足成员多方面的需要,如尊重、关心、爱和支持等。在初级群体活动中成员可以建立亲密的情感联系,他们互相关心、互相爱护,遇到困难时互相支持、互相帮助,形成一种强烈的群体归属感。

第四,初级群体可以调节个人与社会的关系,成为个人与社会加强联系的桥梁或缓冲地带。

从初级群体的特征可以看出,初级群体是个人理想和人格形成的基础,它对人的一生具有很大的影响,"它是人性的养育所"。概括起来说,初级群体是指由面对面的直接互动形成的,具有多方面的亲密人际关系,并对个人人格的形成和发展起着基本作用的社会群体。

与初级群体相对的是次级群体。次级群体通常不是自然形成的,而是根据特定的目的人为组建而成的。成员之间的人际关系也与初级群体不同,它不是建立在相

---

① 张友琴等编著.社会学概论.北京:科学出版社,2000年9月,第179页.

互吸引的个人关系基础上,而是以非个人的强制性关系为条件。次级群体的主要形式就是工厂、机关、学校、军队,是一个人进入社会后所必须加入的群体。在现代化程度较高的社会里,次级群体对个人的影响变得越来越重要。

次级群体通常具有以下几个特征。

第一、成员通常承担一个或几个角色,成员的个人情感常常被排斥在群体活动之外。由于次级群体是为了达到特定的目的而建立起来的,它强调理性,成员之间的关系表现为非个人的强制联系,成员的行为被严格地限制在这种为实现目标而建立的群体结构中,形成一定的社会地位角色网络,成员的任何其他想法和感受都被排斥在群体活动之外。

第二,成员参与群体活动的程度有限,群体对个人人格的影响也局限在一定的范围。在次级群体活动中,成员只扮演一个或几个相关的角色,因而只在一定程度和范围内参与群体活动。

第三,次级群体强调非个人、非情感的人际关系,要求成员在群体活动中必须用理智控制自己的行为。非个人的理智型人际关系决定了次级群体只能采用奖励或惩罚手段来评价成员的工作,无法满足成员的多种情感需要。

第四,次级群体的成员以间接互动为主。在次级群体活动中,成员主要通过间接互动的方式相互影响,成员之间的互动不频繁,群体存在的时间通常比较短,一旦群体的任务完成了,群体就会自动解散。因而成员之间的人际关系比较淡漠。

2.内群体和外群体

内群体(in-group)和外群体(out-group)划分的标准主要是群体对成员的影响。这个概念最早是由美国社会学家 W.萨姆纳提出的,他认为每个人都会从自己的角度划分群体,把自己所属或感到所属的群体称为内群体,把不属于或感到不属于的群体称为外群体。人们在日常语言中会用"我们"代表内群体,用"你们"或"他们"代表外群体。成员会认同自己的内群体,主动接受内群体的影响;相反,对于外群体,成员通常会保持审慎的态度,甚至回避、对抗和排斥。

凡是成员感到自己与群体关系密切,对群体的归属感强的群体就是内群体。成员把自己视为内群体的一分子,以内群体成员的态度和身份与同一群体的人交往,并表示出与外群体成员的区别。内群体中的人会产生一种同类意识,成员通常会以团结忠诚的态度积极承担群体的责任,把自己视为内群体的一部分,努力建立亲密合作的群体关系,通过群体活动获得某种形式的情感满足。

外群体,是与内群体相对应的一个概念,指凡是自己没有加入的由他人组成的或这群人与自己无关的群体。人们对外群体通常表现出冷漠、轻视或有偏见,缺乏忠诚、热情和合作精神。

内群体和外群体的区别还有一些外在形式上的表现,如内群体成员有时会使用本群体的语言,有意地与其他群体区别开来;有的群体还有特殊的徽章和服饰,通过这些标志使人们注意到他们所属的群体。

内群体与外群体的划分，是以群体成员的主观态度为标准的，是一种准群体的划分方式。

成员都努力认同内群体，尽量区别于外群体，但事实上，外群体总是以各种不同的方式影响着内群体，尤其是当内群体与外群体之间出现矛盾冲突时，外群体的影响更为突出，此时成员对自己身份的确认以及对内群体的认同都与和外群体的冲突和对抗相关。冲突越剧烈，成员就越能感到外群体的压力，就越具有内群体的特征。

3.参照群体

参照群体(reference group)是社会学家考察社会成员的价值观、信仰和行为规范等形成过程的重要依据。参照群体也称标准群体，一种实际存在的或想象存在的，可作为个体判断事物的依据或作为行为的楷模。美国社会学者希曼(Herbert Hyman)在1942年最早提出这一概念，是指一个人没有加入但又按照其价值规范来评价与指导自己的行为的群体。不同的社会群体会对成员产生不同的影响，那些被社会成员视为理想形象的群体称为参照群体。参照群体在帮助成员形成信仰、态度、价值观和人格等方面有着特殊重要的意义，它为成员提供了社会身份感、观察他人的角度和标准以及处理事情的方式等。参照群体是成员自愿加入的群体，成员自觉地把自己的行为与参照群体的标准相比较，以参照群体的规范指导自己的行为。有时参照群体与成员所在的群体不一致，如果参照群体的规范和标准与成员所属的群体差异比较大，成员就会觉得受到了剥夺和压抑，这是产生社会对抗和集体行为的重要因素。

参照群体具有两方面的重要作用，一是价值规范功能，二是对照比较功能。价值规范功能是指成员通常把参照群体的规范视为自己行为的标准，努力培养与参照群体一致的信仰、价值观和态度，甚至爱好习惯等等。对照比较功能是指成员把参照群体的状况与自己对照和比较，以此来评价自己的地位、品格、智力以及受欢迎的程度等等。当然，参照群体这两方面的功能是相互联系的。

参照群体在现代社会生活中是十分必要的。由于生活的节奏变得越来越快，我们每个人的生活都会涉及许多群体，参照群体能够为我们提供基本的价值观和行为规范，以避免生活变动带来的心理困惑和冲突。①

8.1.3 群体的规模

每个群体都是由一定数目的成员构成的，这是群体结构的基本要素。随着群体规模的扩大，群体成员的互动关系也会发生变化，出现不同的特征，同时群体对成员的影响方式也会有所不同。社会学产生初期，社会学家往往从宏观角度研究社会，使用概念往往是指小群体。在资本主义初期，社会中巨型集团的冲突频繁，人们重视社会危机的研究，资本主义后期，则开始注重人际关系，研究小群体问题，研究资本主义的组织制度、管理与小群体的关系。小群体是人们日常生活中接触最多的群体，如学

---

① 张友琴等编著.社会学概论.北京:科学出版社,2000年9月,第180~184页.

校和工厂车间的班组、连队的班、公司里的小组、机关里的科室。每个大群体均是由小群体构成的，人在一个群体中的互动主要是与小群体的成员之间的互动，小群体对人的心理状态、价值观念、情感交流有直接的影响。小群体中的人际关系直接影响到成员的凝聚力与积极性。而从研究角度讲，美国社会学家西奥多·M.米尔斯认为，小群体是更一般的社会系统，它不仅是微观系统，而且基本上是大社会的缩影。它们微观地反映了社会的许多特征，社会学者发现，群体的规模与群体的许多因素相关。群体规模对群体成员的关系、决策、参与等有直接的影响。

三人组合的群体要比二人组合稳定，其中一人可以协调其他两人的关系。社会学家齐美尔对三人组合进行了深入的分析，他认为第三者在三人组合群体中扮演着非常重要的角色，主要有以下四种类型。

第一，中间人。所谓中间人是指第三者是连接其他两人关系的基础，其他两人依赖与中间人的共同关系而相互影响。有时这两人完全通过第三者互动，有时也可以彼此直接接触。虽然中间人起到连接其他两人的作用，但并不解决其他两人之间的冲突。

第二，仲裁者。仲裁者的角色与中间人不同，中间人没有权力判定其他两人的对错，必须由他们自己达成协议。当两人无法达成一致意见时，就要靠仲裁者来解决冲突。

第三，渔利者。渔利者是指第三者利用其他两人之间的矛盾和冲突来获取自己的利益。渔利者可以通过支持冲突双方中的任何一方对冲突双方施加压力，以获得自己的最大利益。

第四，分裂者和征服者。分裂者和征服者的角色与渔利者有些类似，但不完全相同。分裂者和征服者不仅利用双方的冲突，而且故意激化冲突双方的矛盾来为自己的利益服务。

群体成员的关系不仅限于二人组合和三人组合，每增加一个成员，群体的关系就会复杂很多。沙波特曾提出一个用来计算群体成员数与群体人际关系的公式，即 $X = N(N-1)/2$。X 代表群体的人际关系数目，N 代表群体成员的数目。由公式可得，由两人组成群体时，群体的人际关系为 1；由三人组成群体时，群体的人际关系变为 3；如果群体增加到四人，群体的人际关系就为 6。由此可见，随着群体规模的扩大，群体的人际关系会迅速增加，成员之间的联系就会减弱。

群体保持多大规模最有利于群体任务的完成呢？对小群体的研究表明，五人组成的小群体最为有效。因为五人群体中每个成员都有机会自由地发表意见，有分歧时不会出现两种意见势均力敌的现象，少数派也不至于完全孤立。另外，五人群体中成员之间的交往机会较多，可以互相关心、相互支持，并尽量满足每个成员的要求，成员可以从群体的人际关系中获得较大的满足。

群体规模的扩大会使成员之间的交往机会减少，成员的群体参与感下降。相对于小群体来说，大群体中成员发表意见的机会较少，成员之间的交流不够充分，意见较分散,不易形成一致的决定,决定后执行的速度也比较慢,很难充分满足每个成员的需要。

8.2 社会组织

次级群体的表现形式是社会组织。在高度组织化的现代社会,以次级群体为基础的大型正式组织主宰着人们的生活,社会组织已成为人们全部社会生活领域中占主导地位的群体形式。可以说,没有社会组织就没有人类社会的有序的生活。如果说每一个人在家庭中度过一生中 2/3 的时间,那么在组织中则要生活 1/3 的时间。如果说家庭是社会的细胞,那么组织则是构成现代社会的基础结构。

8.2.1 组织的涵义和要素

人类最初建立的组织(organization),是为了生存的目的,用它来抵御自然界的危害和抗衡来自社会的竞争,以免自己处于不利的地位,以保护自己的利益或能够获得利益。在传统社会中组织的范围有限,主要是政府机构和军队,而随着社会分工的发展,组织的结构越来越严谨,作用越来越大。正式组织的发育是在两个层面上展开的。第一层次是社会分工中出现了为了特定目标而设立的群体。生产活动逐渐为工厂所取代,教育任务由学校承担,人与人的纠纷到法庭去解决。第二层次是在组织内部,当必须协调许多人的努力去完成任何常规的和相对固定的工作时,形成了不同的部门、不同的专业,使组织成员的专业技能延伸和扩展,各自负责起特定的任务。

可见,组织是为达到特定目标而有意识建立起来的社会群体。组织的结构要素如下。

1.特定的目标

目标是组织的灵魂。组织的目标是组织成员共同认可的努力方向,目标代表着一个组织的性质和存在的理由,体现了组织存在的价值和理想,代表了组织活动的宗旨。目标是组织建立的原因,是成员之所以要加入组织的根据。没有目标的组织是没有的,当目标消失时,组织也会解体。同时,组织的目标也是这一组织与其他组织相区别的标志,每一个组织都有特定的目标体系。

2.有一批稳定的成员

任何社会组织都是由一定数量的成员组织起来的,这是组织能够存在和建立的基本条件。成员是组织的物质基础。不同的组织类型,对成员的选择要求是不同的,成员加入和退出组织都需要履行一定的手续。组织对成员的要求相对稳定,但组织的成员不是固定不变的,随着组织发展的需要与成员个人状况的变化会不断地更替。组织成员要对整个组织而不是个人显示忠诚。

3.有明确的组织章程

组织成员的活动要按一定的组织规章与程序进行。正式组织的章程往往是用书面的形式(包括规章、纪律、程序、内部细则等)固定下来的,以保证在高度分工的组织中，成员的行动能够相互配合，完成组织目标。

组织的章程包括以下三个方面的内容。

第一，取得组织成员资格的章程。正式组织具有明确的边界和标准，并不是可以任意进出的。成员资格的取得有一定的条件和要求，并且通过正式批准成员资格的仪式，如宣誓和保证，以增强其对组织价值观的认同和对组织的忠诚观念。

第二，规定组织成员相互之间关系的章程。每一个组织成员都清楚地知道自己位置上的职责与权利，也清楚地知道与工作相关的其他成员的职责与权利，知道何时、何地、通过何人进行协作。

第三，维持组织活动进行的章程。正式组织通常有一个对其成员进行培训的过程，组织规章是组织对其成员社会化的依据，通过社会化，新成员把组织的价值观和规范内化于自我之中，并学会了如何履行指定给自己的责任。在组织社会化过程中，新成员逐渐把自己与组织联系起来，由“学徒身份”过渡到正式成员的角色。正式组织有鲜明的规范，特别是纪律，对破坏规章者施加压力给予明确制裁。对遵守规章者给予认同和保护。为了使规章有人服从，组织把决议集中，把执行分散，授权负责和节省监督成本，规章代替了监督人的命令，以提高组织活动的效率。

4.清晰的管理结构与协调机制

管理结构是指组织内部各个部门之间有稳定的关系模式，各个岗位有清楚的职责、权利，有明确的指挥体系。组织的成员都有明确的分工，每一个成员的活动都被限制在特定的领域，完成特定的小目标和小任务，下级服从上级的管理命令。协调机制是指组织内部各个部分相互之间的一种稳定的联系与整合的力量。协调许多个体去完成共同的任务，是组织的一个基本特征。不管是什么类型的组织，每一个组织都必须协调其成员的行为，以达到其目标。①

5.物质基础

任何组织的运行都需要一定的物质基础，这包括资金、设备、活动场所等。不同的社会组织对物质基础的要求不同，不同的社会发展状况给社会组织提供了不同的物质基础。

8.2.2 社会组织的类型

社会组织是多种多样的，可以根据不同的标准，对庞大复杂的社会组织划分为如下类型。

1.互惠组织、服务组织和公益组织

美国社会学家布劳(Peter M. Blau)和斯考特(W. Richard Scott)按照组织的受益者与功能把组织分为三类。

第一类是互惠组织，这类组织的目标是使组织的所有成员都受益，这种组织成员

---

① 朱力等著.社会学原理.北京:社会科学文献出版社,2003年9月,第173~174页.

由兴趣而结合在一起，参与程度高低，参与多寡，对于组织权力的获得有极大的关系和影响。如工会、教会、党派、俱乐部等。

第二类是服务组织，以服务为主，对受惠者提供良好服务。服务组织的目标是使组织以外的，直接与组织接触的特定的一些人受益，以服务的对象为中心。如医院、学校、律师事务所等。

第三类组织是公益组织，它的受益者不仅限于直接与组织接触的人，也包括那些不与组织接触的大众。如政府机构等。

2.经济组织、权力组织、整合组织和维护文化模式的组织

按照开放机制和目标可把社会组织分为经济组织、权力组织、整合组织和维护文化模式的组织。这种分类的代表人物是美国社会学家帕森斯（Talcott Parsons）。

经济组织，即进行生产的组织，这类组织的典型是实业公司。

权力组织，它是保证社会实现其整体的目标。主要是指政府机构。

整合组织，它涉及调解冲突和达到社会的各部分彼此良好的配合，如法院等。

维护文化模式的组织，这类组织是指那些具有“文化”、“教育”功能的组织，如教会、学校。

3.规范型组织、强制型组织和功利型组织

根据组织协作系统可把组织分为规范型组织、强制型组织和功利型组织。这种分类的代表人物是美国社会学家埃斯欧尼（Amitai Etzionni）。

第一类是规范型组织，加入组织的成员将组织的目标作为自己的目标，它是人们基于个人兴趣与志愿参加的，并可以随时退出，例如社交俱乐部、政党、职业协会、志愿者协会等。

第二类是强制型组织，主要依赖实际的或潜在的物质性力量来确保组织控制之下的成员服从。它的成员是被迫加入组织的，如监狱、军队、学校等。

第三类是功利型组织，主要通过金钱和物质报酬对成员进行控制的组织。人们加人这类组织是为了从组织那里受惠，如商业公司。

4.政府组织、营利组织和非营利组织

政府组织、营利组织和非营利组织三大类分别是政治领域、经济领域和社会领域的主要组织形式。非营利组织（non-profit organization）是指组织的目标是非功利性的，是以帮助社会弱势群体或以社会公益为目标的组织。非营利组织的集合也称为第三部门（third sector），按提出者 T.列维（Levitt）等人的定义，即非公非私的，既不是国家机构，也不是企业的第三类组织。

5.我国的习惯分类方法

以产业为标准，分三类组织：第一产业组织，指农业、石油类等组织形式；第二产业组织，指工业（制造业、电力、煤气）和建筑业等；第三产业组织，包括流通部门与服务部门两类。

以组织结构编制的性质可分为三类：国家机关编制的组织，包括国家权力、行政、

司法机关的组织,各级各类党派组织及人民团体等;国家事业编制组织,指为国家创造和改善生产条件,促进社会福利,满足人们文化、卫生等需要,其经费实行预算拨款制的国家事业编制;国家企业编制组织,指直接从事工农业生产、交通运输和商业流通等活动,其产生的价值可用货币表现的相对独立的经济实体。

另外,在我国还有政治组织、经济组织和文化组织等多种分类。随着社会改革的不断深入,我国的组织形态也发生了巨大的变化。

8.2.3 社会组织的管理

社会组织的管理是一个复杂而普遍的人类系统工程。组织的管理与社会工业化有着直接密切的联系。组织管理是指运用权威来协调组织内部的人力、物力以实现组织目标的活动。管理者的基本目的是寻求内部秩序与外部环境的均衡和发展。

纵观整个管理的历史,可以划分出以下两种主要的管理方式。

1.家长制

在组织管理的历史上最早出现的是家长制,它产生于农业社会,是小农经济的产物,它与初级社会群体有着十分密切的关系。它是建立在下级对上级的个人效忠、服从和信赖基础上的组织管理方式,是与封建家庭制度相似的管理制度,也是前资本主义阶段比较普遍的管理方式。

家长制作为一种组织管理方式有如下特点:第一,组织管理的权力高度集中于组织最上层,不向下分权。一般情况下,这种组织的规模较小,组织的最高管理者作为创始人,或者以最高领导人自居,而独揽大权。第二,最高领导人和管理者基本上凭个人经验进行管理。在这种组织中缺乏科学管理思想,领导人的人生经验、工作经验成为其决策的重要参考依据。第三,管理行为有较大的随意性。最高管理者个人的情感、好恶常常对组织的活动发生重要影响。第四,组织的领导人把组织当作自己的私人领地,不容别人干涉。第五,组织中缺乏严格的办事规则,没有明确的组织规范,或者正式规定的组织规则形同虚设,组织中基本上是人治。

由于组织中的权力掌握在极少数上层人手中,大多数组织成员只有执行命令的义务而没有过问组织事务的权利,所以家长制会极大地抑制组织成员的积极性和责任意识,不利于充分动员组织资源去实现组织目标。在组织中的高层领导实行人治的情况下,下属常常会视上层的情绪、好恶而行事,缺乏科学的办事规则,会造成对组织的伤害。还有,家长制培育奴性、抑制组织成员的创造精神,常常使得组织守旧,不适应外部复杂多变的环境,也不利于组织的顺利发展。

家长制管理方式适合于小规模的组织结构、分工不发达的传统社会。管理的好坏取决于个人的经验和素质。因此,这种管理方式局限性很大。随着社会生产力的发展,家长制不再适应现代社会的发展,它逐渐被一种新的管理方式——科层制所取代。

2.科层制

科层制是17到18世纪工业革命的产物。特别是第二次世界大战后,社会生产力迅速发展,社会分工日益细化,组织结构日益庞大和复杂,必须以正式组织这种高效率的组织形式才能完成日益繁重的组织目标,这时,科层制组织才得以迅速普遍化。可以说20世纪的西方社会是科层制的时代。

1)科层制的主要内容

德国社会学家韦伯(Max weber)认为科层制是协调许多个体工作去完成大规模任务的组织。他认为现代社会的人更多以逻辑和效率的要求为动力。现代科层制组织是有意识地创造出来的,是为了实现一些宏伟目标的合理手段。韦伯用所谓的“理想型”(ideal type)的概念的原型来分析科层制组织的结构。

综合以韦伯为主的社会学者对科层制的概括,主要有以下几个特征。

第一,明确的分工,工作的专业化。在科层制中明确的劳动分工规定了各种职位的具体责任和权力,并把这些权力和责任作为正式职位而使之合法化。

第二,有职权等级的权威。科层组织都有固定的等级制度,每一级都在更高一级的控制监督下,组织结构的形状像金字塔。职位权力遵循层序的原则,即下一级职务接受上一级职务的管理和监督。这种原则是为了实行大规模的责任制和协作的需要。

第三,稳定的规章程序。组织中的任何成员都要严格遵循一套抽象的规章制度,这有助于组织各部门协调一致。规章制度是科层组织的管理基础也是最高权威,有利于公平合理、平等对待一切人和事。

第四,不徇私情。在处理公务时,将私人关系和公务关系严格分清。成员必须按规则办事,本着严肃而非人格化的精神,不掺杂个人的好恶爱憎,不带有情感去按章程办事。

第五,普遍性的标准。科层制招聘人员,按技术资格量才录用,并需要经过专门训练,而且承担某一职务的人员应保证其工作的长期性和稳定性。科层组织的成就主要取决于已获得的特征,而不是像种族、家庭背景这类先赋的特征。雇员受雇是他们的能力,这是由普遍的标准来评定的,并根据其功绩和资历来晋升和提薪。这样的规章制度是为了保护其成员,避免被任意解雇和任人唯亲。

2)科层制的功能及弊端

韦伯的科层制是资本主义社会理性化的理想模式,也成为分析西方社会和现代社会组织的重要概念和模式,甚至它也成为现代组织发展的理论模型。韦伯认为,科层制是理想型的组织结构和管理模式,依照科层制原则组织起来的机构是合理的,这种合理性表现为它能体现组织追求高效率的目标。通过对科层制特征的分析可以发现,科层制在保证其成员行为的准确性、稳定性和可靠性方面优于其他管理方式。

科层制也有负功能。其原因如下。

第一,社会学家默顿认为,严格的纪律、繁琐的规则使组织成员只照章办事,形成“官僚主义人格”,他们有时忘记组织的目标,甚至把规则当作目标从而发生目标置换现象。

第二,由于组织按专才选用人员,所以当那些专家遇到规则未能涉及的问题时可能会束手无策,从而产生“训练出来的无能”的现象。

第三,组织中严格的分层及权力的明确划分使上下级之间的沟通变得繁琐。在下级遇到新情况时会因层层向上请示而可能贻误时机。

第四,事本主义原则把组织成员限制在工作范围内,缺乏感情沟通,久而久之会影响其积极性。①

对于科层制所可能引起的非人格倾向的负面影响,韦伯也有所注意,但他对科层制可能产生的更多的消极后果认识不足。科层制与社会现实之间的差距常常成为人们对它的攻击之处,这些批评、质疑使组织理论不断得到丰富。在现代社会中,科层制面临内部危机,即个人的需要、目标与组织的需要和目标相对立时感到束手无策,同样在面临外部环境发生变化的情况下无法应变。因此,有学者预言科层制体系将在不久的未来崩溃。

8.2.4 中国的单位组织

1.中国的单位组织的特点

20世纪80年代初美国社会学家华尔德(Walder, A.G.)关于中国国营企业的研究开创了单位组织和单位制度研究。此后,中国学者在这方面做了较为深入的研究。

单位制度是中国在20世纪50年代以后实行的、以企事业组织为单位、承担政府的社会分工目标并对其成员进行全面管理的制度,执行这种制度的企事业组织被称为单位组织,简称单位。单位制度是国家对社会进行管理并推动其运行的一套制度,靠着这一制度,全国成为一个以中央政府为最高权威的特大的组织体系,单位组织则是具有相对独立的职能、向上负责,并对其成员进行行政管理的部门。对个人来说,只有在某种身份基础上进入某一单位,才能具体地实现自己的社会地位,如获得某种福利保障、从事社会活动、与他人建立联系,其地位才具有现实性和合法性。

单位组织有如下特征。

第一,功能的全面性。我国的各类组织,不仅仅是一个职业群体或劳动工作场所,承担着劳动集体的生产、工作功能,而且还承担着政党、政府、群众团体、社区、家庭的功能,因而对每一个社会成员来说,组织既是经济中心,也是政治、社交、生活、福利中心,满足他们的多种需要。

第二,组织资源的非流动性。组织中的人力、物力和财力资源归国家所有,国家将一系列管理制度(如身份制度、档案制度等)加于组织之上,使资源难以在组织间自由流动。

第三,行政等级制。单位组织都具有行政等级,由此决定了它在政府那里获取的资源和权力的大小。这也使整个国家成为一个特大的行政管理体系。它是从纵向关

① 王思斌主编.社会学教程.北京:北京大学出版社,2004年2月,第156页.

系上对人们的相互关系进行了规定，表现了社会地位的差异性和垂直性。

第四，控制的严密性。我国几乎每个成年的社会成员都归属于某个组织，每一个人以此为中介确定自己的身份、社会地位并与他人建立各种社会关系，组织内部高度整合，具有封闭性，因而对其成员的控制程度较高，成员不能轻易流动。

2.单位组织的功能

中国的单位制度和单位组织是计划经济的产物和核心，它们是在继承了中国共产党在根据地时期的军事共产主义制度的基础上，根据20世纪50年代以后国家建设的任务而形成的。单位制度与计划经济体制、集中管理和官本位的传统密切相关。

单位组织发挥了如下功能：实现了资源的有效动员和综合利用。单位组织对组织的人力、物力和人的潜力进行了有效动员，并应用于国家的工业化建设之中，取得了明显的效果，即向组织成员提供较好的福利待遇，使组织成员具有较强的向心力，促进了成员对组织的忠诚，实现了对组织成员的有效管理。

单位组织也有明显的负功能：单位制度是一种向上负责的体制，它的行政性特征削弱了单位组织的专业特征，带来专业上的低效率。“单位办社会”使得组织负担沉重，专业效率低。单位组织的行政等级性也造成了组织的膨胀冲动，即每个单位组织都希望在级别上提高，在规模上扩大。正如帕金森定律所指出的那样，以提高组织等级为目的的组织膨胀会导致组织运行的低效率和官僚主义。

3.中国单位制度的改革

经济体制改革以来，单位制度也发生了一些变化。国有企业的用工制度的改革、社会保障制度的改革使企业逐渐回归为主要承担经济职能，走向市场的经济竞争机制正在使企业逐渐弱化其行政色彩，多种经济成分并存使人们可以在单位组织之外获得自己所需要的资源，这也削弱了单位组织的独尊地位。类似的改革在事业单位中也逐步展开，我国的国有企事业组织正在失去其全能特征，向适应市场经济体制的、专业化的方向发展。我国的政府组织的改革也在逐步推进，一方面是精简机构，建立高效政府；另一方面是建立廉洁政府，抑制封建主义的人际关系、官僚作风和其他腐朽的作风对政府组织的影响。不过，中国的行政体制改革还有相当长的路要走。①

本章小结

(1)社会群体是指人们通过社会互动和社会关系而建立起来的组合体。

(2)群体的要素有：第一，群体成员之间保持相对稳定和持久的人际互动；第二，群体成员具有共同的行为模式；第三，群体具有明确的结构和规范；第四，群体成员具有明确一致的群体意识。

① 王思斌主编.社会学教程.北京：北京大学出版社，2004年2月，第163页.

(3)群体的类型包括初级群体和次级群体;内群体、外群体和参照群体。

(4)每个群体都是由一定数目的成员构成的,这是群体结构的基本要素。随着群体规模的扩大,群体成员的互动关系也会发生变化,出现不同的特征,同时群体对成员的影响方式也会有所不同。

(5)组织是为达到特定目标而有意识建立起来的社会群体。组织的结构要素有:第一,特定的目标;第二,有一批稳定的成员;第三,有明确的组织章程;第四,清晰的管理结构与协调机制;第五,物质基础。

(6)韦伯提出的科层制是一种理想类型,它包括五个方面的特征:第一,明确的分工;第二,有职权等级的权威;第三,稳定的规章程序;第四,不徇私情;第五,普遍性的标准。现代组织的发展使科层制的负功能逐渐暴露出来。

(7)中国的单位组织的特点:第一,功能的全面性;第二,组织资源的非流动性;第三,行政等级制;第四,控制的严密性。随着中国社会改革的深入,单位组织也正经历着变迁。

思考题

1.什么是社会群体?社会群体有哪些基本特征?
2.初级社会群体的基本特征有哪些?
3.社会组织的常见结构有哪几种类型?
4.组织的基本要素有哪些?
5.什么是科层制?科层制具有哪些特点?
6.中国单位组织的特征有哪些?

9

社区

学习目标

通过本章的学习，使学生了解社区的基本内涵，掌握我国社区的主要类型及特征，了解社区研究的主要理论，理解社区发展的基本思想，掌握中国城市社区发展的特点。

本章知识点

(1)社区的涵义。
(2)社区研究的理论。
(3)社区的类型。
(4)社区发展与社区建设。

人们总是生活在一定的地域空间之中，形成人与人之间、群体与群体之间的社会关系，一定的地域条件是人类群体生活的基础。空间不但是人们现实的、实际生活的承载者，而且它也具有社会意义。社会学关注人们在共同的地域空间中如何生活，也关注不同的地域空间对于人们的意义。

9.1 社区概述

9.1.1 社区的概念与构成

当今社会学中的社区概念是经德国社会学家 F.滕尼斯(Ferdinand Tonnies)提出并发生了演化的。1887 年滕尼斯所著《社区与社会》一书中对此作了经典阐述。滕尼斯在提出"社区"这一概念时指的是一种成员之间唇齿相依、感情深厚、关系协调、靠习惯和共同的价值来维系的社会组织形式,是一种共同体。滕尼斯的观点对以后的研究者有很深远的影响。但他在提出"社区"这一概念时并没有强调其地域性。随着美国经验社会学的兴起,越来越多的社会学家在研究社会共同体的过程中发现,要具体研究城市、乡村等聚集地,要研究不同种类的居民的生活共同体,必须从地域共同体着手,"社区"逐步有了地域的含义。

我国最早由费孝通在 20 世纪 30 年代引进这一概念时,沿袭了美国帕克教授的观点,造出了新词"社区",突出了地域性的特征。"社区"这一术语一直沿用至今。

一般认为,社区是指具有一定地域的、具有共同联系与彼此交往和归属感的人们组成的群体及其活动区域。

多数学者认为,社区作为一种社会实体由以下基本要素构成。

1.一定的地域条件是社区存在和发展的前提

占据一定的地域空间是社区的基本特征,人们在这个特定地域范围内相互交往,形成具有独特特征的生活方式。社区空间概念与我们日常所说的地理环境不同,它不是纯粹的自然地理域,还包括一些人文因素,是一种社会空间和地理空间复杂结合的人文区域。社区的地域界限在村落共同体中十分清晰,在城市中却相对模糊。

2.社区是以一定的社会关系为基础,通过相互交往形成的人群生活共同体

社区的地域空间为人们的社会活动提供了条件,人们在特定的地域环境中为了某些共同利益相互交往,形成具有不同于其他社区的人际关系网络。社区中的人际关系通常比较密切,人们面临某些共同的问题,具有类似的需要,人际交往的频率也比较高。社区中通常存在许多社会群体,这些群体通过分工合作形成既互相联系又相对独立的社会生活空间。

3.社区具有独特的共同的文化

在一定的地域条件基础上形成的社区具有相对的独立性,成员通过人际互动逐渐形成某些共同的行为规范、生活方式和道德观念。作为一个地方社会,社区的文化要受整个社会的文化所制约,同时也有其自身的特点。社区的文化从思想和心理上对社区成员起着维系的作用。

4.居民对社区的归属感和认同感

归属感和认同感是社区居民对自己所属社区的依恋感和责任感。长期生活在某一社区的成员通过日常生活的交流会逐渐培养起对社区的认同感,在心理上和情感

上依恋自己所属的社区,形成“我是某地方的居民”的观念。尤其是在传统社区,人们之间的情感联系非常深厚,成员对自己的故乡和亲情特别重视。居民对社区的归属感、认同感可以称为社区意识,居民的社区意识是社区之所以形成和存续的心理基础,它也是衡量社区发育程度的最重要的指标。

9.1.2 社区与社会

社区与社会既有联系又有区别。从社区定义的外延看,社区是社会的具体化,是一个特定的地域聚落。不过从社区概念的内涵看,两者有着明显的区别。

第一,社会中的各种关系尽管纷繁复杂,都并不强调“共同”,而社区则十分强调共同的亚文化和共同的社区意识等等。

第二,社会不注重地域的概念。所谓的社会空间,通常是指人们活动的内容范围以及活动在其中的社会组织;社区空间则不同,它是社会空间与地理空间两者的结合,既为社区中人群的活动提供了组织空间网,也为此提供了地理的活动区域。

第三,社区中的各种关系比社会的关系更紧密。与社会相比,同一社区内的人们交往频率更高些,而且人们之间的婚姻和亲属关系、朋友关系、分工关系等通常是建立在“共同生活”基础上的。在此意义上,“共生”程度的差异可以说是社区联系较社会更紧密的重要原因之一。

第四,社区的功能与社会相比具有更为明确和专门化的特征。如城市社区通常是社会中的一个经济、政治、文化中心,它向社会提供大量工业产品,而农村社区则主要为社会提供农副产品。从社会结构上看,社区总是作为社会的一个组成部分而存在的中观体系,社会中的人总是生活在一种甚至几种相互交织的社区内。人类在创造历史的同时也创造了他们的社区生活。

值得注意的是,近年来我国不少居民小区或街道居委会辖区也常以“社区”一名来称呼,而且,广大干部和群众正在以巨大的热情开展建设“精神文明社区”的活动。其实,小区原来是由俄文直译过来的。它在此语境中主要指城市中被道路所环绕的居住地段。小区能否被当做社会学意义上的社区,还需要考察其中人们的互动是否充分、归属意识是否强烈等因素。①

9.1.3 社区研究的理论

西方学者对社区的研究是在工业化和城市化的社会背景下开展的,研究的理论视角和研究内容,随着西方社会的变迁而不断丰富,形成了一系列的理论流派。几个主要的理论流派如下。

1. 区位理论

进入20世纪之后,社区研究的一个重大发展,就是开拓了对当代社会的城市社区的研究。其中最著名的学派就是芝加哥学派建立的古典区位学理论把社区视为人

---

① 郑杭生主编.社会学概论新修.北京:中国人民大学出版社,2003年1月,第273页.

类聚居生活的特殊的空间现象，其中城市社区中的空间位置属于一项重要的稀缺资源，社区居民和社区组织在城市里占据的空间位置反映了他们对利益的追逐，同时也是他们追逐利益的社会性后果。

根据这一基本观点，学者们提出了一系列理论。其中包括：麦肯齐提出的城市空间结构形成的过程理论；伯杰斯提出的城市格局的“同心圆”假说，他以芝加哥为例把城市的区域以同心圆的方式向外扩展，商业区处于城市中心；霍伊特在此基础上加以修正提出的“扇形理论”，他认为城市应该呈扇形向外展开；哈里斯和厄尔曼提出的“多核心理论”，强调城市应该具有多个核心，每个核心都是一个专业区域的中心；等等。在这些理论中，土地价格始终是其中最基本的模式变量。

由于芝加哥学派的古典区位学理论过于强调城市中的经济竞争，而忽视了对城市中更为丰富的社会文化变量的作用，所以受到后来学者的批评。为了克服古典区位学理论的这一缺陷，后来研究者提出了社会文化区位学理论和新正统区位学理论。前者把文化价值要素引入理论模式中，考察文化因素对城市空间结构形成的作用。后者用人口、组织、环境和技术四个要素及其相互关系来说明城市的空间布局。

2.社区全貌研究

美国学者林德夫妇在社区研究中开创了以小市镇为对象的全貌研究。所谓全貌研究，就是描述社区的各个不同部分并解释这些不同部分的相互关系。林德夫妇研究了当时美国印第安纳州一个市镇，并于1929年发表了名著《中镇》。中镇的居民只有大约35 000人，是一个中等市镇。林德夫妇在书中比较全面地描述和解释了这个市镇的社会生活，其内容包括居民在谋生、安家、闲暇生活、参加宗教活动等各个方面的状况。林德夫妇通过研究发现，社区的各种社会生活都不是孤立的，而是和社区中的其他制度、其他组织机构等密切相连。要深入研究社区必须全面地观察社区，综合性地分析社区。《中镇》开创了社区综合研究的先河，推动了后来的学者进行一系列类似的研究。

3.社区变迁理论

社区变迁理论更多地表现为用变迁的理论视角去研究社区在从传统社会向现代社会转变过程中的变化和发展情况，得出了一些不同的结论。

(1)“社区失落”论，也称为社区消失论。1938年，沃思发表了《作为一种生活方式的城市性》的著名论文。他认为，城市具有三种生态学上的特质，即众多人口、高密度、异质性，这三种特质不可避免地使城市形成不同于农村的生活方式，并带来许多社会问题。因而滕尼斯所讲的社区在城市中已不复存在，因而称为“社区失落”。

(2)社区转变论。20世纪50、60年代以来，以甘斯等为代表的学者开始对沃思的“社区消失”的观点提出了不同意见，转而代之的是“社区转变论”。学者们通过个案研究发现，无论在发达国家还是发展中国家的城市中，都存在内聚性和认同感的“都市村庄”。城市化引起的大规模的社会变迁既没有造成城市社区的衰败，更不会使城市社区趋于消失。

4. 中国的社区研究

中国较早的社区研究最初多在外籍教授指导下进行。例如1918至1919年间，私立燕京大学社会学系的步济时与美籍传教士甘博(S. D. Ganble)等主持的对北京的调查，并于1921年出版了《北京——一种社会调查》。这些社区研究多为综合性的记录式调查，较少理论分析。

中国学者自己的社区研究始于20世纪20年代末的乡村建设运动期间。比较著名的有燕京大学社会学系杨开道和许仕廉主持的清河调查以及社会学家李景汉和晏阳初的定县调查。

20世纪30年代中期，吴文藻等中国社会学者开始系统介绍西方社区研究的理论和方法，并大力倡导在中国开展社区实地研究，认为研究社会应该从社区着眼，其功用有三：一是从实地考察中认识社会问题的实际状况；二是检验社会理论；三是及时地记录变动中的中国社会。

20世纪30年代，费孝通在抗战爆发前一年在江苏省吴江县庙港乡开弦弓村进行了两个多月的调查，后在英国伦敦经济学院留学期间，利用这些资料写出了中国社区研究的名著《江村经济》(又名《中国农民的生活》)，1939年在英国出版。这本书生动具体地论述了中国一个村庄的生产和生活，特别是刚刚兴起的乡村工业和世界市场波动对这个乡村社会带来的巨大变化。

20世纪40年代我国的社区研究有了较大发展。其标志是从事社区研究的社会学者的人数增加，社区研究的理论和方法得到了发展，出现了一批有较高学术水平的社区研究的成果。这时的社区研究主要是农村社区研究，其研究成果对认识中国社会很有帮助，是社会学中国化的重要组成部分。

20世纪70年代末社会学恢复重建以后，我国的社区研究又重新开始，农村发展问题备受关注，所以社区研究主要是对农村社区的研究。受改革实践的推动，20世纪90年代中期以来，城市社区的研究也得到了明显发展，并在一定程度上推动城市社区建设的实践。

9.2 社区的类型

按照不同的划分标准，社区可以分为不同的类型。在人类历史的发展过程中，有两种最基本的社区类型，即农村社区和城市社区。两者既有密切的联系又有明显的区别。农村社区是人类第一个出现的社区形态，城市社区是在农村中产生的。随着社会的进步和发展，城市社区逐渐成为人类社会生活的中心，在人口的数量和密度、经济活动、生活方式、价值观念等许多方面，二者有着明显的区别。此外，在农村社区和城市社区之间还存在一种过渡型的所谓“乡头城尾”的集镇社区。

9.2.1 农村社区

1.农村社区的定义

农村社区是指以农业劳动为主,根据血缘和地缘关系聚集起来的人类生活共同体。

人类最早的社区形式是农村社区。大约在一万年以前,随着社会生产力的发展,狩猎经济逐渐向畜牧业和农业转化,在此基础上形成了村落,村落是农村社区特有的居住形式。长期以来农村社区一直是人类最主要的社区形式。即使在城市社区得到迅速发展的今天,全世界依然有约半数的人口居住在农村社区中。我国农村居民的比例更高,目前约有70%的中国人属于农村人口。

我国的农村社区大致有两种形态:散村和集村。散村由相距较近的小型自然村落构成,多则几十户,少则三五家。集村通常由大型村落单独构成,聚居人家有几十户,甚至几百户,已经能够基本上独立满足日常的生产和生活需要。

2.农村社区的特征

一般认为,农村社区有以下几个方面的特征。

第一,地域特征。大多数农村社区都是自然形成的,自然环境对农村社区的发展起着非常重要的作用。除了居民的日常生活受到自然环境的限制以外,居民的生产劳动也要受到地域条件限制。相对于集镇和城市社区来说,农村社区的地域比较广,人口密度比较低,流动性比较小。地域条件是农村社区的最基本条件,它对农村社区的形成和发展具有重要影响。

第二,经济特征。农村社区的经济特征是以农业生产劳动为主的、自给自足的经济,经济活动比较简单,其简单性表现在许多方面:首先,经济活动的内容比较简单,通常只涉及一种或几种经济活动;其次,经济活动的方式比较简单,一般为手工作业或半机械化;再次,经济活动的组织比较简单,家庭是主要的经济单位;最后,经济活动水平比较低,劳动分工不明确,生产的季节性和地区性比较明显,直接受到自然环境的影响。

第三,社会特征。农村社区通常是以血缘和地缘关系为基础建立起来的,家庭在社区中起着非常重要的作用。社区的生产、劳动、消费、娱乐等活动一般以家庭为单位,家庭可以满足社会成员多方面的需要。农村社区中初级群体比较发达,成员之间的关系比较密切。农村社区的成员比较重视血缘和地缘关系,成员的行为控制主要是通过道德和风俗习惯等非强制性手段实现的。

第四,文化特征。农村社区的经济特征和社会特征决定了农村社区的文化特征。由于农村社区以地缘和血缘关系为基础,世代居住在一个地方,很少流动,风俗习惯世代相传,因而农村社区的文化表现出区域性、封闭性、经验性等特征,且具有鲜明的地方特色。农村社区的价值观念和行为规范比较保守,传统观念和习俗是调整成员关系的主要手段,因而农村社区思想观念的变化比较缓慢。

第五,心理特征。农村社区的居民具有乡土观念浓厚、重亲情、家庭至上以及祖先崇拜等心理特征,保留了较多的传统观念。①

9.2.2 城市社区

1.城市社区的定义

所谓城市社区是指以非农业生产为基础建立起来的,具有人口密度高、异质性强、社会分工精细等特征的人类生活共同体。

在中国语言中,城市是由“城”和“市”两个概念组成的,城是指都邑四周作防御用的墙垣,市则指进行商品交换的场所。

城市社区的产生是生产力发展的结果,由于各地的地理、历史和文化条件不尽相同,其城市社区的兴起和发展也经历了不同的阶段。国内外学者对城市产生的原因这一问题有不同的看法,最常见的有防御说、私有制说、集市说和地利说等。进入工业社会以后,城市在特征、结构和功能等方面都表现出新的特点,我们现在研究的城市社区一般是指现代化城市。

虽然城市社区的研究已有近一百年的历史,但关于城市的定义仍然没有统一的看法。美国人口统计局在 1979 年提出“标准大都市统计区”的概念,认为中心城市应具备以下几项标准:人口超过五万,周围地区已经城市化,非农业人口占 75%以上。现在,城市的定义通常采用人口规模、行政地位和职业构成三项指标。不过,社会学有关城市的定义与经济学和地理学的定义不同,它侧重于对社会结构和文化的考察。

2.城市社区的特征

城市社区与农村社区形成鲜明的对比。城市社区的人口、物质资料、生产和组织等都比农村集中,城乡社区之间的差别主要表现在以下几个方面。

第一,人口特质。城市社区的人口密度高、异质性强,居民的生活背景、教育状况、宗教信仰、能力兴趣等方面有很大差异。城市的流动人口多,有的来自农村,有的来自其他城市,在风俗习惯和生活方式等方面各有特点。除了城市社区内外之间的流动以外,城市内部不同职业、不同区域之间也存在较高的流动性。

第二,社会关系特质。随着城市社区的发展,家庭、邻里等初级群体的社会功能减弱,人们之间的交往广而不深,通常以业缘联系为主。人们在生活中注重理性,强调规章制度的重要性,行为较少带有情感色彩,人情世故不像在农村那么重要。

第三,社会组织特质。城市社区的社会分工明确而精细,组织的数量多,结构复杂,一般以正式组织为主。与农村社区相比,城市社区的组织比较专业化,通常一种组织只具备一种专门的社会功能。组织之间具有较强的依赖性,各种组织相互分工合作,共同实现城市社区的社会功能。城市社区的组织结构趋向科层化,无论是政府的行政机构还是工厂企业通常都具备严格的权利界限和职能分工,有明确的规章制度。组织的成员之间通常只具有职业关系,一般没有亲属或地缘关系。在组织活动

---

① 张友琴等编著.社会学概论.北京:科学出版社,2000 年 9 月,第 232~233 页.

中成员只扮演非人格化的组织角色，具有片面、理智等特点。

第四，生活方式特质。城市居民的生活方式具有多样化的特点。由于城市人口异质性强，信息传播快，各种生活服务设施比较齐全，因而城市居民的生活有较大的选择余地。个人可以根据自己的兴趣爱好、能力和时间等安排自己的生活，促进个性的发展。与农村社区相比，城市社区的生活方式丰富多样，个性发展的余地较大。

第五，文化特质。城市生活讲究效率，讲求实际，这使城市社区的文化表现出理性化的特点，并呈现出一定的世俗化特征。城市居民通常只注重个人利益或群体的实际利益，人们之间的情感联系相对淡漠和短暂，这种讲究实惠的生活方式使城市文化具有平民化特征，大众观念和时尚成为城市文化的主流。城市居民在异质性较高的社会环境中逐渐形成了开放的态度，这一方面有利于新事物和新观念的产生，推动社会文明的发展；另一方面也表现出冷漠、无情、势利等特点。城市社区文化还具有匿名性、非个人性等特征。由于城市人口密度高、异质性强、流动性大，人们很少有机会与别人建立比较深厚的情感联系，加上社会组织中的一些规章制度也不鼓励成员之间形成个人情感联系，因而个人在社会中显得无足轻重。①

9.2.3 集镇社区

1.集镇社区的概念

集镇社区是一种介于农村社区和城市社区之间的中间形态，是联结两者的桥梁，是一种由农村向城市过渡的社区形式。集镇社区是农村的政治、经济、文化、信息中心，也是农村基层政权机构和各种服务设施的集中地，能够为周边农村提供各项生活服务。集镇社区是其周围若干农村社区的中心，发挥着主导作用。

2.集镇社区的类型

按照集镇社区在一定区域所处的地位划分，集镇社区可分为以下三类。

(1)县城镇，即一个县的中心，是一个县的政治、经济、文化的中心，一般交通比较方便。

(2)中心镇，即县城范围内的次级中心，其各方面条件都次于县城镇。尽管在行政上，中心镇与其他周围的集镇平级，但实际上却比其他镇重要，无论从人口规模，还是从经济规模上，都要强于其他集镇。

(3)一般集镇，即一个乡的中心，虽然其文教卫生、金融、服务等设施齐全，但是人口、经济、文化的规模却明显比中心镇低。

3.我国集镇社区的特点

集镇社区是联结城乡的中介环节，在其社会生活中，既具有某种程度的城市社区特征，也具有某种程度的农村社区的特征。

第一，集镇社区起着桥梁中介的作用。由于集镇社区特殊的地理位置，介于农村

---

① 张友琴等编著.社会学概论.北京：科学出版社，2000年9月，第239页.

社区和城市社区中间，它在农村社区和城市社区中间起着物质与文化交流的重要作用。

第二，人口结构比较复杂。集镇社区是农村剩余劳动力的转移场所，集镇人口有农业户口、非农业户口等多种类型。集镇人口中除了一部分在集镇社区中工作、居住外，还有一些人在集镇上工作但在农村社区居住，所以学术界又把集镇人口分为住镇人口和摆动人口两种。

第三，集镇经济的自筹、自主性。集镇社区中的企业大部分是依靠农村集体经济的积累和农民自筹资金建设起来的，因此具有较强的自主性。

第四，集镇社区城乡结合的社区文化。乡土文化与城市文化的结合，形成了一种独特的文化。①

9.3 中国的社区发展

南街村：一个共产主义小社区②

南街村位于河南省临颍县城南隅，紧靠107国道，西临京广铁路，东临京珠高速公路。全村有回、汉两个民族，848户，3 180口人，1 000亩耕地，总面积1.78平方公里。村里有26家村营企业，诸如拉面工厂等。1984年，村办企业的总产值只有70万元，到1995年已经达到12亿元，实现了飞跃发展。但是村里不允许办个人的商店及私营企业，也不允许从事卡拉OK等营业。这是因为，上述的营业被认为不利于贯彻集体主义。改革开放以来，南街村遵循党的“一个中心，两个基本点”的基本路线，因地制宜，大力发展集体经济，走集体共同富裕道路，实现了物质和精神文明建设的飞速发展。

南街村与其他村有一个巨大的区别，那就是他们以基于毛泽东思想的集体主义为理念，提出建设“共产主义小社会”的目标。毛泽东式的集体主义因20世纪80年代取消人民公社而失去了影响力。但是，南街村却把毛泽东的集体主义树为旗帜。已经富裕起来的南街村的尝试被称为“南街村现象”，并引起了全国的关注。南街村“共产主义的要素”的核心是独特的平均主义的经济体制。村民们在村的行政机构及村营企业上班，根据工作内容，每月付给150元到200元的固定工资。工资虽然很低，但是村民免费享受粮食、肉、油等配给。住宅、教育、医疗、办红白喜事也一概不收费。如果村民上大学，学费也由村里负担。村民享受的福利费用每年每人平均6 700元。

由于集体实力的发展壮大，职工村民的福利待遇日益增加，免费享受20多项福

---

① 刘豪兴主编．社会学概论．北京：高等教育出版社，2003年7月，第237页．

② http://baike.baidu.com/view/98301.htm.

利待遇,生活、住房、上学、就医等方面无后顾之忧,人人安居乐业、生活幸福。南街村大办公益事业,相继建起了诸多公益设施。街道宽阔平坦,道旁绿树成荫,路灯彩灯交相辉映,厂房住宅鳞次栉比。成立了艺术团、军乐队、盘鼓队、门球队,建起了文化园、图书室、卫生所、康寿乐园等。同时,大办教育事业,投巨资新建了现代化、高标准的幼儿园、中小学和高中,还办起了报社、广播站和电视台,更好地对学校学生和企业职工进行教育。南街村始终坚持"两手抓,两手都要硬"的方针,在搞好物质文明建设的同时,高度重视政治文明和精神文明建设。坚持用马列主义、毛泽东思想、邓小平理论和"三个代表"重要思想等先进文化教育人,以雷锋精神鼓舞人,以革命歌曲激励人,提出了建设共产主义小社区的奋斗目标,强化了职工村民的集体主义精神,增强了凝聚力,营造了浓厚的昂扬向上的集体主义氛围。全村党员干部、职工村民发扬"二百五"的"傻子"精神,坚持"外圆内方"的治村方略,人人敬业爱岗、乐于奉献。党务、村政、企管、教育、民兵、治安、工会、共青、妇联、计划生育等各项工作,均受到了党中央和省、市、县各级领导的高度称赞。

9.3.1 社区发展的概念及其渊源

社区发展指在城乡基层社区中社区居民依靠社区自身力量,在政府和其他组织机构的支持下,推动社区有计划的社会变迁,改善社区的经济、社会和文化状况,提高社区居民的生活质量。社区发展既是一个过程,也是一种方法和策略。

社区发展就其实践活动而言,可以追溯到工业化社会的初期。工业革命以后,欧洲工业国家为了解决当时工业发展带来的各种社会问题,对原有的社会经济和福利制度进行了改革,实行了一系列新的制度和措施。其中最著名的如20世纪初在英国、法国和美国相继出现的"社区睦邻运动"。社区睦邻运动的主要方式是通过在城市的贫民区中设立社区睦邻服务中心,帮助人们开发本社区的资源,采用自助和互助的方式,改善贫民的生活状况。这是社区发展的前身,为今后的社区发展运动提供了丰富的经验。除了社区睦邻运动以外,同样对社区发展概念的形成有着不可忽视的影响力的还有我国在20世纪20、30年代的乡村建设运动,包括晏阳初等人1924年开始的在河北定县的平民教育运动,张鸿钧等人1927年开始的在河北清河县开办的乡村改革实验区,梁漱溟等人1928年开始的在山东邹平县的乡村建设实验(到1936年)以及在江苏开展的乡村教育等。虽然当时并没有使用社区发展这个名词,但乡村建设运动经验对联合国以及世界各国的社区发展运动的开展有很大的贡献。

社区发展概念主要是在第二次世界大战以后由联合国倡导并在世界范围内推广。社区发展逐渐成为世界各国有计划的社会变迁的一部分。

9.3.2 我国社区发展的现状

改革开放以后,我国的社区发展无论是农村还是城市,都取得了明显的成绩。农村社区的发展主要表现在小城镇建设、农村基层政权改革等几个方面。城市社区的发展主要表现在社区建设以及城市社区管理体制的变革上。这些方面也成为社会学研究的重点。

1.农村小城镇建设①

小城镇发展对中国农村劳动力转移和农村经济的全面发展起到了巨大的推动作用,是一条符合中国国情的农村工业化、城市化、现代化之路。据测算,20年来,小城镇累计吸纳转移农业劳动力3 000多万人,占农业富余劳动力转移总量的30%以上。小城镇建设促进了乡镇企业走向集中,提高了公共资源利用率,降低了企业成本,把农村工业化与城镇化结合起来,实现了农村资源的合理配置。小城镇的繁荣,对改变农村生活方式、提高农民素质以及发展农村科技、教育、文化等各项事业,都起到了有力的推动作用。农村人口向城镇流动,居住向城镇集中,有利于节约耕地,有利于农业规模经营和改善农民生活质量。加快农村城市化建设步伐,对扩大内需、启动市场、推动经济发展以及社会进步具有积极作用。

改革开放以来,小城镇在农村工业进程中获得了空前规模的发展。从1984年至1997年的13年间,我国农村城市化水平由15.47%提高到27.5%。与20世纪80年代末、90年代初小城镇大发展的时期相对照,近几年来,农村小城镇建设速度明显趋缓,这主要是受宏观经济形势影响,也有各种非经济因素的制约作用。一是在城镇建设的指导思想上,沿袭了外延扩张、粗放经营的路子。相互攀比、盲目扩张,其结果必然是有限建设资金的低效投入,缺乏吸引农民到城镇区安家兴业、离乡离土的硬件准备。二是在小城镇规划建设上,仍局限于传统的城镇布局结构体系。这种规模建设从单个来看有一定合理性,从整体看暴露出规划水平不高、规划实施困难等弊端,成为小城镇自身发展的桎梏。三是在城镇"人"的集聚上,受制于城乡分割的户籍制度,而仅靠小城镇自身非农人口的自然增长难成大气。四是乡镇企业向小城镇集中并不理想,其制约因素在于搬迁成本、配套的基础设施以及企业搬迁带来的企业产权、管理控制权和利益分配格局的调整,造成企业没有搬迁的利益动机。

2.城市社区建设

1)城市社区建设的原因及本质

从中国城市社区建设的实践来看,社区建设既与国外的社区发展有着密切的联系,国外社区发展是我国社区建设理论和方法的重要借鉴来源;同时我国的社区建设也具有自身独特性。这种独特性是由中国社会的基本国情以及从20世纪80年代以来的社会变迁的性质决定的。社区建设在中国的提出和广泛开展,其根本原因在于原来计划经济体制下的城市社区的管理体制和运行机制已经不能适应社会主义市场经济和现代化发展新变化、新情况和新要求。

在计划经济体制下的城市中,国家通过占支配地位的国有经济和在很大程度上依附于国有经济的集体经济,建立起隶属于国家各个部门的一个个企事业单位,这些

---

① 2000年:中国社会形势分析与预测.北京:社会科学文献出版社,第379~381页.

单位基本上覆盖了整个城市社会，国家通过这些单位对社会成员实现直接的控制。这种管理体制我们称之为“单位制”。在单位制的城市管理体制和机制下，两个突出的表现是：①城市的经济、政治和社会事务事实上是由政府进行着全方位的管理，政府是城市社会的唯一管理主体，实行和政府科层体制相一致的自上而下的垂直管理；②政府及其下属的企事业单位包揽了几乎所有的社会服务，包括社会成员（及其家庭成员）的教育、就业、住房、医疗、福利、娱乐等等，衣食住行、生老病死无所不包。这种体制曾经在历史上起过重要的作用，但也存在着许多弊端。

推行社会主义市场经济体制之后，单位制赖以存在的社会和经济基础发生了深刻的变化，单位制逐步消解。这表现在以下两个方面。①单位体制外人员的增加。②传统单位的功能性转变。国有企业和集体企业逐步转向市场导向，主要实现企业本身的经济功能，原有体制下由企业承担的社会福利和社会管理功能逐渐和企业剥离。单位制的逐步消解对城市社会的治理提出了新的课题。传统单位的功能型转变要求有新的体制和机制来实现从单位剥离出来的社会服务和社会管理功能，同时也为实现这一功能提供了新的社会空间。另一方面，脱离了原有单位保障的城市居民和家庭也迫切需要有新的体制和机制来满足他们的各种物质和精神生活需求，并且这种需求伴随着中国城市经济和社会的快速发展而日益增长和多样化。

正是在这一体制背景下，我国政府和人民逐步认识到社区的重要作用，作为人们日常生活的居住地，社区可以承担从单位中剥离出来的许多社会功能，成为各项社会政策的实现场所。同时，人们也从社区发展的基本原则中认识到，社区建设不仅仅是政府的事情，更不是把社区改造为由政府直接管理和提供服务的新单位，而是必须依靠社区居民自身的力量，挖掘潜力，在政府的支持下，自我组织、自我管理、自我教育，从而来解决本社区所面临的问题。

因此从本质上看，中国社区建设是对传统城市社会管理模式的制度变革与创新。和一般的社区发展不同，中国的社区建设不只是一种社会工作，而是在中国社会转型的历史过程中一项内容广泛、意义深刻的系统工程。[①]

2)城市社区建设的基本进程

城市社区建设近年来已经成为社会学研究的热点问题之一。社区建设是在政府的主导下，依靠社区力量，利用社区资源，强化社区功能，解决社区问题，提高社区成员的生活质量，促进社区经济、政治和文化事业协调、健康发展的过程。

我国的社区建设自20世纪80年代中期开始。1986年，民政部倡导在城市基层社区广泛开展以民政对象为主的社区服务。1991年5月，民政部从我国国情出发并借鉴了国外社区发展先进的经验，正式提出城市的社区建设。改革开放以来，民政部在城市广泛开展社区服务，但它又难以包含政府希望的城市基层社区组织所要承担的职能。在这种情况下民政部提出社区建设的概念，并力图以此去开拓民政工作。

---

① 刘豪兴主编. 社会学概论. 北京：高等教育出版社，2003年7月，第245～246页.

随着我国城市改革的进一步深入，城市的社会问题及服务、管理体制中的问题日益暴露出来。1999年，为了进一步推动社区建设在全国的发展，民政部设立了26个“全国社区建设实验区”，目的是通过实验区的实践总结和经验概括，得出社区建设的基本思路、操作。

3)社区建设的基本内容

社区建设是对社区工作的总体概括，改革城市基层管理体制，强化社区服务管理功能，以街道、居委会为依托，以发展社区服务为龙头，以提高居民生活质量、人的素质和整个社区文明程度为宗旨，结合本地实际，推进基层民主，维护社会稳定，促进社会主义物质文明和精神文明建设，实现社区经济和社会的协调发展。其基本内容可以概括为以下四个方面。

第一，社区服务。社区服务是社区建设的“龙头”，是社区建设工作的重要内容。因此，在开展社区建设过程中不能忽视社区服务，而应通过发展社区服务推进社区建设。具体来说，需要注意以下几个方面的工作：①促使社区服务产业化。城市改革的深化需要社区服务走产业化的道路，把它纳入第三产业发展规划以及其他有关规划之中，作为社会保障体系和社会化服务体系中的一个重要行业。这样，社区服务既可以注重社会效益，又可以注重经济效益。②充分发挥社会保障和社会服务功能。在为老年人、残疾人、优抚对象和生活困难的居民提供社会保障服务的同时，还要为社区全体居民提供便民服务，并为辖区企事业单位提供后勤服务。③完善区、街、居三级社区服务网络。采取社区自愿服务与居民互助相结合的方式，加强社区的区、街、居三级服务网络，提高社区的服务能力和服务水平。

第二，社区卫生。由于我国人口的老龄化和社区居民健康意识水平的提高，社区医疗卫生工作正引起越来越多的关注：①完善社区医疗卫生网络，逐步在街道建立医院，在居民小区建立医疗站，形成方便群众的社区医疗卫生网络；②开展巡回医疗服务活动，为外出就医困难的老年人和其他社区居民提供方便；③宣传医疗卫生保健知识，开展预防疾病活动；④深化社区康复工作，开办社区康复中心，对老年人、弱智儿童等特殊对象进行医疗和训练，帮助他们恢复健康。

第三，社区治安。社区治安是社区居民生活和社区各项工作的安全保证，它为社区的健康发展提供重要条件。从广义上来说，社区治安包括许多方面的具体工作，如治安保卫、民事调解、防火防盗和帮助失足人员等等，这些工作必须遵循“自防自治，群防群治”的原则，采取多方面的措施，动员社区各方面的力量共同进行。

第四，社区文化。随着改革的深入和人民生活水平的提高，社区居民的文化需求不断增长，社区文化建设成了社区建设的重要内容之一。社区文化建设也是社区精神文明建设的重要组成部分，兴建社区的图书馆、俱乐部和文化站等各种文化活动设施，开展多种形式的群众性文体活动，是丰富社区文化生活的必要手段。

除了以上介绍的社区建设的基本内容外，社区建设工作还包括经济建设、政治建设、环境建设和组织建设等内容，是一种全方位的工作。

本章小结

(1)社区是指具有一定地域的、具有共同联系与彼此交往和归属感的人们组成的群体及其活动区域。

(2)社区作为一种社会实体由以下基本要素构成:第一,一定的地域条件是社区存在和发展的前提;第二,社区是以一定的社会关系为基础;第三,通过相互交往形成的人群生活共同体;第四,社区具有独特的共同的文化;第五,居民对社区的归属感和认同感。

(3)社区研究的理论有:区位理论、社区全貌研究和社区变迁理论。

(4)按照社区的经济结构、人口密度和人口聚集规模等多重标准,可以把社区分为农村社区、集镇社区和城市社区。

(5)社区发展是指在城乡基层社区中社区居民依靠社区自身力量,在政府和其他组织机构的支持下,推动社区有计划的社会变迁,改善社区的经济、社会和文化状况,提高社区居民的生活质量。

(6)社区建设是指对社区工作的总体概括,是在政府的主导下,依靠社区力量,利用社区资源,强化社区功能,解决社区问题,提高社区成员的生活质量,促进社区经济、政治和文化事业协调、健康发展的过程。其基本内容包括社区服务、社区卫生、社区治安和社区文化。

思考题

1.什么是社区?它与社会有什么区别?
2.社区的具体分析方法有哪些?
3.比较分析农村社区、集镇杜区和城市社区之间的异同。
4.社区发展的内涵是什么?
5.什么是社区建设?其基本内容包括哪些方面?

10

社会互动与社会结构

学习目标

通过本章的学习,学生应掌握社会互动的含义及社会学关于社会互动的理论,了解社会互动的基本形式。在认识社会结构的基础上,理解并掌握作为社会结构基础单位的地位及角色,并结合现实生活了解什么是社会网以及社会网络分析对社会结构研究的意义。

本章知识点

(1)社会互动的含义及有关理论。
(2)社会互动的基本形式。
(3)社会结构的概念。
(4)社会地位及社会角色的含义、类型。
(5)社会网的基本概念。

在社会学看来,人都是生活在社会中的人,通过人与人之间的互动,社会才得以形成。一定的社会都有自身的社会结构,如经济结构、政治结构等等。人们就是在这种社会结构中处于一定的社会位置,拥有自身的社会地位,承担相应的社会角色。地位和角色是社会结构的基础,同时又以社会结构为依托。本章主要介绍社会互动、社会结构、社会地位以及社会角色等方面的内容。

10.1 社会互动

马克思曾言:“社会——不管其形式如何——究竟是什么呢? 是人们交互作用的产物。”①人创造了社会,生活在社会之中,以社会人的身份进行一切社会活动。社会正是在人们的活动中,在人与人之间的相互作用中得以产生和发展的。本节介绍社会互动的相关知识。

10.1.1 社会互动的概念

在讲社会互动之前,可以先来看一个再平常不过的例子。课堂上,老师给同学们讲授本节课的内容。老师向班上的同学提问,即将他的信息传递给学生,这时学生开始思考,并做出反馈,即陆续有学生举手,然后被老师点到名字,接着学生回答问题。这是一个简单的传递-反馈过程,但实际上它已经构成了一种社会互动:这个过程发生在老师和学生之间,因此是非个人的;同时这个过程关涉到老师和学生之间的相互作用,即提出问题与回答问题,并且双方进行的都是有意识的行动。这个例子是一种最简单的社会互动,社会互动不仅发生在人与人之间,而且发生在个人与群体、群体与群体之间。

如果把社会互动这个复合词拆解开来,可以得到两个词:“社会”与“互动”。社会在此作为一个形容词,表示社会的,而非个人的。而互动,就是由相互作用引起的行动,不同于行为和行动。行为可以表示一切无意识或有意识的行动方式;而行动是有意识、有目的的行为。理解社会学的创始人韦伯赋予社会行动独特的意义,他认为,“就我们现在讨论的意义而言,并不是所有的行为(甚至包括外显的行为),都是社会的。如果外显的行为仅仅指向无生命的客体时,那它就是非社会的。只有当行为是指向他人的行为时,主观的态度才被认为是社会行为……一个人的经济活动也只有在它考虑到第三者的行为时,才是社会行为。”②从韦伯的论述中可以看出,社会行动包含两个必要条件:一是社会行为是指向他人的行为;二是社会行为必须包含行动者的主观态度。因此,社会行动是行动者带有主观意识的指向他人的行动,而互动是一方的社会行动引发另一方的社会行动,产生互相作用的过程。

社会学家将社会互动定义为:在一定社会条件下,人与人之间、人与群体或群体与群体之间在相互作用中表现出来的社会行动。社会互动包括所有的社会行为,反映了人与人、群体与群体之间的动态关系。在社会生活中,社会互动无处不在。老师在课堂上与学生的交流,朋友之间的聊天,参加集体活动等都是社会互动的种种表现。人们在互动中传递信息,进行情感交流,获得知识,正是这种互动维持着人与人

---

① 马克思恩格斯全集.第4卷.北京:人民出版社,1973年版,第320页.

② 周晓虹.西方社会学历史与体系.第一卷 经典贡献.上海:上海人民出版社,第365页.

之间的社会关系,保证社会的运行和发展。

在理解社会互动的概念时,我们应该注意从六个方面加以把握:首先,社会互动至少是发生在两个人之间;其次,必须存在相互作用和影响的事实才能构成社会互动,即人与人或群体与群体之间发生有意识的相互作用;第三,社会互动以信息传递为基础;第四,社会互动可以发生在面对面的场合,也可以借助一定的通讯方式进行,如电话沟通;第五,社会互动总是在特定的情境下进行,同一行为在不同的时间、地点,对不同的对象具有不同的意义;第六,社会互动会对互动双方以及他们之间的关系产生一定的影响,并可能作用于互动的社会环境。

10.1.2 社会互动的理论①

社会学关于社会互动的研究有很多,很多学者从不同的角度研究互动,形成了社会互动的多种理论。互动论是一种从微观角度研究个人之间相互作用的过程、注重分析互动背后的意义及个人主观反应的理论。互动论贯穿主观主义原则,强调个人的主观理解,关注主观理解过程中符号的作用、角色扮演的特点及约定俗成的日常沟通规则。其中主要的有符号互动论、约定互动论、表演互动论及交换理论。

1.符号互动论

符号互动论的主要代表人物有乔治·赫伯特·米德(George Herbert Mead)、赫伯特·G.布卢默(Herbert George Blumer)等。理论的核心观点是:人类创造和运用符号,人们对情境的反应,人们之间的互动,对社会结构的作用,都依赖表达共同意义的符号及其应用能力。社会活动是符号相互作用的过程。

米德互动理论的最基本假定是:心智、自我与社会通过互动而产生与发展。人的心智包括理解象征符号和运用象征符号的能力,社会成员通过象征符号进行沟通。在理解象征性的文化意义基础上,社会成员达成一定的共识,在文化意义的规定下进行各种社会互动。

在米德互动理论的基础上,布卢默提出了“符号互动理论”这一名称,建立了符号互动理论的基本框架。其基本观点主要有以下几点。第一,符号是社会相互作用的中介。人具有创造与运用符号的能力,以符号所表达的共同意义和对符号的运用为媒介,人与人之间产生各种社会互动。第二,人们通过对符号的定义与理解进行互动,人通过“有含义的符号”发挥进行相互作用的能力。第三,符号互动是能动的与可变的过程。主体具有能动性,客体并没有固定的意义,随着具体社会情境的改变,行动者要对情境及符号做出重新定义。第四,符号互动创造、维持与变革社会组织、结构和制度。社会组织和制度的存在依赖于人们理解和定义的共同性,而社会结构是行动者置入情境定义的客体之一。

总之,符号互动论强调符号意义在社会互动中的重要作用,符号定义通过互动产

---

① 宋林飞.西方社会学理论.南京:南京大学出版社,1997年版.

生,同时又是进行社会互动的媒介。虽然符号互动理论具有主观主义和形式主义的倾向,但该理论对深入理解社会互动的过程及意义有很大启发。

2.约定互动论

约定互动论把日常生活作为研究领域,关注人们在日常生活中互动的主观方面,研究大家约定俗成、习以为常的理解规则。该理论的代表人物是舒茨和加芬克尔。

舒茨认为社会科学的研究客体是“生活世界”,研究手段是“理解”,即理解社会活动的主观意义。舒茨分析的对象是生活世界的主观意义,在他看来,社会关系、社会制度、他人的“我”是相互主观的世界,生活世界的相互主观性即是“我”与“他人”在现时相互把握对方的思想与活动的性质。这种相互主观性构成了社会相互作用的实质。人际关系的本质就在于他人与我们自己在社会互动中互为主体,理解对方的主观经验。

继舒茨之后,加芬克尔开创了“本土方法学”(ethnomethodology),研究目标是人们日常的面对面的互动中的成见与常规等主观意义,试图揭示人们如何在互动中赋予经验事实以意义的。加芬克尔认为,人们在日常生活的非正式谈话中,一般使用索引性表达,即有所省略的表达。个人通过建立与分辨特定场合的共同理解而相互沟通。下面是一个加芬克尔的研究例证。

一天晚上,夫妇俩正在看电视。

丈夫:怎么所有的旧电影都有这种铁架床?

妻子:你是什么意思?你是指所有的旧电影,还是指大部分旧电影,或者是指这一部旧电影呢?

丈夫:你是怎么回事,你知道我说的是什么意思?

妻子:我希望你能讲得更清楚一点。

丈夫:你知道我说的是什么!别捣乱了。

例子中,丈夫使用索引性表达,而妻子试图打破日常生活的表达习惯,而使用客观性表达,违反了习以为常的行为方式的情境特性,从而使互动不能正常进行。因此,日常互动必须依靠约定俗成、习以为常的共同理解。当原有的共同理解遭到破坏时,互动可能中止;如果互动需要继续进行,必须找到新的共同理解。此外,加芬克尔还强调社会活动中的“反思性”,借助反思过程,人们从过去的经验中发现互动规则,从而理解、描述社会互动的结构,保障社会互动的顺利进行。

3.表演互动论

表演互动论又称“拟剧理论”,主要代表是欧文·戈夫曼(Erving Goffman)。戈夫曼将戏剧比拟引入社会学分析,运用戏剧舞台的特有意向来研究人们在日常生活中的行为。戈夫曼认为人们之间的社会互动就好比是一个剧场,所有的参与者都是演员,演员应在表演框架内进行互动。表演框架是人们在社会生活舞台上进行演出的依据,包括剧本期望、剧情、剧组、表演区域(前台和后台)及假面具。表演框架实质是个人在社会生活中所拥有的经验结构,是一种个人的主观状态,是内化了的现存的社会规范、准则以及一系列的惯例与共同理解。社会互动就是人们依据表演框架进行的表演活动。

戈夫曼表演互动论的主题是“印象管理”,“印象管理”即个人如何在他人心目中塑造一个自己所希望的印象,人们往往通过语言、姿态等手段让别人形成他们所希望的印象。印象管理的策略主要有:理想化表演、误解表演、神秘化表演以及补救表演。戈夫曼认为,人们在印象管理过程中,往往会运用一些手段、工具来装点门面,搭好表演的“舞台布景”。此外,在表演中要区分“前台”和“后台”,前台是人们正在进行表演的地方,后台则是为表演做准备的、不能让观众看到的地方,人们在前台和后台的行为举止是不一样的。当观众进入后台,表演者会使后台变为前台,即表演者停止后台行动,而开始做出专门让观众看的行动。因此,在表演互动论看来,社会互动总是包含了一系列的掩饰、迎合、虚假等行为。

4.交换理论

交换理论将交换作为形成一定的社会关系和结构的基础,人与人之间的互动从根本上说是某种交换关系决定的交换过程。交换理论的代表霍曼斯(George Caspar Hommans)认为,人类行为是个人之间进行报酬和惩罚的交换,个体之间有偿的相互交换是社会行为的基本形式。霍曼斯一方面承认经济学所宣称的“经济人假设”,另一方面又对经济学的原理做出一些修改。他认为人们行为的目的是在交换关系中得到某些利润;交换行为并非绝对理性的,而是包含了博弈过程;交换物并不仅仅是金钱,还包括赞同、尊重、依从、爱、情感及其他紧缺物品;所有的人类行为都是交换行为。此外,霍曼斯还修改并吸收了行为主义心理学的基本原理,提出了人类行为的基本原理,即社会行为是一种至少在两人之间发生的、或多或少要获得报酬或付出成本的、有形或无形的交换活动。

如交换理论所指出的,个体之间直接的交换行为确实是社会行为的一种基本形式,但个体之间除了有偿、理性的交换行为,还有不计报酬、情感性的社会行为。霍曼斯将社会行为与交换行为等同起来的理论倾向,导致他将交换行为扩大化。

10.1.3 社会互动的基本形式

社会互动的形式有很多,在此对社会生活中普遍存在的几种社会互动形式作一下简要介绍,主要包括:暗示、模仿、竞争、合作、冲突及调适。

1.暗示

暗示是在无对抗条件下,人们通过交往中的语言、手势、表情、行动或某种符号,用直接或间接的方式发出一定的信息,使他人接受所示意的观点、意见,或按所示意的方式进行活动。暗示是社会互动和人际影响的形式之一。暗示表现为行动者无批判地接受他人的心理或行为刺激而做出行为反应的过程,暗示者可以是个人、群体,也可以和受暗示者同为一人(自我暗示)。在一般情况下,暗示者是主动的、自觉的,受暗示者是被动的。比如说街头广告栏贴出的麦当劳的快餐广告。美味诱人的汉堡、圣代,配上让人心动的文字说明,这就对看广告的人产生一种心理或行为刺激,受暗示者可能只是接受了这种信息后就走开，也可能会去麦当劳消费。这种暗示就可以归为某种符号的暗示。

暗示具有三个特征[①]：①暗示是一种刺激，但并不是任何刺激都能成为暗示，只有那些能够引起被暗示者反应的刺激才是暗示；②暗示不是说服，无需讲道理，而是一种直接或间接的提示；③暗示不同于感染和模仿。感染的主要内容是感受者接受他人的情绪，模仿主要是产生与他人一样的动作、行为，但并不包括对他人心境的体验与仿效。暗示与这两者不同，它是让人接受某种观念，并按这种观念行事。

暗示一般可分为直接暗示、间接暗示、自我暗示和反暗示四种。

2. 模仿

模仿是指有意或无意地对某种刺激作出相同或相似反应的行为方式。模仿的内容很广泛，从行为习惯、言行举止到思维方式、价值观念、个性情感等都在模仿的范围内。

根据模仿方式的不同，可将模仿分为自发模仿和自觉模仿。自发模仿指行动者无意识地模仿他人，而不考虑其所模仿的行为的原因和意义。自发模仿又可分为先天本能的模仿和后天习得的模仿。自觉模仿指有意识地模仿他人，行为的目的带有一定的动机和期望，如女孩为了让自己更美更时尚而模仿时尚杂志上模特的着装方式。自觉模仿也可以分为适应性模仿和选择性模仿两种方式，前者是行动者为适应新的生活而模仿他人的行为，后者则是行动者经过思考而有选择性地进行模仿。

3. 竞争

作为社会互动的一种形式，竞争是指人与人、群体与群体对于一个共同目标的争夺，如学生之间在学习中对第一名的竞争，奥运会中运动员对金牌的争夺。竞争的发生一方面是因为人们对物质及精神等各方面的需求，另一方面是由于物质或精神资源在一定意义上的有限性，从而导致对资源的争夺。

社会竞争的发生必须具备三个条件：第一，必须有一个竞争的目标，即共同争夺的目标；第二是参与竞争的双方或多方可以发生在面对面的情境下，也可以不用发生直接接触；第三是竞争必须有胜负，即一方的成功必然会使另一方失败。

社会生活中存在各种各样的竞争，社会学中通常把竞争分为两大类[②]：一是私人的竞争，指竞争者把竞争的目标转移到参与竞争的对手身上所发生的各种社会相互作用。在这种类型的竞争中，双方不仅知道彼此之间在进行着竞争，并且知道只有战胜对手才能达到目标。另一类是非私人的竞争，它以某一事物为对象，而不是以个人为对象。这种竞争强调目标，而不太强调对手。

4. 合作

合作是指两个或两个以上的个人或群体为了达到共同目的而在行动上相互配合

① 周晓虹. 现代社会心理学. 上海：上海人民出版社，1997 年版，第 321 页.

② 风笑天主编. 社会学导论. 武汉：华中科技大学出版社，1997 年版，第 193 页.

的互动方式。合作是人类社会存在和发展进步的必要活动,如面对自然灾害时人们互相帮助克服困难,在生产活动中各个部门的相互协作完成任务等等,这些都是合作的具体表现。

合作行为的发生具备三个条件:一是合作者有共同的目标,并且对目标和将要产生结果有共同的看法;二是合作者具有实现目标所需要的条件,包括物质条件和合作者本身的技能、知识等;三是合作者采取相互配合的行动促进目标的实现。

根据不同的标准,合作可以分为直接合作和间接合作、无分工合作和有分工合作、结构性合作和非结构性合作等。

5.冲突

冲突是指人与人或群体与群体之间由于利益、目标、价值观等的差异、对立而相互产生的对抗性的行为方式。冲突与竞争既有一定的联系,又有区别。有些竞争如果过于激烈往往会导致冲突,而冲突又不同于竞争。冲突表现为直接的对抗,目的是要打败对方,并且冲突的双方有直接的、面对面的接触,冲突各方争夺的目标既可相同又可不同。

在人类社会中,冲突无处不在,并且存在于人类社会发展历史的各个阶段。冲突表现为多种方式,按照冲突的轻重程度不同,可以将冲突的方式分为五种:口角、拳斗、械斗、仇斗和战争。冲突一方面对社会的稳定和发展具有消极意义,如造成社会失序、资源浪费、经济损失等;另一方面冲突可以起到“社会安全阀”的作用,释放社会中的不满情绪,有利于人们建立进一步的关系。因此,冲突不单是一种破坏性的力量,而且是一种建设性的力量。

6.调适①

调适,也称为顺从,指的是以不同的方式调节或缓和人与人、群体与群体之间的冲突的一种互动方式。因冲突而发生的调适的具体方式有以下几种。

(1)和解。在冲突中双方不分胜负,但由于有了新的认识即经第三方调解,双方改变了原来的敌对态度,从而停止冲突,建立了友好的关系。

(2)妥协。妥协是一种经反复较量仍势均力敌、不分胜负时的一种暂时息争,妥协的双方既没有改变敌对态度,又没有胜者和负者。

(3)容忍。对立的双方暂时采取克制态度以避免发生冲突。

(4)调解。由第三方出面对双方的矛盾加以调解,而第三方提出的解决方案只有参考价值。

(5)仲裁。即通过第三方裁决来解决双方的矛盾,这种裁决对双方都有约束力。

---

① 周晓虹.现代社会心理学.上海:上海人民出版社,1997年版,第320页.

10.2 社会结构的基础——地位与角色

加拿大女性能顶半边天 “全职爸爸”越来越多①

为照顾两个年龄只差一岁的儿子,卡尔6年前辞去警察的工作,做了“全职爸爸”。当时,他别无选择:夫人是牙医,年收入是他的数倍。在加拿大累进式收入税体制下,他若继续去挣自己那份工资,他们不仅要多交税,还要花更多钱给两个孩子请私人护理。

“全职爸爸”在加拿大已不是什么“新职业”了。加统计局数据表明,1991年全国的“全职爸爸”约有8.8万人,而2002年这个数字为11万,现在仍呈上升趋势。这在上世纪50年代是根本不可想象的事情,那时放弃工作照顾孩子完全是妈妈们的“专利”。

加拿大“全职爸爸”的出现和增多,意味着夫妻双方原来因性别差异而形成的家庭角色已被颠覆。在就业、教育和收入等方面,加拿大女性顶起了半边天。

加拿大统计局另一项研究表明,加男性2005年平均每天做家务2.5小时,比1986年增加0.4小时。而女性上班时间则从1986年的3.3小时增加到4.4小时。虽然女性做家务时间还是高于男性,但时间由4.8小时减少到4.3小时。一个有趣的细节是,妻子年收入在10万加元以上的家庭,丈夫分担家务的可能性更大,有的干脆当起“全职爸爸”。

在教育方面,加拿大女性也取得巨大进步。到2004年底,加所有获得学士学位者中,有62%是女性。据加拿大医学联合会统计,加17所医学院中,女生占绝大多数的有13所。魁北克城拉瓦尔大学医学系2005年女学生占录取新生比例更是达到创纪录的80%。

加拿大道明银行一份经济研究报告显示,在25岁到44岁的加拿大女性中,2005年从事有酬工作的比例已从30年前的50%升到82%。在接受调查的460万对夫妇中,有28%的妻子收入高于丈夫,而在20世纪60年代末,这个数字只有11%。在加政府、公司管理层,女性占37%。在商业和金融领域的专业人士中,女性超过一半。尽管在工程和自然科学方面,男性仍处统治地位,但医生中,女性占55%,1987年这个数字为43%。

加拿大女性社会地位的提高不是偶然。20世纪60年代兴起的妇女运动,对加社会体制带来了革命性影响。《加拿大权利与自由宪章》、《就业公平待遇法》、《就业保险法》、《加拿大劳工法典》、《离婚法》、《家庭法》以及有关反对妇女暴力的干预和救助政策等,构成了较完备的保障妇女权益的法律体系。1976年起设立的妇女地位署

① 中国网 www.china.com.cn,2008年3月7日.

是专门促进和保护妇女权益的政府部门，它同全国上百个妇女组织和团体都结成了伙伴关系。目前，加相关立法或政策在形成前都要进行“以性别平等为基础”的专门分析。

但不少加拿大学者指出，社会上男女日趋平等是事实，但与20世纪70、80年代走上工作岗位的那一代女性比，现在成年女性的幸福感要低得多。因为当时女性只是简单地要么选择工作，要么养孩子，但现在的事实是，73%的加拿大女性是既养孩子又要工作。这种双重或多重角色给现代女性带来的是加倍的压力和焦虑。可以说，一个男女绝对平等的社会实际上是个乌托邦。

多伦多心理学者芭芭拉·基琳格说，25年前她的病人中几乎没有女性，而现在女性病人已占多数，其中很多人患有明显的精神崩溃综合症：害怕失败，担心别人瞧不起自己，充满抑郁和妄想等等。综合心理治疗信息看，目前加全职职业女性因压力而患抑郁症的比例是男性的两倍。

宣称引导新女性运动潮流的非政府组织——“加拿大真女人”认为，以前的女权运动片面强调了女性的社会角色，但忽视了她们作为母亲的家庭角色和情感需要。政府应立法或制定政策，把女性的这两种角色有机结合起来。

10.2.1 社会结构的概念

人类社会是由多种要素组成的复杂整体，社会的各个组成部分并非无序地组合在一起，而是有机地联系在一起。那么保证这些社会组成部分可以有秩序地成为一个整体的因素是什么呢？答案就在于存在于每一种社会类型中的社会结构。所谓社会结构，就是指社会基本要素或各组成部分之间稳定的关系或构成方式。地位和角色是社会结构的基础，群体、制度、机构等等都是社会结构的基本单位。社会学常常提及的社会系统、整合、网络等概念都是社会结构的表征，社会经济结构、职业结构、组织结构等等则都是社会结构的具体表现形式。

在社会学的理论发展史上，有关社会结构的研究一直是理论家关注的领域。对社会结构的分析，不同社会学家有着不同的观点。

马克思主义社会学对社会结构有广义和狭义两种理解。广义的社会结构是指社会各基本活动领域之间相互联系的一般状态，这些领域主要包括经济领域、政治领域、文化领域等，它们相互联系、相互作用，构成了广义的社会结构。狭义的社会结构是指由社会分化产生的阶级、阶层、民族、职业群体等主要地位群体之间相互联系的基本状态。马克思主义社会学关于社会结构的主要思想是：社会的基本结构是由经济基础和上层建筑两部分构成的，这种基本结构从根本上决定了社会上人与人之间的关系。在阶级社会中，社会各阶级和阶层之间的关系构成了社会结构的主要表现形式，其他表现形式如民族结构、职业结构等都受到经济基础和上层建筑这一基本结构的制约。

在西方社会学历史上，早期的社会学家如斯宾塞将人类社会与生物有机体进行类比,将社会结构比拟为有机体的结构,并认为它是自然进化的结果。这种简单的类比遭到社会学家的摈弃,之后很多社会学家对社会结构展开研究,其中影响较大的是首先由法国社会学家 E.迪尔凯姆提出,后来经美国社会学家 T.帕森斯进一步系统阐述的结构功能主义观点。

结构功能主义主张从理论的角度全面研究整个社会,重点研究社会的结构及其各组成部分之间在功能上的相互联系,社会结构是结构功能主义的中心概念。帕森斯将社会结构分为四个层次:一是社会的价值标准,指被社会成员最普遍接受的理想社会的标准;二是制度模式,包括有关亲属义务的规定、产权和权力的模式等;三是集体,如政党、学校、家庭等;四是角色,行动者所处的地位和承担的角色是社会结构最基本的分析单位。功能是维持社会体系生存的条件,功能体系包括适应(Adaptation)、目标获取(Goal attainment)、整合(Integration)及模式维护(Latent pattern maintenance)四个功能子系统,这些功能系统之间的关系构成了一定的社会结构,进而满足社会体系提出的功能要求。

结构功能主义一方面认为社会系统是一个整合、均衡的体系,个性体系、文化体系和社会体系之间必须达到一种最低限度的一致性。另一方面存在社会变迁,长期的社会变迁表现为社会结构的分化过程。社会结构的分化包括四个基本过程,分别是分化、适应能力上升、容纳以及价值通则化。

10.2.2 社会地位

社会由一系列不同层次的结构性要素构成,从微观到宏观,这些结构性要素主要包括:社会地位与角色、群体、社会组织制度以及社区。社会地位和社会角色是社会结构的基本单位,是研究社会结构的切入点。下面首先简要地介绍什么是社会地位。

作为社会成员,每个人都有一套属于自己的地位和角色,有了地位和角色,我们才能判定自己在社会中的位置,明确自身的责任和义务,地位和角色是社会成员的身份标识。

所谓社会地位,是指人们在社会关系网中所处的位置,通常是根据财富、权力、声望等做出的社会排列。社会地位是具有从社会角度规定了的权利和义务的社会位置,是静态的,可以由不同个体占据。比如,学校的校长居于一校之长的地位,这种社会地位表明了某人作为校长的身份,同时这个地位是可以为他人所占据的,具有可更替性。

一般来说,社会地位具有如下特点:①

(1)社会地位是由社会承认的;

(2)社会地位是一定的权利、义务和责任的象征;

(3)占据一定的社会地位的人必须要有相应的能力,但现实中也存在占据了一定

---

① 丁水木、张绪山著.社会角色论.上海:上海社会科学院出版社,1992年,第32~33页.

的社会地位而又不具备相应能力的情况；

(4)社会地位的获得决定于社会需要的状况，有一定能力的人不一定能获得相应的地位，因为社会的需要有一定的限度；

(5)社会地位具有多重性，一个人在家庭、工作单位、社交场合等不同的社会空间占据着不同的社会位置，因此就会有好几个不同的社会地位；

(6)社会地位具有主观属性和客观属性，主观属性是指由声誉、威望形成的社会位置，客观属性则指与某种社会职务、等级有关的社会位置。

每个人在一定社会中会结成多种社会关系，可能获得多种社会地位。地位有先天与后天之分。在社会生活中，有一些地位是与生俱来的，被称为“先赋地位”(ascribed statuses)，比如种族、性别、年龄等。而除去先天因素，大部分地位是个人通过后天的行动和成就获得的，这些地位称为“自致地位”(achieved statuses)。比如，某人经过努力从一名普通工人升职为一位经理，一个中学生通过勤奋学习成长为一名大学生等等，这些都是自致地位。

一个人可以拥有许多不同的地位，这些地位是根据不同的社会关系及不同的联系者确立的，如某某在家是儿子，在学校是学生，在学校的社团又是干部等等。而在个人的一组地位中，又有主要地位和其他地位。在相互关联的一组社会关系中，主要地位是一个人的所有地位中处于主要支配地位的位置，通常决定着其他的社会位置，其他的位置被称为次要地位。此外，在社会结构中，地位是有等级次序的，根据不同的标准，可以把人们的社会地位划分为不同的等级序列，如阶级或阶层地位、经济地位、职业地位、权力声望地位等。

社会学十分重视对多种地位间的相互关系的研究。由于一个人通常具有多种社会地位，因此，种种地位之间的关系既可能表现为一致，也可能出现不一致甚至矛盾的状况。地位一致是指个人具有的多种地位都处在大致相同的水平上，如一个人兼有较高的阶级地位、教育地位、职业地位。在社会流动较少和等级森严的社会里，地位一致性较强。地位不一致指个人在不同领域的地位高低层次不一致的情况，如一个阶级地位较低的人获得了较高的教育地位。社会经济地位与社会声望地位也有不一致的情况。

10.2.3 社会角色

角色这个词通常会让人联想到戏剧，各种各样的角色总是由舞台上的演员来扮演。英国戏剧家莎士比亚曾在他的戏剧中将社会生活及社会成员比拟为戏剧中舞台和演员：

全世界是一个舞台，
所有的男男女女不过是一些演员；
他们都有下场的时候，
也都有上场的时候，
一个人一生中扮演着好几个角色。

社会学对角色的研究也有一段较长的历史。互动论的代表人物、美国社会学家G.米德把角色概念运用于社会学领域，他提出个体心智的发展依赖于扮演他人角色的能力。J.莫雷诺将角色划分为“身心角色”和“心理戏剧角色”两种类型，前者是与基本生理需求相关、受文化制约的角色，后者则是指个体遵循的普遍的社会期望。对社会角色理论做出系统研究与论述的当属剧场互动论的代表欧文·戈夫曼。在他的表演互动论中，戈夫曼把社会看做是戏剧舞台，每个人都是社会生活舞台上的演员，并且提出一个完整的表演框架：剧本期望、剧情、剧组、表演区域及假面具。每个处于一定社会情境中的社会成员都依照表演框架找到自己的角色，进行表演。另外，成员在进行角色扮演时，往往会采取一系列的角色扮演技巧，即采取印象整理策略保证角色扮演的顺利进行。

1.社会角色的含义

有关角色的种种理论向我们揭示了角色的某些特征、实质及角色需要等等。的确，在社会生活中，每个人都扮演着一定的角色，那么什么是社会角色呢？

所谓社会角色，是指处于一定社会地位的个体，按照一定的社会规范、依据社会客观期望表现出来的行为模式及权利义务的总和。理解社会角色的概念，应把握以下五个方面。①

(1)社会角色是社会地位的动态表现。社会角色和社会地位密不可分，二者是一个问题的两个方面。社会地位是个体在社会关系中所处的位置，社会角色则是个体在这个位置上的行为模式。社会地位是社会角色的基础，社会角色是社会地位的动态表现。

(2)社会角色对应于一系列角色期望。角色期望是社会对处于一定社会地位的个体提出的权利与义务的规定，或说社会期望站在某个地位上的人有某种应有的行为模式。占据某一社会地位的人所表现的行为，不是由这一地位直接引发，而是由附在这一地位上的各类期望所引发。

(3)社会角色是一套权利、义务的规范和行为模式。任何一个社会角色总有一套行为模式，这套模式规定了角色的权利和义务。个人在长期的社会生活中逐渐形成与其权利义务相一致的行为模式，并且按照这套模式承担一定的社会角色。

(4)角色行为有赖于认知与实践能力。一个人遵循角色期望的程度与形式，取决于他的认知和实践能力，包括对期望的认知、对环境的认知及对自我的认知。

(5)角色是社会关系的基础。如果把社会地位看做社会关系的“结点”，那么角色行为就是“连线”。角色行为将各种社会地位连接起来，构成了复杂的社会关系网，社会角色因此成为社会关系的动态要素。

2.社会角色的类型

根据不同的标准，社会角色有多种划分方式。根据角色获得方式不同，或者说角

---

① 风笑天主编.社会学导论.武汉：华中科技大学出版社，1997年版，第98～102页.

色获得是否经过个人的主观努力,可将角色分为先赋角色(ascribed role)与自致角色(achieved role)。先赋角色指不需经过个人努力、由先天因素决定或由社会所规定的角色。先赋角色一般分两种:一种是建立在血缘、遗传等先天因素基础上的角色,如性别、种族等;另一种是由社会制度因素规定的社会角色,如封建社会通过世袭制度继承的地位,形成王公贵族等角色。自致角色是指社会中的个人经过自己的主观努力而获得的角色,典型的如大学生毕业后依靠自己的知识和能力获得一定的职业角色等。

根据角色的规范化程度,可将角色分为规定型角色与开放型角色。规定型角色也称正式角色,是指社会对某一角色的权利、义务有较明确的规定和期待,如教师、警察、法官等。规定型角色一般在正式组织中比较常见,正式组织会明确规定扮演某一角色的人应该遵守何种规范、履行何种义务、享受何种权利。但由于人与人之间在各方面都存在差异,即使是同一规范性角色,不同人对角色的扮演过程实际是不一样的。开放型角色又称为非正式角色,指社会对权利、义务及行为规范没有明确规定、没有严格限制的角色类型,角色承担者有较多自由发挥的余地。如家庭中女儿这个角色的扮演,日常生活中普通朋友之间的角色扮演等,这些角色都没有严格、明确的规定及限制,因此是非正式的。

根据角色追求目标的不同,可以将角色分为功利型角色和表现型角色。功利型角色是以追求实际利益和经济效益为目标的角色,如商人、企业家等。表现型角色是指以展现社会规范、价值观念及道德情操等为目的的角色,而非以经济利益为目的,如教师、政府官员、艺术家等等。这两种类型的角色之间有明确界限,但在很多情况下,一个人会在不同的社会情境中分别扮演功利型角色和表现型角色。比如现在很多慈善捐款都来自追求经济利益的企业家,艺术家在追求美学价值的同时也会将艺术作品作为获取经济利益的手段等等。因此,在一个人身上,这两种角色也不是绝对相互排斥的。

还有一种划分方式是美国文化人类学家R.林顿提出的,他根据角色表现的隐显状况,将角色划分为活跃型角色和潜隐型角色。林顿认为,在社会生活中,个体扮演多种角色,但在某一个具体时刻他只能扮演一种特定的角色,这时个体正在扮演的角色称为活跃型角色。而未表现出来的个体的其他角色称为潜隐型角色。两种角色的扮演随具体社会情境的改变而改变。

除了以上几种分类,还可以根据角色存在形态的不同分为理想角色、领悟角色和实践角色,根据人们承担角色时的心理状态分为自觉角色和不自觉角色,等等。

3.社会角色的扮演

角色扮演就是个体承担其角色的权利和义务,按照角色规定的行为模式与其他个体进行互动的过程。一般来讲,个体首先认识其所要扮演的角色,包括角色对应的社会地位、角色期待、角色规范、角色的权利义务等。这个过程是角色认知过程,是进行角色扮演的前提。在角色认知的基础上,个体与其他人进行社会互动。在角色扮演的过程中,个体根据具体情境区分前台和后台,确保角色扮演的顺利进行。具体说来,社会角色的扮演过程如下。①

(1)角色认知。角色认知是个体通过与他人相比较等方式来认识自己的权利、义务和行为模式的过程。它大致包括两个方面:一是要确定自己到底承担着哪些角色,即回答"我是一个什么样的人"的问题;二是确定自己在某一条件下适宜的行为方式,即回答"我现在应该怎么做"的问题。通常情况下,经过角色认知,人们大多都能够不同程度地确认了自己的角色,选择了相应的行为模式进行角色扮演。

(2)角色互动。角色互动是指角色扮演者之间的交互作用、共同作用及其过程。角色互动,首先要选择适当的、为双方都理解的话语、声调、表情、身体姿势、服装、动作等等,向对方传达信息,影响对方,引起对方的反应。如果选择的是对方不懂的话语和动作,互动就会出现困难。角色互动还要经常从自己的多种角色中选出合适的一种,以适应角色伙伴的行为。另外,角色互动过程中会不断涌现"角色创造",虽然各种角色都有特定的期望、目标等,但角色的具体扮演形式还是靠扮演者自己决定,在行动过程中不乏创造。随着社会的发展变化,新的角色会出现,新的角色行为模式也就被创造出来。

(3)角色扮演的前台和后台。前台和后台是根据角色与"观众"在互动中所处的位置来划分的。在前台,角色与"观众"发生直接的互动,而在后台,角色扮演者的行为通常不为观众直接感知。在前台,角色扮演者必须按照角色要求活动,而在后台则没有这种要求。但前台和后台是相对的,当观众进入后台,表演者会使后台变为前台,即表演者停止后台行动,而开始做出专门让观众看的行动。

4.社会角色失调

由于社会环境的复杂性及个人角色承担的多样性,个人在角色的扮演过程中往往会出现角色失调现象。角色失调通常表现为角色冲突、角色中断、角色失范以及角色失败。

1)角色丛与角色冲突

一个人在社会生活中会扮演多种角色,个人的角色行为具有多样性,我们用"角色丛"这个概念来描述与个人的各种身份中的某个身份相联系的所有角色的集合。如一位女教师,她要承担的角色不仅是老师,还包括家庭主妇、母亲等角色。某人全部角色丛的总和构成角色库。

个人所扮演角色的多样性造成了产生角色冲突的可能,原因是各种角色对行动者都有一系列特定的角色期望、规范以及权利义务,而这些不同的角色要求会存在不相容甚至相互冲突的成分,造成社会角色冲突。角色冲突就是指由于不同角色具有不同的角色期望和不同的角色规范,引起角色扮演过程中的矛盾和冲突,从而妨碍角色扮演的顺利进行。

---

① 风笑天主编.社会学导论.武汉:华中科技大学出版社,1997年版.

一般来讲,角色冲突可以分为两种:角色间冲突和角色内冲突。角色间冲突指个体在扮演多种不同角色时,由于无法满足多种角色期望而产生的冲突。如现代职业女性既要面对工作的压力,又要照顾好家庭的日常生活,许多女性都会在“以事业为重”还是“以家庭为重”之间徘徊,有些女性只能顾及一方,扮演好两者中的一种角色。角色内冲突是指在角色互动中,由于不同的角色伙伴对同一角色抱有矛盾的角色期望而引起的冲突。比如,作为两个孩子的父亲,女儿希望父亲可以抽出多一些的时间陪她,儿子有可能与女儿的想法相左,希望自己的自由多一些,而不需要家长过多干涉自己的自由生活,这就是角色内冲突。

角色冲突往往会给角色扮演者造成角色紧张,使扮演者力不从心、左右为难,角色扮演者在这种角色冲突中体验到的心理状态就是角色紧张。要克服这种紧张,行动者应判断各种角色的价值,从多种角色中挣脱出来,把有限的时间和精力用到对自己更有价值的角色中去。

2)角色中断

角色中断是指处于一定社会地位的人,由于某种主观或客观的原因而不能完成角色扮演即角色扮演出现中途间断的现象。如学生的辍学、工人的失业等,这种种角色中断现象往往是由于人们对角色的承担没有做好全面的准备,导致后期角色履行无法继续。另一方面,角色中断还可能是因为后一阶段的角色规范与前一阶段相冲突,造成行动者不能继续充当原来的角色。

3)角色失范

角色失范是指行动者对社会角色的规范、权利及义务等认识不清,不知如何去扮演某种角色。这种现象往往出现在社会发生急剧变迁时期,新角色出现或者角色的规范、义务等发生变化,从而造成行动者的角色行为失范。

4)角色失败

角色失败这是最严重的社会角色失调现象,指角色扮演者没有能力继续履行某种角色的权利和义务,而放弃原来角色的现象。

10.3 社会网

有关社会网的研究是西方社会学的一个重要的分支领域,社会网是分析社会结构和社会关系的一种方法,是一种关于社会结构的观点。

1.社会学关于社会网的研究

社会结构是社会学研究领域的重要问题,很多学者在社会结构的研究中运用网络或关系的概念和方法分析社会结构的形成及其对人们社会行为的影响。德国社会学家齐美尔(G. Simmel)1992 年 在《群体联系的网络》一书中第一次在社会学研究中使用了“网络”一词,并把社会想象为相互交织的社会关系。英国人类学家拉德克利夫—布朗(Brown)在1940年首次使用了“社会网”的概念。[①]

美国社会心理学家雅各布·莫里诺在20世纪30年代创立了社会测量学,用以测量群体内成员间关系密切程度。在这项研究中,莫里诺将调查结果绘制成“社网图”,即表示群体内成员相互吸引或排斥的示意图。社会网络图较多地用于群体内人际关系的分析,可以反映出群体内个体的互动状况、群体的内聚力等群体结构方面的情况。

到了20世纪70年代中期社会网研究成为社会学研究的一个新的领域,在社会学及其分支经济社会学领域发展出很多社会网络的理论。在此主要介绍几种较具代表性的理论。[②]

第一种是网络结构观。这种理论把人与人、组织与组织之间的纽带关系看成一种客观存在的社会结构,从而分析这种结构对人或组织的影响。网络结构观认为,任何主体(人或组织)与其他主体的关系都会对主体的行为产生影响,并将个体按其社会关系分成不同网络,分析人们的社会关系面、社会行为的“嵌入性”,指出人们在其社会网络中所处的位置及其网络资源的多寡和优劣。

第二种是市场网络观。该理论的代表怀特认为市场是从社会网络发展而来。首先,生产经营者们从一开始就处在同一社会网络之中,这种社会网为他们提供了必要的经营信息。其次,处于同一网络中的生产经营者们相互之间建立起信任关系,从而共同遵守同一规则,一起维持共识,使商业往来得以延续。第三,市场秩序是生产经营者网络内部相互交往产生的暗示、信任和规则的反映。

第三种是格兰诺维特的弱关系力量假设。格兰诺维特将关系界定为人与人、组织与组织之间由于交流和接触而实际存在的一种纽带关系,他提出关系力量的概念,并将关系分为强和弱,认为强弱关系在人与人、组织与组织、个体和社会系统之间发挥着根本不同的作用。在他看来,强关系是在性别、年龄、教育程度、职业身份、收入水平等社会经济特征相似的个体之间发展起来的,而弱关系则是在社会经济特征不同的个体之间发展起来的。因为群体内部相似性较高的个体所了解的事物、事件经常是相同的,所以通过强关系获得的信息往往重复性很高。而弱关系是在群体之间发生的,由于弱关系的分布范围较广,它比强关系更能充当跨越其社会界限去获得信息和其他资源的桥梁,可以将其他群体的重要信息带给不属于这些群体的某个个体。在与其他人的联系中,弱关系可以创造例外的社会流动机会如工作变动。格兰诺维特断言,虽然所有的弱关系不一定都能充当信息桥,但能够充当信息桥的必定是弱关系。

第四种是社会资源理论。该理论的代表林南认为,那些嵌入于个人社会网络中的社会资源——权力、财富和声望,并不为个人所直接占有,而是通过个人的直接或

① 肖鸿.试析当代社会网研究的若干进展.社会学研究.1999年,第三期.
② 肖鸿.试析当代社会网研究的若干进展.社会学研究.1999年,第三期.

间接的社会关系来获取。在一个分层的社会结构中，当行动者采取工具性行动时，如果弱关系的对象处于比行动者更高的地位，他所拥有的弱关系将比强关系给他带来更多的社会资源。个体社会网络的异质性、网络成员的社会地位、个体与网络成员的关系力量决定着个体所拥有的社会资源的数量和质量。林南认为，资源不但可以被个人占有，而且也嵌入于社会网络之中，通过关系网络可以摄取。

第五种有代表性的社会关系网络分析来自罗纳德·博特。博特认为，无论主体是个人还是组织，其社会网络均表现为两种关系。一是网络中的任何主体与其他每一主体都发生联系，不存在关系间断现象，从整个网络来看就是“无洞”结构。这种形式只有在小群体中才会存在。二是社会网络中的某个或某些个体与有些个体发生直接联系，但与其他个体不发生直接联系。无直接联系或关系间断的现象，从网络整体来看好像网络结构中出现了洞穴，因而称作“结构洞”。

2.社会网的概念及特征①

社会网是一个关于社会结构的概念，它不仅用大量的经验资料研究社会结构本身，而且还研究社会结构如何制约人们的社会行为，社会网研究就是分析社会网的结构及其对社会行为的影响模式。

所谓社会网，是指人与人之间相互联系所形成的一个整体结构，它并不是一张平面的网，而是立体交错的空间网络。社会网中的点即个体不一定仅限于个人，它也可以是组织、群体或是整个社会甚至是国家。社会网中连接个体之间的关系也是多种多样的，既可以是朋友、亲戚，也可以是交流渠道、商业交换或贸易往来，甚至是敌对关系。社会网的结构包括三个部分：社会网的规模、密度和组合。社会网的规模简单地说是社会网的大小或范围；社会网的密度是衡量社会网结构松紧程度或成员之间相互联系的程度，它以社会网中的实际关系与所有可能发生关系的比率来表示；社会网的组合是指构成社会网的行动者个人或其成员社会背景的同质性。

社会网的特征表现在社会网的连接所包含的四方面内容或特征。首先，社会网的连接是有强度的，即连接强度，是指构成社会网的成员彼此间关系的强度。例如社会网中两个人之间的关系，如果是挚友，则其关系比一般普通朋友的连接要强得多。其次，社会网连接的多元性，指社会网中连接关系的同质性程度。社会网成员之间的关系种类越多，则这个网络的连接多元性较高，亦即连接关系的同质性较低。第三是社会网连接的持久性，指社会网成员之间的关系保持不变的性质，如果网络成员间的关系较持久和稳定，那么这个社会网就会较稳定、整合度较高。第四是社会网的互换性，指的是构成社会网成员之间的互换对称的程度。例如在青年 A 的个人网中，A 认为 B 是其好友，假如 B 认为 A 也是他的好友，则 A 与 B 之间的互换性就高。如果 B 认为 A 只是他的普通朋友或熟人，则他们之间的互换性就低。一般来说，互换性越高，则个人利用社会网的关系取得帮助获得利益的可能性也越多，反之则不然。

---

① 方壮志.社会网研究的基本概念和方法.华中理工大学学报.社科版，2005 年 7 月.

3.社会网研究的意义

前面已经提到，社会网是关于社会结构的研究。在分析社会结构的过程中，如果说地位和角色是切入点，那么社会网则是社会结构之所以可以作为一个整体的线索。也就是说，依照社会网研究，可以找到使社会结构的各要素得以连接的网络，并分析各个网络结点即社会结构各要素之间的关系。

除了关于结构要素的关系研究，社会网更广泛地运用于社会关系特别是人际关系的研究，以及社会成员依靠网络获取社会资源或资本的途径和过程的研究。我国的一些学者将社会网中的关系理论加以运用发挥，在中国的特殊语境下，解读个人或群体利用中国特殊的社会关系网获取资源的方式。如翟学伟在《社会流动与关系信任——也论关系强度与农民工的求职策略》一文中，将格兰诺维特的关系强度理论与中国社会的现代性及传统性特点相结合、相比较，探讨了作为处于传统社会和现代社会交汇点上的农民工群体在求职及城市生活过程中如何建立起自己的社会关系网络的。

因此，在社会结构和社会关系研究中，社会网的理论给我们提供了很多全新的视角与启示，社会网分析对研究现代中国的社会结构和人际关系特点具有重要的意义。

本章小结

(1)社会互动是在一定社会条件下，人与人之间、人与群体或群体与群体之间在相互作用中表现出来的社会行动。社会互动理论主要有符号互动论、约定互动论、表演互动论及交换理论。社会互动的形式主要有暗示、模仿、竞争、合作、冲突及调适。

(2)所谓社会结构，就是指社会基本要素或各组成部分之间稳定的关系或构成方式。地位和角色是社会结构的基础。社会地位是指人们在社会关系网中所处的位置，通常是根据财富、权力、声望等做出的社会排列。社会角色是指处于一定社会地位的个体，按照一定的社会规范、依据社会客观期望表现出来的行为模式及权利义务的总和。

(3)社会网是指人与人之间相互联系所形成的一个整体结构，它并不是一张平面的网，而是立体交错的空间网络。

思考题

1.什么是社会互动？社会互动的基本形式有哪些？

2.有关社会互动的理论有哪些？

3.什么是社会结构？

4.简要概括一下社会地位及社会角色的含义、类型。

5.什么是社会网？

11

社会分层与社会流动

学习目标

通过本章的学习,学生应掌握社会分层的概念、分层的基础及社会分层的理论,了解社会分层的研究方法及现阶段我国社会分层的现状。初步掌握社会分层与社会流动的关系,社会流动的概念、类型及关于社会流动的理论。

本章知识点

(1)社会分层的概念及划分标准。
(2)社会分层的传统理论。
(3)社会分层的研究方法。
(4)我国现阶段的社会分层。
(5)社会流动的概念及类型。
(6)社会流动的主要理论。

在介绍本章的内容之前,先看两篇新闻报道。

家境贫困交不起学费 女儿考上大学父亲自杀①

孩子考上重点大学原本是件好事情,可榆林一中年男子面对随之而来的高额学费却不堪重负服毒自杀。

服毒自杀的男子叫景统仕,今年53岁。1992年为使家庭走出贫困,景统仕带着妻子和5个子女从老家子洲县来到了榆林南郊农场,租种这里的十几亩地,靠卖蔬菜维持生计。近几年,虽然大女儿和大儿子已成家,但景统仕的家庭负担仍然沉重。尤其是最近两年,两个女儿和小儿子均升入中学,尽管三姐弟一个比一个优秀,但每年近万元的学费成了极大的负担。

今年高考成绩公布后,景统仕的二女儿、19岁的景艳梅考出了理工类533分的好成绩,高出了重点分数线六七十分。可面对这样的好成绩,景家的人却怎么也高兴不起来。9月份女儿景艳梅要去上大学,还有两个孩子今年又都被保送进重点高中,至少上万元的学费和家里原本就欠下的3万多元的债,这让景统仕感到了巨大的压力。

7月14日,趁家人去地里干活,景统仕在家中服下了大量的农药,虽经医院紧急抢救,但他还是在当晚离开了人世,而这个贫寒家庭的债务上又多了医院8 000多元的抢救费。

昨日下午,记者来到景统仕家时看到,这个清贫的家除了几年前花三四百元钱买来的一个旧的黑白电视机外,几乎没有一件可以称得上是"家具"的东西。景统仕的大儿子景军告诉记者,父亲死后,他们家越发困难了,16日他们托亲戚从省招生办打听到,妹妹艳梅被东北师范大学录取。景军说,不到两个月妹妹就要去上学了,他不愿意让妹妹因为贫困而失学,但他却不知道该到哪里去筹集那对他家来说简直不敢去想的高额学费!

杭城大学新生带保姆上学 号称"提高学习效率"②

杭州高校这几天陆陆续续都开学了,现在大学新生们的装备是一年比一年齐全,个别新生还带保姆一起来"上学"。

新闻专业大一新生宿舍内,新生小章优哉游哉地和同学聊着天,旁边一位中年妇女满头大汗地铺床、摆放洗漱用品,小章时不时中断她和同学的谈话,指点两句:那件衣服放在外面吧,我常穿。那个镜框摆书桌左边,不要放在正中间……看样子她们是一家人,可是中年妇女朴素的穿着却和小章的时髦形成了强烈对比。后来我问了才知道,她是小章家的保姆。

浙江工业大学大二学生小季说,在自己身边还没有发现雇保姆的同学,同学里的

---

① 华商报,2003年7月18日.

② 江南时报,2004年9月24日.

确有不爱劳动的，有的人从不在学校洗衣服，一到周末就背一大包脏衣服回家。但谁要是真明目张胆地雇保姆给他做饭、洗衣服，估计没人会理他了。

计算机分院的小叶对此是这样解释的："请个钟点工多干脆利索，房间一下子变了样，心情舒畅，学习效率也高了。"

在采访中，也不乏对孩子请钟点工持支持态度的家长，有的甚至觉得这是个好主意，直说为什么自己没早想到。"现在都是一个孩子，从小就没怎么做过家务，现在上大学了，一下子让孩子独自面对那么多问题，还真是放心不下。如果有保姆，就好多了。多花不了几个钱，想想几千元的学费都掏了，几百元还在乎吗？"

两个新闻事件都是有关大学新生的，可是第一则新闻中大学新生的父亲因为无力为女儿支付学费而服毒自杀，第二则新闻却讲大学生花钱请保姆，表面上是在讨论现在一些大学生娇生惯养，不做家务，但从两个事件的对比中，我们可以看到贫富分化现象在大学生群体中的出现。贫富分化既是社会分层的基础之一，又是社会分层最直接的表现，本章介绍关于社会分层以及社会流动的基本知识。

11.1 社会分层的体系

11.1.1 社会分层的含义

社会分层(social stratification)是人类社会普遍存在的一种现象，从古自今，人们总是生活在一定的阶级或阶层中，不同阶级、阶层的成员在财富、身份、地位及社会资源的占有等方面存在明显的差异。社会分层是社会结构的一种静态表现，反映了社会的层级结构，揭示了社会不平等的存在。

"分层"原为地质学家研究地质结构时所用，是指地质构造的不同层面。同地质结构相似，社会学家发现在社会结构中也存在不同层面。由于种种社会差别和社会不平等的存在，不同的人和群体被划入不同的层级之中，不同层级的人们在经济状况、社会地位、职业类别及生活方式等方面都存在差别。社会分层是用来指涉这种社会差别和不平等的概念，是按照一定的标准，将社会成员划分为高低有序的不同等级、不同层次的过程和现象。社会分层是纵向的社会分化，即社会成员之间在诸如阶级、地位、权力和财富等资源占有上的等级分化现象。

社会分层现象自古有之，在各种社会类型中普遍存在。除了普遍性，社会分层还具有特殊性，这表现在社会分层的不同形式。人类历史经历的多种不同的社会制度中，社会分层的表现形式也各不一样。比如，奴隶社会分为奴隶主、平民以及奴隶阶层，封建社会存在地主和农民阶层的划分，资本主义社会分为资产阶级和无产阶级两大阶级。此外，不同国家还有为本国独有的社会分层形式。比如印度在种姓制度的实行下，整个社会有着严格的等级划分：地位最高的是婆罗门，主要由僧侣和知识分子组成；其次是武士阶层组成的刹帝利；随后是吠舍，包括农民、手工艺者和商人；地位最低的是首陀罗，是由伺候用餐、做饭的高级佣人和工匠组成；比首陀罗更低的是被称为“不可接触的贱民”阶层。这种独特的等级划分形式是与一国特有的历史、制度及文化等方面的因素相关的。

作为一种客观事实，社会分层存在于各种社会类型中。尽管社会分层的结构和状态各不一样，但分层现象的实质是社会差别和社会不平等的存在，反映了社会成员在经济资源、社会资源以及文化资源等方面的不平等。李路路认为，社会分层的实质，是社会资源在社会中的不均等分配，即不同的社会群体或社会地位不平等的人占有那些在社会中有价值的事物，例如财富、收入、声望、教育机会等。

11.1.2 社会分层的体系①

分层体系(stratification system)指的是产生明显不平等的社会制度体系。社会不平等是指社会人口中的个体对某特定社会中的“有价”资源和地位的不平等的摄取和占有，因此有价资源就成为划分不同分层体系的依据。“有价”指社会特定的一群人认为这种资源有价值，同时是稀缺品，当有价资源在某一系统分布不均衡时，就称为不平等体系。格伦斯基详细列出了为分层体系提供基础的一些资产、资源和有价事物的类型，见表11-1。

表11-1 为分层体系提供基础的一些资产、资源和有价事物的类型

资产类别	举例	相关学者
1.经济类	对土地、农田、工厂、专业工作、商业、流动资产、人(也就是奴隶)、劳动力(也就是农奴)的所有权	马克思 赖特(Erik Wright)
2.政治类	家庭权威(例如家长)；工作权威(例如经理)；政党和社会权威(例如议员)；宗教领袖	韦伯 达伦多夫(Ralf Dahrendorf)
3.文化类	上层社会的消费方式；“优雅的举止”；特权化的生活方式	布迪厄(Pierre Bourdieu) 蒂马鸠(Paul DiMaggio)
4.社会类	对上层社会网络的进入；社会关系；社团和俱乐部；会员资格	沃纳(W. Lloyd Warner) 科尔曼(James Coleman)
5.荣誉类	声望；“好名声”；声誉；尊重和诋毁；种族和宗教的优越性	希尔斯(Edward Shils) 特雷曼(Donald Treiman)
6.公民类	财产；契约；选举的权利；议员资格；结社和言论自由	马歇尔(T. H. Marshall) 布鲁巴科(Rogers Brubaker)
7.个人类	技能；专长；在职培训；经验；正规教育；知识	斯瓦拉斯托加(Kaare Svalastoga) 贝克尔(Gary Becker)

① [美]戴维·格伦斯基 编.社会分层.第2版.北京：华夏出版社，2005年.

表11-1列出了几乎所有可能的消费品,这些消费品构成了社会分层的原材料。但人类发展的若干历史阶段的社会类型的分层却只是以其中的一种或几种为主要的社会分层依据,即或采取分立的阶级、阶层去描述分层体系或采用多维方法来描述。

安东尼·吉登斯(Anthony Giddens)将人类社会的分层体系分为四种基本类型。

1.奴隶制(slavery)

奴隶制是社会不平等的极端形式,在奴隶社会中,奴隶主拥有对奴隶的所有权,奴隶就是奴隶主的私有财产。

2.种姓制(caste)

种姓制的产生与印度的文化密不可分,种姓是指印度的世袭阶级即婆罗门、刹帝利、吠舍和首陀罗。在种姓制主宰的印度,社会等级是按照纯粹的血统来划分的。

3.等级制度(estates)

等级制是欧洲封建制度的分层体系,同样存在于很多其他传统文明社会中。在封建等级制分层体系中,社会地位的不同表现在权利和义务的不同,并且这种差异是由法律保障的。

4.阶级体系(class systems)

阶级社会主要以经济性的生产手段作为分层体系的基础。吉登斯指出,阶级体系与上述三种分层体系相比,主要有四点不同:阶级体系的流动性高于其他类型的分层体系,并且阶级间的分界从来都不清晰;个人的阶级地位并非完全由先赋因素决定,而是在一定程度上依赖后天的自致因素,阶级社会的社会流动(包括上向流动和下向流动)比其他类型的分层体系更加普遍;阶级划分依据不同群体之间的经济差异,但其他类型的分层体系主要依据的是非经济因素;各阶级的行动主要通过非个人的大规模联系,而其他类型的分层体系是通过个人联系。

吉登斯认为,分层是不同群体之间结构化了的不平等,层化的社会由一个等级体系中一系列阶层(strata)组成,包括享有特权的上层以及几乎没有特权的底层。阶级(class)被定义为拥有共同经济资源的大规模群体,财产的所有权及占有是区分阶级的主要因素,并且不同阶级类型导致不同的生活方式。在西方社会,存在四个主要阶级:上层阶级、中层阶级、产业工人阶级和农民阶级。

格伦斯基认为,分层体系的核心包括以下几点:一是制度,即将物品定义为有价资源;二是分配规则,即在各职业或职位间对有价物品作分配的规则;三是流动机制,即将个人与职业联系起来而产生对有价资源不平等控制的社会流动机制。格伦斯基采用混合分类的方法,将表11-1中列出的大多数分类标准相混合,建构了分层体系的理想类型,描述了在最纯粹的形式下这些体系如何运行。见表11-2。

表 11-2 典型的理想分层体系的基本参数

体系	决定性的资产	主要阶层或阶级	不平等程度	刚性	凝固化程度	意识形态
A.狩猎和采集社会						
1.部落形态	人(狩猎和占卜技能)	首领,巫师,其他部落成员	低	低	高	论功行赏
B.种植和农耕社会						
2.亚细亚模式	政治性的(政府职位)	官僚和农民	高	中等	高	传统和宗教性原则
3.封建形态	经济性的(对土地和劳动力的控制权)	贵族,神职人员,平民	高	中等偏上	高	传统和罗马天主教原则
4.奴隶制	经济性的(奴隶占有)人员财产	奴隶主,奴隶,“自由人”	高	高	高	先天和社会的劣等学说
5.种姓制	荣誉性的和文化性的(民族血统“纯生活方式”)	种姓和亚种姓	高	高	高	传统和印度种姓原则
C.工业社会						
6.阶级体系	经济性的(生产手段)	资本家和工人	中等偏上	中等	高	经典自由主义
7.“发达”工业社会	人力(例如教育程度,特长)	基于能力的职业群体	中等	中等偏下	中等	经典自由主义

11.2 社会阶层的划分

上一节介绍了社会分层的体系,不同的分层体系反映了多种社会分层的划分基础,比如生产资料的占有关系、社会地位、生活方式、名誉声望等等。本节详细介绍社会分层的理论传统、社会分层的基础及社会分层的研究方法。

11.2.1 社会分层的两大理论传统

关于社会分层的基础,社会学史上有两种最具代表性的分析框架:一是卡尔·马克思的阶级分析;一是马克斯·韦伯的财富、权力、声望多元分层论。

1.马克思的社会分层观点

马克思研究社会分层所采用的方法是阶级分析法。在马克思看来,阶级是指一定社会经济结构中处于不同地位的集团,阶级是相应时代经济关系的产物,是生产力与生产关系矛盾的社会表现。生产关系是马克思进行阶级划分的根本依据,在生产力发展到一定程度的资本主义社会,生产关系表现在占有生产资料的阶级对不掌握生产资料的阶级的剥削、统治关系。基于此,马克思根据生产资料的占有关系将资本主义社会划分为两大阶级:资产阶级和无产阶级。占有生产资料的构成剥削阶级即资产阶级，不占有生产资料的则处在被剥削阶级地位，沦为无产阶级。

从根本上讲，马克思主要以经济因素来划分社会阶级，也即根据生产资料的产权关系区分阶级地位。在阶级社会，社会地位不平等的根源在于以财产关系为核心的生产关系，由此形成不平等的阶级地位即资产阶级和无产阶级，产生了社会的统治阶级和被统治阶级。需要指出的是，生产力和生产关系是处在不断的矛盾斗争中的，二者关系的变化会引起生产方式的变化，从而进一步导致阶级关系的变化。

李路路指出，阶级理论主要是解释性和分析性的，它更多的是分析社会不平等产生的根本原因，其理论分析的基点在于社会成员与社会资源的关系性质，以及在此基础上产生的不同社会阶级之间的关系性质。

2. 韦伯的多元分层理论

马克思的阶级理论强调经济因素对社会分层的决定性作用，而韦伯社会分层理论则是一种多元分层模式。韦伯认为应该根据财富（经济标准）、权力（政治标准）和声望（社会标准）三大因素来分层，经济分化产生若干阶级，社会分化产生不同的社会集团，而政治分化则产生政党。

经济标准，是指社会成员在市场中的机会，即个人能够占有商品或劳务的能力，也就是经济收入和财富的多少。财富不仅包括收入，而且包括所有的社会经济财产，如土地、自然资源、物质产品等。韦伯将财富作为划分阶级、阶层的经济标准。

政治标准，即权力。在韦伯看来，“权力是存在于社会关系中的某种机会（opportunity），它使人即使遭遇抵抗也能够贯彻自己的意志，而不必介意这种机会是建立在什么基础上的。”[①]权力不仅产生于对生产资料的占有状况，而且可以产生于个人或群体在科层制组织中的地位。另外，法律秩序也是一个增加人们获取权力机会的因素。

社会标准，即声望，指个人在其所处的社会环境中得到的声誉或尊敬，它取决于个人的身份、受教育水平、职业、生活方式等。声望往往与较高的社会地位相关，并且声望和财富、权力是相互联系的，同时三者又可以各自独立。

总之，在韦伯看来，经济地位并不是由生产资料决定，而是由人们所处的市场机会决定。社会分层的因素除经济因素之外，还有地位和权力因素。财富、权力和声望三个标准是多维而并行的，但在实证层次是相关的，三者之间可以相互转化，如拥有一定权力的人可以凭借其政治地位获得社会声望。但三个标准是不能等同的，并且不能相互取代，各个标准都可以单独作为划分社会分层的标准。韦伯的财富、权力和声望三位一体的社会分层模式对西方社会分层理论产生深远影响，多数学者以韦伯的分层理论为基础，在研究社会分层时采用多元因素分析法。

11.2.2 社会分层的基础

以社会分层的经典理论为基础，中西方很多学者在研究各国的社会分层的过程

① 周晓虹. 西方社会学历史与体系. 第一卷 经典贡献. 上海：上海人民出版社，2002年版，第376页.

中提出了划分社会阶层的多种标准。如社会学家米尔斯根据工人的职业性质，将工人分为白领和蓝领两个阶层；美国学者 E.赖特依据生产资料中资产占有的差别、组织资产占有的差别以及技术知识资产占有的差别对发达资本主义社会进行阶级结构划分。还有学者将生活方式作为分层的基础，如美国学者保罗·福塞尔在《格调》一书中就将格调作为主要变量描述了美国的社会阶层。

中国社会学家李强指出不同的理论家在采用某种视角、采用某种分层标准的时候，总是与一定的研究目的相联系的，因此形成社会分层的多种标准。他认为社会分层本质上讲的是社会资源在各群体是如何分布的，因此，资源的类型和占有水平也就常常成为划分阶层、社会地位的标准。[①]李强提出了十种用来分层的重要资源：①根据生产资料的占有或剥削与被剥削划分社会阶层；②按照收入划分社会分层群体；③按照市场地位划分阶层；④根据职业划分社会阶层；⑤根据政治权力划分阶层；⑥按照文化资源区分阶层；⑦社会资源（社会关系资源）；⑧因社会声望资源不同而形成的分层群体；⑨民权资源的分配；⑩人力资源或人力资本的分配。按照以上十种不同的资源可以区分为不同的社会分层群体。十个方面的侧重点各自不同，由此划分了不同的分层组合，而这些不同的分层组合所划分的阶级、阶层、社会集团、社会群体又常常是互相交叉的。

陆学艺以职业分类为基础，以组织资源、经济资源和文化资源的占有状况为标准划分当代中国社会阶层结构的基本形态，各社会阶层及地位等级群体的高低等级排列是依据其对三种资源的拥有量和其所拥有的资源的重要程度来决定的。基于此种基础，他将中国社会划分为十大阶层。

目前社会学常用的分层标准主要有收入、财产、职业、教育水平、权力和声望等。[②]

1.收入

收入的差别是重要的社会分层的依据，这不仅因为在劳动作为谋生手段的情况下，收入对其他标准的作用是非常明显的，而且收入还与人们的消费方式、生活习惯、安全感和积极性都密切相关。

2.财产

财产是指在一个特定时间里所拥有的财产。财产的主要种类有储蓄存款、房屋、小汽车等个人财产，以及包括房地产、机器设备、库存和证券在内的企业资产。财产可以看做是过去收入的累积。如果财产以某种形式出现，如企业的所有权或者是股票和债券的所有权，则财产即变成资本，成为新的收入来源。在分层研究中，财产可能比收入更重要。

---

① 李强.试析社会分层的十种标准.学海，2006.第4期.

② 易益典主编.社会学教程.上海：上海人民出版，2007年版.

3.职业

职业地位是人们在现代社会中的主要社会地位，是个人进行社会活动的主要场所，因此，职业是社会分层中最显著的外显地位标准，同时它也能反映出一系列潜在地位的标准。

社会学者仇立平认为，职业的内涵不仅仅是职业的社会声望评价，而且是一种社会地位的评价指标，它包括权力、财富、声望。也就是说，处于社会地位等级体系中的职业地位，是由职业权力、职业所能带来的财富，以及职业所具有的声望所构成的。职业是联系社会阶层深层结构和表层结构的结合点，它一方面与社会阶层深层结构中的财产所有权有关，另一方面又与社会阶层的表层结构相联系；不同职业所具有的社会声望、教育程度、经济收入和财富、生活方式、价值观念是有差别的，甚至有很大差别。①

4.教育水平

教育水平是决定社会地位和职业的重要因素。教育水平一般与个人经济收入相匹配，它直接影响着人的能力、知识、技能、品味和价值观等；同时，对于整体社会的运行而言，教育程度分层也是一个至关重要的分层标准，并且随着社会发展，它在阶层划分中的作用也越来越大。

5.权力

权力意味着一个人在群体和社会中向别人施加影响的能力，因而，权力的大小不仅决定着资源的分配方式，而且还影响着一个人的态度和行为意向。处于相同权力层的人，对社会政策的评价，对社会现象的看法等方面都具有很大的共同之处。

6.声望

声望是一个人潜在的社会影响力，与前面的几个标准不同，声望标准可能不是一个独立的标准，它源于教育水平、收入、权力等因素的结合，是多种因素的折射和反映。

此外，像家庭背景、居住区位、消费行为、品味等方面都可以作为社会分层的标准。但在诸多标准中，职业可能是进行现代社会分层最主要的标准，因为职业直接与收入、教育水平、权力和声望等要素相关，是这些潜在地位标准的集中外在体现。

中国社会分层的基础是伴随着改革的推进而不断变化的。结合我国具体的社会分层结构及其变迁，除了以上列举的分层标准，还应考虑所有制、身份等因素。

7.所有制

所有制是改革开放前及改革开放初期影响中国社会分层的重要因素。当时中国存在集体经济、个体经济、私营经济等不同的所有制形式，不同所有制下的单位性质不同，单位成员的收入和地位也有所不同。但在研究目前中国的阶层状况时，所有制并不必然决定社会成员的收入和社会地位关系。由于所有制结构、产权制度的调整

---

① 仇立平.职业地位：社会分层的指示器.社会学研究，2001年，第3期.

和改革，所有制关系并未稳定，因而它无法成为一个稳定性的衡量尺度。

8.身份

身份制是改革开放前中国最主要的分层机制。身份制就是通过法律、法规的规定，将获得某种资源和机会的可能性限定在具备某种资格的身份群体内部。改革开放以前，区分身份群体的属性或条件主要有户口、家庭出身、工作单位所有制等等。我国在1979年以前，全体社会成员主要依照干部、工人、农民三种身份被区分为相应的三大社会身份序列。其中干部的分层是一个核心，干部级别垂直分层作为全社会的分层体系的主要部分。干部有一级、二级直到二十多级的干部；工人有一级工、二级工到八级工；农民有贫下中农、富农、地主等。一般说来，前者的待遇优于后者即干部优于工人，工人优于农民。这种阶层结构实质是将政治身份作为分层的标准，这种分层结构是特定社会条件下的产物。1979年以后，随着改革的全面推进，经济结构的调整，阶级、阶层的变动以及单位社会的逐步解体，以“身份制”为基准的社会分层体系趋于解体，身份制不再那么重要了。

社会分层的标准是与一个社会的特殊的社会结构密切相关的，随着社会的发展和变迁，分层标准也会发生种种变化。旧的标准会逐渐解体，新的标准被确立起来，并且社会分层的标准会越来越丰富，如上文提到李强列出的社会分层的十种资源。

11.2.3 社会分层的研究方法

社会学家在研究社会分层时采用多种因素对不同的社会类型进行划分，而在这个过程中，研究者都是采用一定的方法将社会成员划入不同阶层的。另外，社会成员对自己属于哪一阶层也会有自己的评价。那么社会学研究社会分层的方法主要有哪些呢？

1.社区调查法

社区调查法是指研究者深入到某一社区，在此社区居住较长一段时间，了解社区的阶层结构。较著名的是林德夫妇的美国“中镇”调查。1924年，美国社会学者林德夫妇来到印第安纳州研究当时的一个典型社区“中镇”（研究用名）。为了获得便于比较的基本情况，林德夫妇重新勾画了1890年中镇的生活状况。1935年林德夫妇又重返“中镇”，写了第二步调查著作——《重返中镇》。这样人们可以从1890年、1924年和1935年三个不同的年代进行比较。林德夫妇第一次在中镇住了一年多，他们尽可能多访问一些人，多和镇民交谈，他们走访了那里的所有的显要人物和许多老百姓，阅读了大量的报纸、日记和地方志，参加了镇教堂的宗教集会、镇民的团体活动和俱乐部午餐聚会，他们偶尔也发问卷，收集诸如中学生的任意行为或任意态度一类问题的统计情况，但重在调查质量而不是数量。这样，林德夫妇对“中镇”社区的阶级结构作了清楚的分析。

2.声望判断法

声望判断法是指社会学者首先找到被调查者，然后由被调查者对他们熟悉的另外一个人或群体作出阶层评价的方法。调查者使用这种方法时，选择一组人，向他们询问:他们认为其他人属于什么阶层?被调查者就是作为社区的"声望评判人",根据居住于此社区的人们的声望对他们进行等级划分。声望评判人一般是在社区居住过较长的时间,对社区居民的地位身份有一定的了解。这种方法通常适合于规模不大的社区,因为如果社区范围太大,要找到熟识人数众多的社区成员的声望评判人几乎是件不可能的事。另外,一个社区的声望评判人对社区成员的地位、声望评价可能会出现不一致的情况,因为不同人的主观判断肯定会存在一定差异。

3.主观法

主观法就是研究者直接询问被调查者,由他们本人对自己属于哪个阶层作出断定。这种方法的依据通常是一般人所熟悉的社会分层体系或研究者所确定的分层体系,在人们对分层体系有一定认识的基础上,研究者听取本人意见从而确定其阶层归属。这种方法虽然会受到提问方式和研究者态度的影响,但它的适用范围广,并且易于了解调查对象对分层体系所持的主观态度。

4.客观法

客观法是社会学者首先选取社会阶层的划分标准(如收入、职业、文化水平等),运用某些客观的具体指标,对社会分层状况做出分析的方法。简单说就是采用客观的标准进行分层研究,对社会成员的阶层归属做出断定。客观法常用的社会分层指标主要有以下几种。

1)不平等指数

所谓不平等指数是用最高收入者占总人口的比例加上最低收入者占总人口的比例,即用两者的百分比之和的办法来表示社会的不平等程度。在使用这种方法时,一般将贫困线以下的人视为最低收入者,而将收入高于平均收入 2 倍及以上的人视为最高收入者。

不平等指数反映的是社会两极人口与中等收入人口的比率关系。只要定下一定的标准就可以计算出不平等指数,而通过比较某一特定国家或地区的不平等指数就可以测算出不平等程度之变化情况。两极大则显示社会贫富分化程度高,中间层大则显示社会分化程度低。这个指标的优点是同时反映社会两极以及社会中间层的不平等指数之变化。

2)库兹涅茨比率(Kuznets Ratio)

库兹涅茨比率是美国著名经济学家 S.库兹涅茨(S. Smith Kuznets)提出来的,它使用一个综合值来反映社会各阶层收入差别的状况,将各阶层的收入比重与人口比重的差额的绝对值相加即得到其值,公式为:

$$R = \sum_{i=1}^{n} | Y_i - P_i |$$

式中　R 为库兹涅茨比率;Y_i 为阶层在总收入中所占比重;P_i 为各阶层人口比重。

库兹涅茨比率的优点是易于计算,并且能反映出社会总体的收入差距与不平等程度。

3)五等分法

五等分法最早是由佩什(F. W. Parish)在一篇题为"真实的个人课税率"的论文中提出来的。此种方法是按人均收入的高低将人口分为五等份,然后测量各五分之一层的人口的收入在总收入中所占的比例。据最新数据显示,目前全国城市居民收入最低的五分之一人口只拥有全部收入的2.75%,仅为收入最高的五分之一人口所拥有收入的4.6%。分别占总人口20%的最高和最低收入两大群体,收入差距已达33倍。

4)基尼系数

基尼系数(Gini Coefficient)本是经济学概念与测量方法,它是意大利经济学家基尼(C. Gini)根据洛伦茨曲线(Lorenz Curve)图而建立的测量分配不平等的程度的指标。由于它能较全面、准确地反映出财产、收入等分配的不平等程度,因而在社会分层研究中已被广泛应用。

基尼系数的理论公式是: $G = A/(A + B)$

式中, G 为基尼系数; A 为实际收入分配线(弧线)与绝对平均线(对角线)之间的面积; B 表示实际收入分配曲线(弧线)与绝对不平均线(边线)之间的面积,具体情况可参见下图:

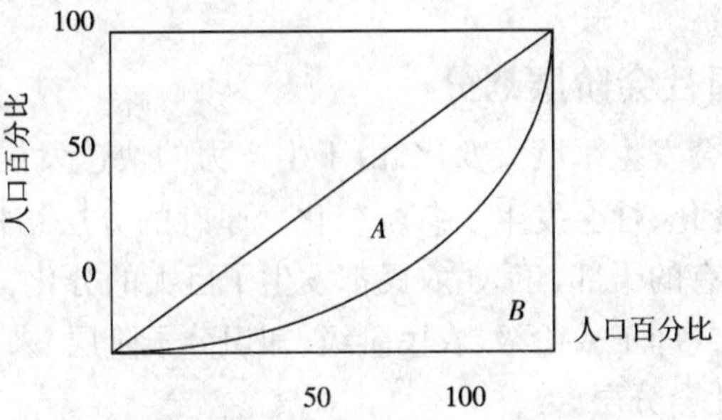

上图中的实际收入分配曲线又称作洛伦茨曲线。

基尼系数的值在0~1之间。如果 A 为0,则基尼系数为0,表示收入分配绝对平等;如果 B 为0,则基尼系数为1,表示收入分配绝对不平等。基尼系数可在0和1之间取任何值。收入分配越是趋向平等,洛伦茨曲线的弧度越小,基尼系数也越小;反之,收入分配越是趋向不平等,洛伦茨曲线的弧度越大,基尼系数也越大。

根据国际上多年测量的经验,基尼系数在0.3~0.4之间时,为中等不平等程度。改革开放以来,我国在经济增长的同时,贫富差距逐步拉大,综合各类居民收入来看,基尼系数越过警戒线已是不争的事实。我国基尼系数已跨过0.4,收入份额差距和城乡居民收入差距进一步拉大,东中西部地区居民收入差距过大,高低收入群体差距悬殊。

5)恩格尔系数

恩格尔系数(Engle Coefficient)指食物支出额与全部生活消费支出额的比率。它是德国统计学家恩格尔(E. Engle)提出的测量方法。恩格尔在研究德国工人生活状况时发现,在其他条件相同的情况下,工人家庭收入中的食物支出额,可以用来作为衡量生活、福利水平的指数,即家庭的收入越低,食物支出的比重就越高。恩格尔系数不仅可用来测量总体的生活水平,也可在社会分层研究中用来测量和比较各分层群体的生活水平状况。一般认为,恩格尔系数达到58%以上视为赤贫,51 %~58%的视为温饱或勉强度日,41 %~50 %视为小康,31 %~40 %视为富裕,30 %以下的视为极富裕。

6)社会综合地位量表(SES)

对于社会地位的综合性测量,在西方比较流行的还有“社会经济地位量表”(socioeconomic score),简称SES。它虽然名称上突出了经济地位,但并不是只测量经济地位。它通过测量收入地位、教育地位、职业地位,并计算其综合值,以此反映一个人的综合社会地位之高低。这种方法是由美国社会学家邓肯(O. D. Duncan)提出来的。该量表首先测量人们的收入地位、教育地位和职业地位,并予以打分,然后综合计算其分值。

11.3 我国现阶段的阶层划分

11.3.1 当代中国社会阶层划分

改革开放后,社会发生了巨大变化,由于生产力的快速发展及市场经济的实行,所有制结构的巨大变化,社会发生了急剧分化。原有的分层结构越来越不适应日益变化的社会形势,原有的干部、工人、农民都发生了巨大的分化,社会结构再也不能用两个阶级和一个阶层(即工人阶级、农民阶级、知识分子阶层)来概括,因此,必须尝试用新的标准来进行社会分层。

近年来,我国学者对中国当代的社会分层结构进行了多次研究。如郑杭生根据“中国城市社会结构——现状、变迁及发展趋势”课题组在10城市进行的社会调查的结果,将我国城市社会区分为几个界限相对清晰的社会阶层。它们分别是:管理阶层(包括企事业单位中的中高级管理人员和单位负责人);专业技术人员阶层(专门从事科学研究、技术开发和应用的技术人员);办事员阶层(一般性的管理人员、企事业单位的一般职员);工人阶层(包括从事体力劳动的工人和技术工人,以及下岗职工三类);自雇佣者阶层;私营企业主阶层;其他(未能确切区分的阶层)。[①]由陆学艺牵头的“当代中国社会结构变迁研究”课题组于2002年发表《当代中国社会阶层研究报告》,将中国社会划分为十大阶层。

---

① 郑杭生.当前我国城市阶层状况及分析.人民网,2002年2月9日.

11.3.2 中国当代十大阶层划分①

以职业分类为基础、以组织资源、经济资源和文化资源的占有状况为标准划分当代中国社会阶层结构的基本形态，它由十个社会阶层和五种社会地位等级组成。这十个社会阶层是：国家与社会管理者阶层、经理人员阶层、私营企业主阶层、专业技术人员阶层、办事人员阶层、个体工商户阶层、商业服务业员工阶层、产业工人阶层、农业劳动者阶层和城乡无业失业半失业者阶层。

各社会阶层及地位等级群体的高低等级排列，是依据其对三种资源的拥有量和其所拥有的资源的重要程度来决定的。在这三种资源中，组织资源是最具有决定性意义的资源，因为党和政府组织控制着整个社会中最重要的和最大量的资源；经济资源自20世纪80年代以来变得越来越重要，但它在当代中国社会中的作用并不像在资本主义社会中那么至关重要，相反，现有的社会制度和意识形态都在抑制其影响力的增长；文化(技术)资源的重要性则在近十年来上升很快，它在决定人们的社会阶层位置时的重要性并不亚于经济资源。

下面是十大社会阶层的界定。

1.国家与社会管理者阶层

国家与社会管理者阶层指在党政、事业和社会团体机关单位中行使实际的行政管理职权的领导干部，具体包括：中央政府各部委和直辖市中具有实际行政管理职权的处级及以上行政级别的干部；各省、市、地区中具有实际行政管理职权的乡科级及以上行政级别的干部。目前，中国的社会政治体制决定了这一阶层在趋于等级分化的社会阶层结构中居于最高或较高的地位等级，是整个社会阶层结构中的主导性阶层，是当前社会经济发展及市场化改革的主要推动者和组织者。这一阶层的社会态度、利益及行动取向和品质特性，对于正在发生的经济社会结构的变迁和将要形成的社会阶层结构的主要特征具有决定性的影响力。

目前，这一阶层在整个社会阶层结构中所占的比例约为2.1%；在城市中的比例为1%～5%；在城乡合一的县行政区域中比例大约为0.5%。

2.经理人员阶层

经理人员阶层指大中型企业中非业主身份的高中层管理人员。这一阶层的社会来源主要是三部分人。第一部分是原来的国有和集体企业干部。随着现代企业制度的发展，这一部分企业干部逐渐从行政干部系列中脱离出来，成为职业经理人。第二部分来自较大规模的私营企业或高新科技产业领域中的私营企业，这些企业在20世纪90年代后期以来开始出现所有权与管理权分离的趋势，一些企业主聘用职业经理人来为他们经营管理企业；另一些业主则通过企业股份化而使自己从业主型的创业者转变为职业经理人。第三部分人是三资企业的中高层管理人员。

---

① 陆学艺主编.当代中国社会阶层研究报告.北京：社会科学文献出版社，2002年版.

经理人员阶层是市场化改革的最积极推进者和制度创新者，他们代表着先进生产力和现代经济体制的发展方向。这一阶层的成员支配着大量的经济资源，他们都有较高的学历和专业知识水平，同时，他们的政治社会地位也较高，被称为“老总”。许多大中型企业处于国有或产权不清的状态，实际上是经理人员在支配这些企业的生产资料和经济资源。同时，这一阶层的主导成分与国家权力和海外资本有着紧密的联系。

这个阶层还在发展之中，在目前社会阶层结构中所占的比例约为1.5%，但在地区之间的分布极不平衡。这一阶层的成员多数集中在大中城市特别是经济发达的城市。

3.私营企业主阶层

私营企业主阶层指拥有一定数量的私人资本或固定资产并进行投资以获取利润的人，按照现行政策规定，即包括所有雇工在8人以上的私营企业的业主。私营企业主阶层是改革开放的产物，是在社会主义市场经济发育和发展的过程中产生和成长起来的。他们不仅是先进生产力的代表者之一，而且是社会主义市场经济的主要实践者，是社会主义市场经济的重要组织者，他们也是有中国特色社会主义伟大事业的建设者，在二十几年来中国经济的高速增长中发挥了重要的作用。

在人数上，中小企业主构成了这一阶层的主体。就全国而言，私营企业主阶层在社会阶层结构中所占比例约为0.6%，但地区差异比较大。在私营经济较发达地区，这一比例可达3%左右；而在私营经济不发达的地区，该比例在0.3%以下。

4.专业技术人员阶层

专业技术人员阶层指在各种经济成分的机构（包括国家机关、党群组织、全民企事业单位、集体企事业单位和各类非公有制经济企业）中专门从事各种专业性工作和科学技术工作的人员。他们大多经过中高等专业知识及专门职业技术培训，并具有适应现代化社会大生产的专业分工要求的专业知识及专门技术。

专业技术人员是现代工业社会的中等阶层的主干群体，他们既是先进生产力的代表者之一，也是先进文化的代表者之一。而且，他们还是社会主导价值体系及意识形态的创新者和传播者，是维护社会稳定和激励社会进步的重要力量。在当代中国社会，专业技术人员阶层在推动科学技术发展和市场经济理念传播方面发挥了重要的作用。

目前，专业技术人员在社会阶层结构中所占比例约为5.1%，但城乡差异很大，经济发展水平不同的地区差异也很大。在经济发达地区的大中城市中，专业技术人员阶层所占比例为10%～20%，而在城乡合一的县（市），其比例仅为1.5%～3%。

5.办事人员阶层

办事人员阶层指协助部门负责人处理日常行政事务的专职办公人员，主要由党政机关中的中低层公务员、各种所有制企事业单位中的基层管理人员和非专业性办事人员等组成。这一阶层是社会阶层流动链中的重要一环，其成员是国家与社会管理者、经理人员和专业技术人员的后备军，同时，工人和农民也可以通过这一阶层实现上升流动。这一阶层也是现代社会的社会中间层的重要组成部分，他们在目前的中国社会阶层结构中所占比例大约为4.8%。在城市中，其比例约为10%～15%；而在城乡合一的县(市)中，其比例在2%至6%之间。随着工业化和市场化水平的提高，将会有大量的体力劳动者上升流动进入这一阶层，在未来十几年中，这一阶层的人员比例将会有明显提高。

6.个体工商户阶层

个体工商户阶层指拥有较少量私人资本(包括不动产)并投入生产、流通、服务业等经营活动或金融债券市场而且以此为生的人。如小业主或个体工商户(有足够资本雇佣少数他人劳动但自己也直接参与劳动和生产经营的人)、自我雇佣者或个体劳动者(有足够资本可以自己开业经营但不雇佣其他劳动者)以及小股民、小股东、出租少量房屋者等。

目前，个体工商户阶层在整个社会阶层结构中所占比例为4.2%，这一比例是根据国家工商部门的登记数计算出来的，但该阶层的实际人数比登记人数多得多。

7.商业服务业员工阶层

商业服务业员工阶层指在商业和服务行业中从事非专业性的、非体力的和体力的工作人员。由于中国目前的商业服务业还不发达，而且产业层次较低，这一阶层的绝大多数成员的社会经济状况与产业工人阶层较为类似。但在一些大城市中，在与国际较为接轨的商业服务业部门中，商业服务业人员的社会经济状况较接近办事人员阶层。随着工业化和市场化的推进以及第三产业的发展，这一阶层的规模将会进一步扩大。

目前，商业服务业员工阶层在社会阶层结构中所占比例约为12%。但城乡之间的差异极大，因为这一阶层与城市化的关系最为密切。

8.产业工人阶层

产业工人阶层指在第二产业中从事体力、半体力劳动的生产工人和建筑业工人及相关人员。产业工人阶层是推动先进生产力发展的基本力量，是近代以来中国经济社会发展特别是社会化大生产的产物。随着中国工业化、社会化的继续发展，这个阶层将会进一步提高自身的政治、科技、文化素质，其劳动技能也将不断提高，从而为社会主义现代化事业做出越来越多的贡献。

在相当长时期内，中国的产业工人阶层内部一直存在着企业所有制和户籍身份制所导致的差异。这种差异体现在收入、福利、社会地位、劳动保障等多个方面。近几年来，随着国有企业改革和市场经济的深化，不同所有制企业的工人之间的差异相对缩小，但户口因素的影响仍然很强。“农民工”应该是产业工人阶层的一个组成部分，但实际上却成了这个阶层中的一个相对独立的群体，其原因就在于：他们做的是与城市工人相同的工作，但因为他们的身份是农民，所以在工资、劳保和福利等方面的待遇明显不如城市工人。

目前，整个产业工人阶层在社会阶层结构中所占的比例为22.6%左右，其中农民工占产业工人的30%左右。城乡之间差异极大，不同经济结构的城市之间，不同发展水平的乡村之间，差异也都很明显。

9.农业劳动者阶层

农业劳动者阶层是目前中国规模最大的一个阶层。该阶层是指承包集体所有的耕地，以农(林、牧、渔)业为唯一或主要的职业，并以农(林、牧、渔)业为唯一收入来源或主要收入来源的农民。在改革开放的过程中，农业劳动者阶层曾经起过极为重要的作用，他们是传统计划经济体制的真正突破者，是农村经济体制的率先改革者，是市场经济的最早实践者和推动者。而农村经济体制的改革，尤其是家庭承包责任制的实行，使农民得到了自主和实惠，解放了生产力，农业连年获得丰收，不仅很快就一举解决了绝大多数中国人的吃饭问题，而且推动了中国整个体制的改革。另外，这个阶层还是通过分化而产生个体工商户阶层、私营企业主阶层、产业工人等的母体阶层。

与中国改革开放初期相比，中国农民阶层的规模已经有了显著的缩小，纯粹的农业劳动者和以农业为主业的农民在劳动人口中所占比例，已经从1978年的70%以上减少为1999年的44%左右。但是，农业增加值在国内生产总值(GDP)中所占比重也从1978年的28.1%下降为1999年的17.3%，两种比例仍然是很不相称的，在经济落后的中西部地区，这种不相称状况更为明显。这种状况决定了农民阶层的较低收入水平和较低的社会经济地位。

10.城乡无业、失业、半失业者阶层

城乡无业、失业、半失业者阶层指无固定职业的劳动年龄人群(排除在校学生)。体制转轨和产业结构调整导致一批工人和商业服务业人员处于失业、半失业状态。就业机会不足使许多新进入劳动力市场的青年劳动力长期待业。城市大批征用农用地，则使大批农民无地可种，而这些农民在城镇一时还找不到合适的职业。另外，还有不少城乡居民因为残障或长期卧病的困扰而不能就业，他们多数也陷入贫困境地。目前，这几部分人的数量还在继续增加。

失业、半失业人群的这些特征使他们构成一个过渡性的特殊阶层。这一阶层的许多成员处于贫困状态。目前，这一阶层在整个社会阶层结构中所占比例约为3.1%。

11.4 西方社会分层理论

前面介绍了西方社会分层的传统理论、分层的基础以及我国现阶段的阶层划分，但是为什么存在社会分层，社会分层真的有必要吗？本节再回到这个基本的理论性问题，介绍西方有关学者对社会分层的理论研究。

11.4.1 功能主义的分层理论

功能主义分层理论认为,阶层是满足社会需要的必然存在,每一个社会都会因需要整合、协调和团结而产生社会阶层;阶层反映了社会的共享价值观,提高了社会与个人的功能;经济结构不是社会中的主要结构,权力在社会中是合法分配的,工作与报酬是合理分配的;社会的阶层结构经由社会变迁而改变。

在功能主义范式的社会分层理论中,最具代表性的是戴维斯(Kingsley Davis)和摩尔(Wilbert Moore)提出的"戴维斯-摩尔理论"。该理论认为,社会分层是一种普遍现象,是现代社会体系不可或缺的产物。社会分层满足复杂社会系统的需要,而基本的需要之一就是社会要确保最重要的工作由最有资格的人来担当。"这一'激励问题'可以通过许多方法来解决,不过或许最简单的解决办法就是构建一套报酬等级(例如声望、财富、权力)体系,对功能上重要的职位给予特殊的报酬。"戴维斯和摩尔指出:"这事实上意味着构建了一个制度化的不平等体系(即一个'分层体系'),其中职业结构就是不同报酬和补贴的分配渠道。所以,或许可以认为'在有意识地确保重要位置上都有最胜任者的过程中,社会无意识地发明了分层体系'。"①

戴维斯-摩尔理论包括以下几个命题。②

(1)在任何社会中,总有一些位置比其他位置更为重要,这些更重要的职位需要有专门技能的人来填充。

(2)在任何社会中,只有有限的一部分人具有通过特定训练而能填充这些重要职位的天赋。

(3)把天赋转换为才能,人们需要接受训练,并为此做出这样或那样的牺牲。

(4)为了诱使有天赋的人做出牺牲,接受训练,这些未来的重要职位必须让这些人享有特权,并能超比例地占有社会所能提供的稀缺资源。

(5)这些稀缺的,同时也是理想的资源,构成了承担社会上重要职位的权利及先决条件。

(6)对社会基本报酬不同程度的占有便产生了不同阶层所具有的不同地位与声望,从而导致制度化了的社会不平等,即社会分层。

(7)因此,社会不同阶层之间的社会不平等,诸如对稀缺的同时也是理想的资源的不同占有量以及不同声望,在任何社会中不仅是具有积极功能的,也是不可避免的。

戴维斯、摩尔功能论分析对社会分层作为一种社会结构的必要条件做出了充分解释,从社会整合角度论证了社会分层的正功能。这一理论在西方影响很大,但同时也受到一些社会学者的批判,如图明(Melvin Tumin)提出如下社会分层的一系列反功

---

① [美]戴维·格伦斯基.社会分层.第2版.北京:华夏出版社,2005年版,第11页.

② 童星.现代社会学理论新编.南京:南京大学出版社,2003年版,第225页.

能。①

(1)社会分层体系限制了发现所有可利用的天赋的可能性。

(2)因为可利用的天赋范围的缩小,社会分层体系为扩大社会的生产性资源的可能性设置了界限。

(3)社会分层使得在位的精英可利用手中权力推广其意识形态,维护其既得利益。

(4)社会分层体系在整个人群中不平等地分配着自我形象。有利的自我形象有助于创造性地发挥潜在才能,社会分层所产生的对另一些人不利的自我形象则限制了这一部分人的创造性。

(5)当社会报酬的不平等不能被社会中的弱势群体普遍接受时,社会分层体系实际上制造敌意、猜疑和不信任,从而限制了社会整合的可能性。

(6)当社会中重要成员的资格取决于个人在社会声望阶梯中的位置时,社会分层体系就导致重要成员资格的意义在人群中的不平等分布。

(7)当对一个社会的忠诚取决于对社会中的重要成员资格的理解时,社会分层体系又导致了忠诚在人群中的不平等分布。

(8)当参与或冷漠取决于对社会中的重要成员资格的理解时,社会分层体系又导致参与动机在人群中的不平等分布。

11.4.2 冲突主义的分层理论

分层理论的冲突论代表主要有马克思、达伦多夫、赖特等。

当代冲突理论大多是建立在马克思的经典理论基础上的。马克思在《共产党宣言》中宣称:“到目前为止的一切社会的历史都是阶级斗争的历史。自由民和奴隶、贵族和平民、领主和农奴、行会师傅和帮工,一句话,压迫者和被压迫者,始终处于相互对立的地位,进行不断的、有时隐蔽有时公开的斗争,而每一次斗争的结局都是整个社会受到革命改造或者斗争的各阶级同归于尽。”②马克思认为阶级的划分标准是人们在生产关系中所处的地位,同一阶级的成员具有共同的经济地位和共同利益。不同阶级在经济、权力等方面存在种种不平等,代表不同利益的阶级之间存在经济剥削与政治压迫关系,阶级之间的斗争是社会发展的动力。当生产力得到充分发展,阶级消亡时社会不平等才能根除。

达伦多夫(Ralf Dahrendorf)是冲突理论的主要代表。功能主义认为将社会描述为“均衡”、“内在稳定”的体系,而达伦多夫要求转变社会学的功能分析方向。他主张以一种全面性的观点来研究社会,社会的一面是稳定、和谐和共识,另一面是变迁、冲突和压制。权威或权力分配在达伦多夫的社会分层理论中占有最重要的地位。达伦多夫提出,管理者与下层之间的权威关系是阶级划分的基础,在特定的关系和组织中,

---

① 童星.现代社会学理论新编.南京:南京大学出版社,2003年版,第225页.

② 马克思、恩格斯.共产党宣言.北京:人民出版社.1958年版,第23~24页.

存在着两个阶级系统,一个是统治、参与权威结构的阶级,另一个是服从、不参与权威结构的阶级。阶级斗争的根源在于权威结构。①社会的分层结构由权威关系造成,权威的差异形成阶层化。

11.5 社会流动

社会分层和社会流动都是描述社会结构分化的概念,表示社会结构分化的两种状态:社会分层是社会结构分化的静态表现;社会流动则描述了社会不平等结构的动态形成过程,即社会分层形成的机制、变化趋势等。社会分层与社会流动相辅相成、互为条件,没有社会的分层结构,就无所谓层级间的流动;而社会流动造成了社会分层的结果,是社会结构分化的动力。

11.5.1 社会流动的概念及类型

社会流动是指个人或群体从某一社会阶级或阶层向另一社会阶级或阶层的流动,通常是从某一职业群体向另一职业群体的流动。西方社会学家将社会流动视为现代工业社会的一个重要特征,阶层间的流动可以起到"安全阀"的作用,是社会结构进行自我调节的机制。

通常社会流动有两种分类方法。

1.垂直流动与水平流动

索罗金根据社会流动的方向将社会流动分为垂直流动(vertical mobility)和水平流动(horizontal mobility)。垂直流动指在社会分层结构中不同社会阶级或地位之间的流动,即向上或向下的位置移动,这种流动通常会使个人获得或失去某种阶级/阶层地位或声望。向上移动称为上向流动(upward mobility),向下移动称为下向流动(downward mobility)。比如,一个普通公司职员通过努力升职为公司经理是上向流动,而公司经理降职为普通员工则为下向流动。

水平流动是指不改变个人社会地位、收入和声望,基本在同一分层水平位置上的流动,如地理位置的变动,财产、权力和声望相似的两个位置间的职业流动等。某公司的员工跳槽到另一公司从事同样的工作,职业地位、收入等都没有发生质的变化,这就是水平流动。

2.代内流动和代际流动

代内流动(intragenerational mobility)指一个人在一生中的地位、职业、权力、声望等方面的变化。代内流动有可能是垂直流动,也可能是水平流动。代内流动反映了个人在社会地位等方面的变化,同时这种代内流动史也从侧面反映出不同时代社会的变迁。

---

① 宋林飞.西方社会学理论.南京:南京大学出版社,1997年版.

代际流动(intergenerational mobility)指两代人之间在社会地位、职业、声望等方面的变动,即一个人从父辈所在的阶层向其他的阶层流动。社会学较注重对代际流动的研究,因为代际流动的特征可以直接反映社会发展水平和开放程度。首先,代际流动是社会现代化的一个重要指标,它直接反映了社会变迁和社会进步的程度。在封闭型社会,代际流动基本上是根据其出身,后代的社会地位是通过对父辈的继承而获得的。而在现代社会,个人社会地位较多是通过自身后天的努力获得的,自致性因素起主要作用。其次,代际流动可以反映出社会分层结构的变动状况,如社会代际流动主要表现为向上流动,这说明社会在发展,社会分层结构的质量在提高和优化;反之,如果社会流动主要表现为向下流动,这说明社会在衰退,社会分层结构质量也在下降。①

11.5.2 社会流动的影响因素

社会流动既受社会结构的影响,又在很大程度上与个人因素相关联。社会成员在社会地位、职业等方面的变动可能是由结构性的原因如经济发展、制度变迁决定,也与个人的家庭状况或个人后天努力相关,总之,可以从社会和个人两个方面来探讨社会流动的影响因素。

1.社会因素

社会因素强调社会结构方面的因素对社会流动的影响和制约。社会结构的开放性或封闭性直接决定了社会的流动机制。在相对开放的社会中,社会流动相对容易和频繁,社会地位的获得和变迁更多地由个人后天的自致性因素决定;而在封闭型社会中,社会阶层间存在严格的等级划分,社会流动相当困难,社会地位通常是先赋性的,由其所属等级或种族决定,比如印度的种姓制度。

以上的社会因素涉及社会结构的性质,另外社会结构性的因素还包括社会制度的变化、经济的发展程度及经济发展引起的产业结构、所有制结构的变化等等。社会在这些方面的变迁会引起结构流动,即由于经济发展或社会方面的变迁而导致社会成员大规模、整体性的流动。比如,随着城市化进程的加快,越来越多的农民离开土地,进城务工,形成农民工群体,这已经形成大批农民向工人转型的规模流动。这种结构性流动是与经济发展、城市化进程加快、社会制度即户籍制密切相关的。

2.个人因素

一般可以将影响社会流动的个人因素分为先赋因素和自致因素。先赋因素是与生俱来的,即个人生来就具有的或自然的属性,如民族、性别、家庭背景等;自致因素是后天获得的,是个人通过自己的努力得到的一些属性,如文化、教育程度、工作经历等。

在传统的等级制社会,先赋因素往往对一个人社会地位、财富、声望的获得起到

---

① 易益典主编.社会学教程.上海:上海人民出版社,2007年版.

决定作用。但在强调平等的现代社会,自致因素通常会对一个人社会地位的获得发挥主要的作用,但很多情况下并不能忽略先赋性因素的作用。

概括说,影响社会流动的个人因素主要有三点。一是家庭背景,家庭方面的因素不仅仅包括父母的社会地位、收入、社会关系网的大小、社会资源的获得等,而且还包括家庭对个人个性的影响以及对个人的教育支持等等。二是受教育程度。在现代社会,知识作为一种资本在个人的发展中起到极大的作用,社会上存在"考上好大学,以后才能找到好工作"的观念。这实质是在强调教育的重要,强调文凭在一个人的职业、地位、财富获得中的意义。三是个人能力。徒有知识却不能运用知识创造价值,也不能获得预期的职业和地位,能力得到锻炼和发展,才能实现知识的价值。

11.5.3　社会流动的理论解释

在西方社会学界,社会流动已成为社会学的一个重要研究领域。社会流动不仅影响社会结构的变迁,而且直接反映了社会发展变迁和时代的变化,因此社会流动的研究对社会发展具有重要意义。

1.社会流动率

社会学界通常以索罗金《社会与文化流动》一书的问世作为社会分层与流动研究的起始点。此书是对社会流动的奠基性的宏观研究,是关于不同类型国家是否具有不同的社会流动模式和不同程度的流动的调查报告。索罗金注重对社会流动的定量研究,他测量了发展程度不同的国家的流动率,并分析了社会流动指标和经济发展指标之间的关系。

社会流动率是社会学分析社会流动对社会发展的影响时常用的一个测量指标,这是一个描述社会流动量的指标,用来测量各个社会的流动水平。其计算方法是:

社会流动率=流动人数/全部人口

索罗金认为,工业化国家的流动率明显大于非工业化社会,即经济发展指标与社会流动指标之间存在正相关关系。高的社会流动率可以释放较低阶级的不满,起到一种"社会安全阀"的作用。

继索罗金之后,李普塞特(S. M. Lipset)和本迪克斯(R. Bendix)推动着社会流动的研究。他们认为社会流动研究分为四个步骤:一是个人生涯起点与其目前所达到的地位之间的研究;二是分析社会继承与流动方式之间的关系;三是流动过程分析;四是分析社会流动的结果。在关于社会变迁与社会流动之间的关系的研究中,李普塞特和本迪克斯发现,内在于所有社会结构中的五个不同过程对社会流动率具有直接影响:一是可得到的空间数;二是不同的出生率;三是职业等级的变化;四是可继承的地位——位置数的变化;五是关于潜在机会的法律限制方面的变化。

2.布劳和邓肯的地位实现模型

布劳(P. M. Blau)与邓肯(O. D. Duncan)在社会流动领域的研究中分析了个人地位的实现过程,提出了著名的地位实现模型。布劳-邓肯模型主要有三个方面的创新:首先,建立了新的数据收集标准;其次,引荐了一套用于测量连续变量的职业地位量表;第三,将路径分析模型引进社会学界之后,教育、家庭背景和初始职业因素被纳入地位获得模型。

在对20世纪50、60年代美国的职业地位与职业流动研究中,布劳和邓肯区分了先赋性与后致性因素。先赋性对应封闭社会,后致性对应开放社会,50、60年代的美国是后致性主导,教育在社会再生产和社会流动中起主导作用。在描述职业流动模式时,布劳、邓肯首先使用了流出率、流入率、联系指数或社会距离流动比等一些参数,考察了职业流动模式与个人成功机会的因素。在“地位实现模型”中,布劳与邓肯选择了五个变量作为与个人地位实现有关的变量:父亲的教育、父亲的职业、本人的教育、本人的最初职业、本人的目前职业。“地位实现模型”为之后的研究提供了基本框架,在社会流动研究中产生了广泛的影响。

3.社会流动的结构分析[①]

地位实现模型更多地关注个人流动过程的状况,而特纳(J. H. Turner)则强调在任何社会中实际上存在两种流动过程,一种是社会成员的地位实现过程,另一种是使社会成员拥有流动动机与抱负的“结构性流动”的过程。

自20世纪70年代末以来,许多学者开始注重社会流动的结构分析。他们揭示了社会流动过程中的个人特质以外的结构性因素,主要包括三个方面的研究:一是探讨经济、产业部门、劳动力市场结构及其分割情形;二是分析这些分割现象对个人收入的影响;三是探析不同的产业部门、公司或劳动力市场结构对职业生涯和流动的影响。基于社会流动的结构分析,产生了几种主要的理论:二元劳动力市场理论、二元经济理论、内部劳动力市场理论等。

本章小结

(1)社会分层是用来指涉社会差别和不平等的概念,是按照一定的标准,将社会成员划分为高低有序的不同等级、不同层次的过程和现象。

(2)社会分层理论有两大传统:一是卡尔·马克思的阶级分析,一是马克斯·韦伯的财富、权力、声望多元分层论。目前社会学常用的分层标准主要有收入、财产、职业、教育水平、权力和声望等。社会分层的研究方法有:社区调查法、声望判断法、主观法和客观法。

(3)以职业分类为基础,以组织资源、经济资源和文化资源的占有状况为标准划分当代中国社会阶层结构的基本形态,它由十个社会阶层和五种社会地位等级组成。这十个社会阶层是:国家与社会管理者阶层、经理人员阶层、私营企业主阶层、专业技术人员阶层、办事人员阶层、个体工商户阶层、商业服务业员工阶层、产业工人阶层、农业劳动者阶层和城乡无业失业半失业者阶层。

---

① 童星.现代社会学理论新编.南京:南京大学出版社,2003年.

(4)西方社会分层理论有:功能主义的分层理论和冲突主义的分层理论。

(5)社会流动是指个人或群体从某一社会阶级或阶层向另一社会阶级或阶层的流动,通常是从某一职业群体向另一职业群体的流动。社会流动可以分为垂直流动与代际流动,也可以分为代际流动与代内流动。影响社会流动的因素既有个人方面的也有社会方面的。社会流动的理论解释包括三个方面:社会流动率、地位实现模型和社会流动的结构分析。

思考题

1.什么是社会分层?社会分层基础是什么?
2.社会分层的传统理论有哪些?内容是什么?
3.社会分层有哪些研究方法?
4.什么是社会流动?社会流动可分为哪几种类型?
5.社会流动的主要理论有哪些?

12

越轨与社会控制

学习目标

通过本章的学习，了解越轨行为和社会控制的相关概念，了解越轨行为的各种理论解释，掌握社会控制的意义、功能和途径。

本章知识点

(1)越轨行为的界定。
(2)越轨行为的社会学解释。
(3)越轨行为的社会功能。
(4)社会控制的类型。
(5)社会控制的方式。

每个社会都存在一套对其社会成员行为具有约束力的行为准则，以调节人们之间的社会关系，指导社会成员的社会行为。但人的社会互动并不总是遵守社会或团体规范的，日常生活中总会出现一些不符合社会道德规范的越轨行为。社会学家希望通过对越轨行为的研究了解其原因和规律，从而有效地防止越轨行为的发生。

12.1 越轨行为的界定

12.1.1 越轨行为的定义

社会学家对越轨现象的规范研究首先是由法国社会学家迪尔凯姆开始的，他使用了失范(anomie)这一概念，后来美国社会学家默顿进一步发展了迪尔凯姆的失范理论，提出了越轨(deviance)的概念。与失范、越轨相应的行为被称为失范行为、反常行为或越轨行为、偏差行为等。失范是一种状态，它反映的是人们失去了所应遵循的行为规范的现象，包括人们的反常行为和社会的混乱状态。越轨行为是指偏离了既定规范的行为，也称为偏差行为。但是这种状态和行为又有明显的共同点，即对规范和标准的偏离，因此社会学一般从相近的意义上对之进行介绍和分析，而不再细分它们之间的差异。

所谓越轨行为，是指个人或群体违反其应遵守的社会规范的行为。在理解越轨行为时应该注意以下几个问题。

第一，越轨行为的具体界定不是绝对的而是相对的。这一相对性源于社会规范本身的相对性。社会规范是相对于特定的社会、特定的历史时期而言的；在不同的社会、同一社会的不同的历史时期，社会规范都是不同的，人们对越轨行为的认识也就不同。因此，越轨的定义随着时间的流逝而变化，也会因地域和文化的不同而有别。比如，对于未婚同居现象，不同文化和地域的人们对之的看法可能相去甚远。

第二，越轨行为的特点是偏离社会正常的生活方式，但并非所有偏离社会正常生活方式的行为都是越轨行为。有一些行为虽然不符合一般的社会常规，但还是能被社会成员接受的，这种行为不属于越轨行为。例如，学习是大学生的主要任务，如果学生把大部分时间和精力放在打工挣钱上，这虽然不符合对大学生的一般要求，但只要没有影响自己与他人的学习和生活，仍然不能算作越轨行为。再如，许多儿童愿意光顾麦当劳和肯德基等洋商店，这虽然与一般中国人的饮食习惯不一致，但并不被视为越轨行为。

第三，越轨行为通常会给他人和社会带来不良的影响，但并非总是这样。虽然符合社会或组织标准的正统行为为社会的稳定和正常运行提供了保证，但是如果所有的社会成员都严格按照社会规范行动，社会就会缺乏活力，停滞不前。社会的发展离不开越轨行为的推动，需要借助于越轨行为才能冲破传统的束缚，例如，“五四”运动在当时的封建卫道士看来完全是“离经叛道”的行为，但它对中国民众摆脱封建思想的束缚起到了启蒙作用，可见，越轨行为也具有某些积极的社会功能。

第四，界定越轨行为时还要考虑越轨行为产生的环境条件，一些在日常生活中被视为越轨的行为，在特殊环境中则是可以理解或原谅的，越轨者无需对自己的越轨行为负责。在美国安第斯山脉发生的一次飞机失事事故中，孤立无援的幸存者吃掉了他们死去的同伴，这些越轨行为被视为残酷环境下的无奈选择而得到了人们的理解和原谅。

越轨行为并非罕见,大多数人都会偶尔违背日常的社会规范,但许多人并未因此招致惩罚,爱德华·贝克尔认为,这是由于越轨行为需要一个粘贴标签的过程。只有当事人被视为越轨者时才会成为越轨者,也就是说,越轨行为是行动者和行动评价者之间互动的结果。①

12.1.2 越轨行为的种类

越轨行为涉及的内容非常广泛,包括很多种类。根据越轨者的特征,可以把越轨行为分为反抗行为和反常行为。反抗行为是指公开提出不同意见,希望改变不合理的社会行为规范的行为;反常行为是指虽然遵守社会行为规范,但为了个人私利逃避惩罚的行为。根据越轨行为的结果,可把越轨行为划分为社会赞同的越轨行为和社会不赞同的越轨行为。有些越轨行为并不导致社会成员的不满,这些越轨行为被称为社会赞同的越轨行为;相反.如果某种行为妨碍了社会成员的日常生活,就被称为社会不赞同的越轨行为。另外还可以根据行为背离的对象和背离的严重程度把越轨行为划分为偏差行为、违规行为、违警行为和犯罪行为。

1.偏差行为

偏差行为是指偏离社会习俗的行为。人们在社会生活中会自然形成一套社会成员所共同遵循的行为模式,这些行为模式靠指责、奚落等非正式的社会控制手段来维持。如果社会成员违背了社会习俗,就会受到公众舆论的惩罚。社会习俗的强制力比较弱,但影响社会成员生活的范围非常广,从抽象的价值观到日常生活的各种细节,都要受到社会习俗的约束。

2.违规行为

违背社会道德规范以及社会组织中各种规章制度的行为称为违规行为。这些规范与社会组织和组织中的成员的利益密切相关,因而这些行为的危害性比偏差行为更严重。对违规行为的惩罚也比较严厉,违反社会道德规范的直接后果是个人名誉方面的损失,违反组织规章制度则有可能导致个人职业前途或物质利益方面的损失。

3.违警行为

违警行为是指违反社会治安和公共秩序的行为,它直接影响社会秩序的稳定以及社会成员的安全。违警行为的影响要比违规行为更为严重,像违反交通规则、不遵守社会公共秩序等行为会直接妨碍社会成员的基本利益。对违警行为一般都有明确的处罚条例。

4.犯罪行为

犯罪行为是最典型的越轨行为,对社会的危害最为严重。犯罪行为通常具有以下三个特点。①犯罪行为是具有社会危害性的行为。判断一种行为是否构成犯罪的

---

① 张友琴等编著.社会学概论.北京:科学出版社,2000 年 9 月,第 134 页.

主要标准是看它是否对社会造成危害,包括已经造成的危害和可能造成的危害,这也是量刑的主要标准,因此,社会危害性是犯罪行为的最本质特征。②犯罪行为必须是触犯刑律的行为。虽然社会危害性是犯罪行为的本质特征,但并非所有的具有社会危害性的行为都属于犯罪行为,像偏差行为、违规行为、违警行为都可能对社会或他人造成危害,但它们不是犯罪行为,因为它们没有触犯刑律。③犯罪行为是应当受到刑法处罚的行为。一种越轨行为是否构成犯罪除了考虑其社会危害性和法律规定以外,还要根据行动者的能力,看他是否能够为自己的行为承担责任,例如,少年儿童、白痴或精神错乱者就无法承担自己行为的责任,因而即使触犯了法律并造成严重的社会危害也无法构成犯罪。犯罪行为必须具备以上三个特征,也就是说,犯罪行为是指触犯刑律、造成严重社会危害并且必须承担法律责任的行为。①

12.2 越轨行为的成因解释

每一个社会都存在越轨行为。人为什么会出现越轨行为?不同的研究者从不同角度给出了不同的解释,一般来说,主要有生物学解释、心理学解释和社会学解释三种。

12.2.1 生物学的解释

生物学解释是从个人的生物性和生理性特征来解释越轨行为发生的原因,它假定有些人天生就是不守规矩的人,因而主要着重于寻找越轨行为者的个人生理特征,尤其强调遗传因素的作用。

意大利军医赛塞尔·隆布罗梭在19世纪70年代提出了轰动一时的生理犯罪理论,他认为有些人天生就是罪犯。他通过对在押犯人的研究得出以下结论:这些人长得像猿,他们在面部特征上有"反祖"现象,生理上的退化使他们很难遵守社会道德规范。隆布罗梭的理论没有得到现实生活的验证。后来,其他一些研究者试图从生物学的其他方面寻找越轨的原因,20世纪中期美国学者谢尔顿提出了把体态和犯罪联系起来的著名理论,认为犯罪者在体态方面有某种特征,还有一些研究者发现一些犯罪者的染色体异常,但都没有找到可靠的证据。

生物因素可能会影响越轨行为,但它必须通过一定的社会环境才能起作用,没有人天生就是爱偷窃、抢劫的,因此,一些研究者转向心理角度,探讨越轨者的人格特征、越轨动机和越轨行为的具体途径等。

12.2.2 心理学的解释

心理学解释重视个人的精神、情绪、性格等心理因素对行为的影响,认为之所以出现越轨行为是因为个人心理方面的原因造成越轨者没有能力去学习和遵守有关的

---

① 张友琴等编著.社会学概论.北京:科学出版社,2000年9月,第135~137页.

社会规范。心理学解释主要有精神分析理论和行为理论。

奥地利心理学家弗洛伊德的人格理论最具代表性。弗洛伊德认为,一个人的人格由本我、自我、超我三部分组成。本我是人的本能的冲动,本能包括生的本能和死的本能,生的本能是性欲、恋爱和建设的动力;死的本能是伤害、虐待和破坏的动力。人的本能是按快乐原则行事的,它们总想表现出来,以满足自己的私利,但是这种没有任何控制的表现会造成对他人的侵犯。于是社会通过教育过程使社会行为规范在其成员身上内化,这就是超我的力量。超我是人格的检察官,起着压抑本能的作用。而一旦本我失控,本能随意表现,就会造成侵犯他人的行为。

著名社会心理学家多拉德对越轨行为的动机进行了研究,提出如果一个人在实现某种目标过程中受到阻碍,就会产生不满情绪即挫折,挫折感会导致侵犯行为,这就是著名的挫折-侵犯理论。这一理论强调挫折必然导致某种形式的侵犯行为,侵犯行为也必须以挫折为条件。多拉德的挫折-侵犯理论受到了许多人的批评,人们发现挫折和侵犯行为之间并不是简单的对应关系。

挫折并不一定导致侵犯行为,而侵犯行为也不都是由挫折引起的。另一位社会心理学家贝克·威兹对多拉德的挫折-侵犯理论作了一些修改,他认为挫折只是导致侵犯行为的准备状态,还需要借助环境所提供的刺激才能导致侵犯行为。

以阿尔伯特·班杜拉为代表的社会学习论者强调,由挫折引发的侵犯态度和行为是通过学习获得的。当人们学会用侵犯行为对付遇到的困难时,就较容易产生侵犯行为。班杜拉认为,观察是人类重要的学习方式,人类把观察到的行为环境、行为过程以及行为结果等经验储存在记忆系统中,以后有可能在类似的刺激影响下付诸实践。

心理学解释把重点放在个人的特征和动机上,强调越轨者不同于正常人。

12.2.3 社会学的解释

社会学则从社会环境着手,强调社会结构性的因素对越轨行为的影响。

1.失范理论

社会失范理论的首倡者是法国社会学家涂尔干。涂尔干曾在谈到社会参与的某些情况时第一次使用了失范一词,在这些情况下,人们不具备为实现自我和获得幸福所必需的条件。他认为这些条件是:行为必须由社会规范控制;这些规范应该形成一个完整的、没有冲突的体系;个人应该在道德上与他人发生关系,并且给生活中所能得到的快乐规定明确的界限。凡是存在着不明确的、彼此冲突和分散的规范的地方,个人与他人就不存在有道德意义的关系,或者没有规定获得快乐的界限,这就是社会失范。

自涂尔干以后,失范作为一个社会学概念已经被社会学家接受,只不过赋予它的含义及表述方式上各有不同。美国社会学家默顿就认为失范是这样一种社会状态:社会所规定的目标与决定着达到这些目标的规范不一致。默顿从价值上将社会结构划分为两大类:一类是目标;一类是达到目标的手段。他认为,人们在社会中分享共同的价值,文化价值为社会树立起发展的目标,同时社会也为人们提供制度化的合法手段。默顿所指的文化目标是社会依据它的规范体系认为是值得有、值得存在的东西;制度化手段是社会认为是合法的获得文化目标的方式。默顿认为,所谓失范,就是在人们用社会认为合法的手段不能实现自己的文化目标时发生的,而对于这种情形的一个共同的反应,就是越轨行为(当触犯刑律时即为犯罪行为),即用不符合社会规范的手段来实现自己的文化目标。

社会文化为社会成员提供奋斗的目标和实现目标的正常途径,但人们获得成功的机会并不是均等的,尤其是处于社会底层的人,很难通过社会赞同的途径获得成功,社会结构的压力有可能导致他们通过越轨方式追求成功。默顿强调越轨行为是一系列挫折之后的必然结果,他把越轨行为分为以下五种类型:

(1)遵从,即认同文化目标,也遵从制度化手段;

(2)形式主义,即接受社会规定的正常途径,但不承认社会文化提供的目标;

(3)退却,指对社会文化规定的目标和途径都采取否定态度;

(4)反叛,指用新的目标和手段取代社会认可的目标和手段;

(5)革新,指接受社会文化给定的目标,但拒绝社会规定的正常途径。

默顿的社会文化和社会结构的失范理论受到不少人的批评。一些社会学家指出,默顿的理论无法解释一些日常社会现象,如文化的异质性使不同文化背景的人选择不同的目标;还有对越轨方式的选择,为什么有的人选择反叛,而有的人选择退却?另外,并不是所有社会地位低的人都会出现越轨行为,大多数人仍然遵守社会规范,而社会地位高的人中间也有越轨者。

2.亚文化群理论

亚文化,亦称副文化,是与主文化相对应的一个概念。主文化是指在一个社会里占主导地位的文化,主文化被社会认可、以社会力量推行并维护。在阶级社会里,主文化就是统治阶级的文化。与主文化相比,亚文化生存的空间要小得多,它是因各种社会因素和自然因素的差异造成的一种区域性文化或群体性文化的统称。

亚文化群理论认为,一个人可能在这样一个集团或群体内生活,这个群体有一种稳定的,但与主文化的价值体系不同的价值体系,这样的群体称为亚文化群。个体如果长期生活在亚文化群体里,受其价值体系的影响,就可能产生犯罪。美国社会学家科恩(A.K.Cohen)是亚文化群理论的主要代表人物,他1955年在《亚文化群体》一书中,提出了亚文化群犯罪理论。科恩认为,犯罪亚文化群产生和维护的价值观体系和行为倾向与主文化的价值观和行为准则相抵触、相背离,这是犯罪和非法行为的真正根源,而亚文化的产生是社会化过程的不完善、不适当引起的。他认为,少年亚文化群通常是在社会下层阶级的居住区形成的,因而犯罪团伙基本上是由下层阶级青少年组成的。美国社会的民主性支持下层阶级青少年有权去追求与中产阶级青少年相同的目标,但事实上,社会并没有为每个人提供达到这种目标的相同手段。当下层阶级青少年最终感到失望时,就会发展出一种与社会主文化相背离的文化。

3.差异交往理论

犯罪学家爱德温·萨瑟兰总结了文化传递理论后提出差异交往理论。他认为人们的行为取决于周围人对他的期望,出现越轨行为是因为受与之交往的人的影响。萨瑟兰指出,儿童成为越轨者是因为与他交往的许多人都赞同越轨行为,这种越轨压力不仅来自其他越轨者的直接影响,也可以借助人际交往过程发生作用,一般需要经历两个阶段:首先是越轨技术的学习,其次是越轨价值观的学习。不过,萨瑟兰的差异交往理论没有很好地解释越轨压力产生的具体过程。后来的研究者指出,学习者在学习越轨行为的过程中会得到其他越轨者给予的报酬,如赞扬、尊敬等。埃里克森的实际调查证实了差异交往理论解释的有效性,他发现大多数越轨行为是在与他人的交往中产生的。但是差异交往理论也无法解释一些现象:首先,一些越轨者在接受其他越轨者的影响之前就已经有了越轨表现;其次,也有一些越轨者喜欢个人单独行动,并不希望与其他越轨者分享越轨感受;最后,如果所有的越轨者都要受到同伴的影响,那么最早的越轨者又是如何产生的?为什么有的人需要向同伴学习越轨行为,而有的人不需要?

4.标签理论

默顿的社会结构失范理论与萨瑟兰的差异交往理论都试图寻找越轨行为产生的原因,但标签理论研究的重点则是越轨行为产生的过程,它强调越轨是相对的,需要社会和他人为越轨行为划出一个界限。

埃德温·勒默特在1951年出版的《社会病理学》一书中提出标签理论,他把越轨行为分为初级越轨和次级越轨。初级越轨是指偶尔违反社会规范而未被标定的越轨行为,越轨者并未确定自己的越轨身份;次级越轨就不同,这种行为不仅被他人标定为越轨行为,而且当事人也把自己视为越轨者。次级越轨者在接受自己的越轨身份后,就会为自己树立一个越轨者的形象,他们的行为、语言和衣着等都会带有越轨群体的某些特征,他们对自己的越轨身份越确定,与一般人的区别就越明显。

一般来说,一个初级越轨者要经历三个阶段才能成为次级越轨者。

第一阶段,越轨行为的发现阶段。越轨行为的发生并不一定会对行动者产生不利的影响,如果越轨行为没有被人发现,就不会带来不良的后果。事实上,日常生活中违背社会规范的现象并不少见,但大多数人并未因此受到任何惩罚,这是因为越轨行为需要被别人发现并被标定为越轨行为才能对越轨者产生压力,尤其是被权威或直接管理者确定为越轨行为时,越轨者的社会身份和地位常常会受到影响。

第二阶段,粘贴标签阶段。某种行为一旦被确认为越轨行为,就会被贴上相应的社会标签,与正常行为区别开来,像盗窃、抢劫等等。标签为越轨者标出了特殊的社会身份,使越轨者的任何行为都带有特殊的身份意义,这是初级越轨者转变为次级越轨者的关键一步。被确认为越轨者的社会成员不再像一般社会成员那样拥有正常的社会权力,而是作为危险分子被排斥在正常的社会生活之外,受到孤立。通过标定社会身份,社会把越轨者推向越轨生活方式,即使越轨者并不总是采取越轨行为,他也处处会感受到社会的压力。同时,一个人被社会标定为越轨者后,他与其他社会成员的社会关系会被曲解和类型化,越轨者对自己的看法也会因此发生变化,逐渐承认自己的越轨身份,这样,他的越轨行为不仅是外部社会压力的结果,同时也逐渐转变为内部动机。

第三阶段,加入越轨群体阶段。许多越轨者最终都会加入越轨群体,认同越轨身份。越轨群体使越轨者暂时逃避社会的歧视,满足越轨者在正常社会环境中无法满足的需要。对越轨者来说,越轨群体主要有两方面的功能:一方面,提供越轨经验。新的越轨者在违背社会规范时所面临的问题早已被其他越轨者体验过,越轨群体中有经验的越轨者可以向新加入者传授逃避惩罚的经验。另一方面,提供情感和社会支持。在越轨群体内部,越轨者相互理解、相互支持,他们把自己的越轨行为合理化,强调自己在群体之外遭受的不公平待遇,称外部正常社会充满虚伪和敌意,并以此为自己的处境辩解,以减轻负疚感。加入越轨群体以后,越轨者将继续学习越轨行为,随着越轨身份意识的进一步加强,越轨者恢复正常生活的可能性越来越小。

标签理论为我们理解越轨者从初级越轨到次级越轨的具体发展过程提供了详细的解释。不过,它也受到一些批评:第一,标签理论无法解释初级越轨;第二,标签理论忽视个人对自己行为选择的重要性;第三,许多越轨行为并没有明显的社会标签过程。有些越轨者是因为越轨能带来额外报酬或其他原因而采取越轨行为的,没有经过社会的标签过程。①

12.3 越轨行为的社会功能

越轨行为是人类社会不可避免的现象,如果某种越轨行为大量出现,无疑会严重影响社会的正常运行,因此越轨行为的负功能是显而易见的。但越轨行为并非仅仅对社会起消极的作用,事实上,越轨行为也有其正功能,即对社会的运行和发展具有积极的意义。判断越轨的社会功能,首先要考虑到越轨的对象(规范)是什么,如果规范是符合当时社会发展的,越轨更多地具有负功能;如果规范本身已经束缚了社会的发展,越轨显示的是正功能。其次要考虑越轨的规模、程度、场合、时间,任何社会结构具有相当的弹性,能够在一定时期内承受一定规模与程度的越轨,但越轨的规模大、程度严重、持续时间长时,就会构成对社会结构的威胁与压力,导致社会功能失调。

12.3.1 越轨行为的负功能

就越轨行为的负功能而言,越轨行为可能减低社会效率和扰乱社会秩序。

1.破坏社会成员遵守社会规范的愿望

越轨行为的动机通常是为了谋求个人私利,如果越轨行为没有及时被制止,社会

---

① 张友琴等编著.社会学概论.北京:科学出版社,2000年9月,第143~145页.

或他人的利益将会遭受损失，社会成员遵守社会规范的积极性就会受到影响。另外，如果越轨者达到了目的而未受惩罚，因越轨带来的额外报酬会刺激其他社会成员模仿越轨行为，从而破坏正常的社会规范。

大多数社会成员并不是越轨行为的直接受害者，但越轨行为对他们的影响也非常明显。越轨行为对社会的影响不仅仅表现为损害他人利益，更严重的是对现有生活方式和社会规范的冲击。如果放任越轨行为，大多数人就会怀疑现存社会规范的合理性，社会成员就会普遍感到不公平，从而失去遵守社会规范的自觉性。

2.破坏社会成员之间的相互信任

社会规范不仅告诉社会成员如何行事，同时也使人们对他人的行事方式有所期待和预判。社会生活的有序进行不仅依靠社会控制系统，同时也有赖于社会成员之间的信任联系。无论是经济活动还是社会活动，都离不开社会成员之间的信任关系。越轨行为破坏了作为社会生活基础的信任联系，破坏这种行为期待，影响社会成员的相互合作，由此带来了社会成员之间的不安和焦虑。

3.破坏社会成员之间的正常联系

社会系统的正常运行依赖社会成员之间的相互联系，随着社会的发展，社会成员之间的联系更加复杂和密切。如果某个或某些社会成员不遵守社会规范，出现越轨行为，不仅会损害他人利益，更重要的是给整个团体或社会的运行机制造成困难，使社会成员之间无法通过有效的合作完成任务。社会成员的社会地位越高，其越轨行为给社会造成的危害就越严重。

4.损害个人和社会的利益

许多越轨行为对行为者本人有危害，比如吸毒、酗酒会损害行为者的健康，超速驾驶会危及驾车者的安全。更多的越轨行为则对涉及的相关他人有害，还有的越轨行为则损害了整个社会的利益。越轨本质上是违背社会公平原则。

5.干扰正常的社会秩序

社会规范的存在和社会成员对社会规范的普遍接受和遵守使正常的社会秩序得以保证。而越轨行为对社会规范的偏离和违反会使既有的社会生活秩序受到破坏。长期的、广泛的越轨则会导致社会功能的失调。

12.3.2 越轨行为的正功能

尽管越轨行为的负功能是主要的，但它有时直接或间接地引发出一些正功能，能够帮助确定规范或有助于社会体系发挥作用。

1.有助于认清和界定社会规范

在一定的社会环境中，人们对日常的许多社会规范已经习以为常，只有出现反面事例也就是越轨行为时才会反思其必要性或合理性。也就是说越轨行为的出现有助于人们清楚地了解哪些行为是不合适的，应该怎样做才符合社会规范。事实上，总是有人违反社会规范，而社会规范也只有在存在越轨行为的情况下才有意义，尤其在新的社会规范形成阶段，越轨行为往往比正常行为更有说明其存在的必要性。

2.增强社会组织和群体的团结

在涂尔干看来,越轨行为是社会正常运行所必需的,明确哪些行为是可以接受的、哪些行为是有害的,这有助于加强团体内的团结。美国社会学家刘易斯·科塞也强调,群体之间的冲突会导致群体内部团结的增强。群体成员明确了本群体的目标和价值规范,通过共同抵制外部压力可以增强内部团结;同时,对越轨行为的控制和惩罚可以使社会成员进一步明确和肯定自己的价值规范,相互认同。

3.带来某些规范与制度的变化

越轨行为是社会变迁的重要动因。虽然越轨行为对社会的发展来说并不具有积极的作用,但它们能够改变人们的价值观和生活方式,使人们以积极的方式适应社会。而一些积极的越轨行为则直接影响社会发展,如社会改革、社会革命等,没有这些越轨行为,社会只是死水一潭。越轨行为还使人们认识到社会规范不合理。这时候,越轨者希望通过越轨而改变僵死的、不合理的规范和制度,引起社会变化。

4.给社会提供一个缓冲的余地

个人在社会里总有些需求是无法满足的。如果社会控制过于刚性,则可能导致个人的精神崩溃或者社会性的反抗甚至革命。容忍一定程度的越轨,使人们的心理压力减轻,有一定的释放空间,会起到社会缓冲的作用。例如当前城乡各地棋牌室的出现,能给人们提供一条心理宣泄的途径。

12.4 社会控制

虽然越轨行为对一个团体或社会有正反两面的功能,但是社会总要设法对越轨加以控制,以维护社会规范的执行与社会的整合,因为太多的越轨者的存在总会影响甚至破坏社会的秩序与运行。社会控制就是对付越轨者的一般方式或手段。

12.4.1 社会控制的定义

控制(control),具有支配、调节、抑制、管理等含义,社会控制是按照管理者的一定目标与意图对人们的行为进行约束的过程,“旨在防止越轨并鼓励遵从的努力”。美国社会学家 E.A.罗斯(E.A.Ross)在 1901 年出版的经典著作《社会控制》中,首次提出了“社会控制”这个概念。罗斯认为在人的天性中存在着一种“自然秩序”,它包括同情心、互助性和正义感三个组成部分。罗斯认为,正因为人性中存在着这些自然秩序,人类社会才能处于自然秩序的状态,大家互相同情,互相帮助,互相约束,和平共处,相安无事。避免了人们之间因战争、争夺引起的混乱现象,也就无需社会控制。

所谓社会控制是指社会或社会组织利用各种手段来影响社会成员以使其遵守社会规范、维护社会秩序的全部过程。社会控制有广义和狭义之分。广义的社会控制指社会对社会成员的一切影响,其目的是使他们按照社会规范的要求调整自己的行为;狭义的社会控制只指对偏离社会规范的越轨行为所采取的限制和惩罚等,目的是促使越轨者放弃越轨行为,遵守社会规范。可见,一般意义上的社会控制不仅包括对社会成员的约束、批评、监督和制裁等手段，还包括帮助、支持、指导、教育等积极的影响过程。本节所介绍的社会控制是广义上的社会控制。

12.4.2 社会控制的类型

社会控制可以按照不同的标准进行分类，一般可分为宏观的社会控制和微观的社会控制、积极的社会控制和消极的社会控制、内在的社会控制和外在的社会控制、正式的社会控制和非正式的社会控制。

1.宏观的社会控制和微观的社会控制

宏观的社会控制是指利用政权、法律、政策、条令等手段对全体社会成员及整个社会关系进行调控与制约，包括政治、经济、文化和意识形态等方面的控制。宏观的社会控制对稳定社会、促进社会进步意义重大。

微观的社会控制是相对于宏观控制而言。微观的社会控制指在社会生活的各个具体领域所实现的控制，是具体的社会组织运用组织规章、组织文化等控制手段对其组织成员实施指导与约束。微观控制能否实现有赖于宏观控制是否健全和完善。

2.积极的社会控制和消极的社会控制

积极的社会控制是指通过指导、教育和宣传等积极手段使社会成员主动遵守社会规范过程。这一目的是通过社会化的内化达到。

消极的社会控制是建立在社会成员对越轨行为可能带来惩罚的恐惧心理基础上的，这种恐惧感涉及多种方式，如指责、嘲笑、处罚和判刑等。刑法就是通过明确对犯罪行为的惩罚来取得一种禁止犯罪的威慑力。社会成员知道违反社会规范会带来不良的后果，因此他们虽然不是出于自愿，但因为害怕处罚也会遵守社会规范。

3.内在的社会控制和外在的社会控制

内在的社会控制是指行为者个人将社会规范内化为自己持有的观念，从而自觉地按照社会规范的要求约束自己的社会行为。它需要通过社会化过程才能影响社会成员。在社会化过程中，社会成员通过与他人的社会互动将社会规范内化为自己的道德际准，以此来指导和控制自己的行为。他们遵守社会规范不是因为害怕惩罚，而是由于内心的道德责任感的推动。内在的社会制是最有效的社会控制方式，如果成员偶尔出现越轨行为，就感到内疚和悔恨，从而自觉改正，不需要外界的监督。

外在的社会控制是指利用外部社会力量促使社会成员遵从社会规范。社会成员在社会生活中会遇到社会各方面对其提出的行为规范的要求，社会成员意识到如果不满足这些要求就会受到社会的惩罚，而满足这些要求就能得到社会的认可，为此社会成员不得不服从社会规范。社会外在的压力可以是强迫、指责等消极手段，也可以是支持、鼓励等积极手段。

4.正式的社会控制和非正式的社会控制

正式的社会控制又称制度化控制，是指明文规定的形式向社会成员昭示“什么可为”、“什么不可为”的控制类型。它是通过专门的社会控制机构实施的，像军队、警察、法院和监狱等。社会为了维护正常的社会秩序而建立了一些专门的社会组织从事社会控制，这些组织拥有社会赋予的特殊权力和资源，因而由它们实施的社会控制具有强制力。

非正式的社会控制又称非制度化控制，是指社会控制的形式并不以明文规定的条文来实现，而是通过社会成员日常互动所形成的共识来实现。非制度化控制虽然没有十分明确的行为规范，通常也没有特定的组织来执行和监督这些规范的遵从情况，但它却能深入地影响行为者的内心，改变他们对生活的态度，从而起到约束和限制社会成员的社会行为、调节他们的社关系的作用。非正式的社会控制包括习俗控制、道德控制、社会舆论控制等。

12.4.3 社会控制的手段

社会控制必须借助于一些具体的手段，它包括具有较强强制力的政权、法律、纪律和强制力较弱的道德、风俗、信仰等。下面简要介绍主要的社会控制手段。

1.政权

政权或国家政权是阶级社会中占统治地位的阶级进行阶级统治的最高权力机构。处于统治地位的阶级通过军队、法庭、监狱等国家机器进行社会控制，这些手段体现了统治阶级的根本利益，具有强制性和广泛性，任何有损国家利益的言论和行为都会导致某种方式的惩罚。具体的表现形式是从中央到地方的各级政权机构——政府。从某种意义上说，政权也是一种组织控制手段，也是一种层级控制方式。但是，政权是以全社会的名义出现的，它的控制范围也是全体社会成员，而且政权的社会控制作用是以法律作为基础的，这是政权与其他组织控制手段的最大区别。作为政权的具体表现形式——政府，是一种特殊的社会组织，是管理国家事务的权力机构，它具有积极和消极两种职能。

2.法律

法律是由国家强制力推行的，对社会成员具有最强约束力的社会控制方式，反映统治阶级意志，由国家制定或认可并由国家政权强制实施的行为规则的总和。法律是国家政权的派生物，反映统治阶级的意志并为维护统治阶级的利益服务。法律具有阶级性、广泛性、强制性和稳定性的特征。阶级性是指法律是统治阶级意志的体现，其本质是实行阶级统治的工具。广泛性是指法律的控制范围遍及全体社会成员，社会主义法律的基本原则就是“法律面前人人平等”。强制性是指法律是最高层次的不容触犯的行为规范，法律的实施以国家机器的强制力作为保证，对于触犯法律的社会成员，国家将运用强制力量予以制裁和惩罚。稳定性是指法律在一定时期内是稳定不变的，因为法律从酝酿到制定有严格的程序，而且法律的稳定性也有助于执法严明、规范明确，有利于社会稳定。法律规范通常由假设、处理和制裁三个部分构成，通过教育、威慑和惩罚来控制社会成员的行为，维护社会秩序。

3.纪律

纪律是社会组织要求其成员遵守的行为规范的总和。纪律与法律不同，它不是由国家制定的，不具有法律效力，其约束力局限于制定纪律的群体内部，群体外的社会成员可以不受其约束。纪律的执行也不需要通过国家政权,而是凭借群体的行政手段。纪律具有以下几个特点。第一,纪律的多样性。不同的群体根据自己的利益需要制定符合自己情况的行为规范,在一个组织里不被赞同的行为,在另一个组织里可能是合理的,因而纪律呈现出多样性的特点。第二,纪律的集团性。纪律不一定反映阶级意志,在非阶级性组织中,纪律只是本群体成员共同利益的反映。第三,纪律的强制力。组织成员违反了纪律,就会受到纪律处分。不过,纪律的强制力不像法律那么强,它只涉及行政处罚。

4.道德

道德是调整人与人之间社会关系的行为规范的总和,它由风俗习惯演化而来,是以善恶评价为中心形成的非正式的社会控制手段。与法律和纪律相比,道德影响的范围比较广,它不仅涉及人的社会生活,也涉及人的私人生活,法律无权干涉的地方,道德却起着重要的调节作用。违反社会道德的行为不会受到法律的直接处罚,但会引起社会成员的批评和谴责,这些手段虽不如法律那样有强制力,但对社会成员形成的压力也是不可忽视的。对个人来说,违反社会道德会导致良心上的不安,这种压力促使大多数社会成员重视现存的社会规范。道德的社会控制作用需要借助于社会化过程内化为社会成员的价值标准,使社会成员用社会提供的善恶标准来检查自己的行为。道德的影响要比法律和纪律更深远、更持久。在阶级社会里,道德具有阶级性,不同的阶级具有不同的善恶标准。

5.习俗

习俗是指人们在长期的共同社会生活中相互影响自发形成的,并为社会成员共同遵守的行为准则。习俗是人类生活中最基本的也是最原始的一种社会控制方式。习俗比道德和法律有着更广泛、更普遍的行为约束力。人们在长期的社会生活中逐渐形成一些共同的生活习惯,并代代相传,构成这一民族的文化特色,它对本民族成员的生活方式和思维习惯产生重大影响。习俗是在长期的社会生活中自然而然形成的,它不像道德那样带有明显的善恶是非判断,也不像法律和纪律那样具有强制力,它只是一定社会环境中的情理和习惯。

6.社会舆论

社会舆论是指公众对某一事件或人物的共同意见和评价,它是通过在特定人群中传播消息、交换看法而形成的。社会舆论是蕴藏在人们思想深处的共同心理倾向,无形无体,但却是一种巨大的精神力量,对社会成员的价值取向和行为方式产生很大的影响。社会舆论的社会控制作用机制是通过广为传播的舆论,造成一种社会氛围,处在这种氛围中的社会成员自觉或不自觉地服从舆论的导向与制约。其具体作用方式是带有价值判断的社会评价,对某种具体的价值观或行为方向进行褒扬、赞赏,或进行批评、谴责。社会舆论可以是社会公众自发形成的,也可以是由政府部门或某一社会团体、社会组织有意识、有目的地通过大众传播媒介(如报刊、电台、电视等)广为宣传而形成的。社会舆论一旦形成,就对社会成员产生一定的约束力,违反公众意志的行为就会受到社会舆论的批评和遣责。社会舆论在控制社会成员的行为方面起着重要作用，它是社会规范转化为规范行为的中间环节。

社会控制手段多种多样，它们在维护社会秩序方面都发挥着各自的作用。在现实生活中，这些社会控制手段是相互交错、相互影响、相辅相成的，单独强调某一种或某一类社会控制手段都会对社会发展产生不利影响。

本章小结

(1)越轨行为是指个人或群体违反其应遵守的社会规范的行为。

(2)越轨行为是指违反社会或组织规范的行为，它包括偏差行为、违规行为、违警行为和犯罪行为。

(3)对越轨行为的解释有生理学角度、心理学角度和社会学角度。

(4)越轨行为既具有正向的社会功能，又具有负向的社会功能。其正向社会功能主要包括：①有助于认清和界定社会规范；②增强社会组织和群体的团结；③带来某些规范与制度的变化；④给社会提供一个缓冲的余地。负向社会功能主要有：①破坏社会成员遵守社会规范的愿望；②破坏社会成员之间的相互信任；③破坏社会成员之间的正常联系；④损害个人和社会的利益；⑤干扰正常的社会秩序。

(5)社会控制是指社会或组织利用各种手段影响社会成员，以使其遵守社会规范、维护社会秩序的全部过程。

(6)社会控制可以根据不同的标准划分为不同的类型：①宏观的社会控制和微观的社会控制；②积极的社会控制和消极的社会控制；③内在的社会控制和外在的社会控制；④正式的社会控制和非正式的社会控制。

(7)社会控制可通过多种手段发挥作用，主要包括政权、法律、纪律、道德、习俗、社会舆论等。

思考题

1.什么是越轨行为？它包括哪些类型？

2.简述越轨行为的主要社会功能。

3.简述默顿的社会失范理论。

4.标签理论的内容是什么？它与其他理论有什么不同？

5.什么是社会控制？

6.社会控制的主要手段有哪些？

7.社会控制的主要类型有哪些？

13

大众传媒与社会

学习目标

通过本章的学习，使学生掌握大众传播媒介的涵义、特征；重点掌握大众传播的模式与过程以及大众传播的社会功能；了解全球信息化与文化帝国主义问题。

本章知识点

(1)大众传播媒介的含义及其特征。
(2)大众传播模式与过程。
(3)大众传播媒介的社会功能。
(4)全球信息化的影响。

13.1 大众传媒的概念

信息传播是人类社会中亘古至今的现象，是渗透人类一切社会活动的现象。人们称当今时代为“大众传播时代”或“信息时代”。星罗棋布的大众传播媒介日夜工作，为人们提供着各种各样的信息。它们向现代公民们报告着世界上不同地区发生的重大事件，使地球缩小成了“地球村”。

13.1.1 传媒的定义

传媒是传播媒介的简称，指的是人类传播过程中运载和传递信息的物体，是连接传受双方的中介物。它可以是自然物，也可以是人造物，可以是单一的物体，也可以是一系列物体的组合。在现实生活中，传媒更多地被理解为一种传播组织或机构。

13.1.2 大众传播媒介的定义

对多数人传播信息的媒介就是大众传播媒介，通常说的报纸、杂志、图书、广播、电视、网络都是大众传播媒介。大众传播媒介有两层涵义：一是指传递信息的工具和手段，如计算机及其网络、报纸、广播、电视等与传播技术有关的媒体；二是指从事信息的采集、选择、加工、制作和传输的组织或机构，如报社、电台和电视台等。

大众传播媒介具有以下的主要特征：

(1)面对不特定的多数人，能作迅速的诉求；

(2)地位稳固，具有自身的组织目标和组织结构的社会组织；

(3)传播效果明显，能广泛地向社会传播；

(4)在社会上具有权威性，可制造共同话题，增强公众对传媒的依赖感。

大众传媒的上述四个特点，使得它们比其他类型的传播媒介地位更优越、力量更强大。在某种意义上，大众传播媒介也是传播特权的拥有者，它们所拥有的传播能力和权力远远超过了作为个人的社会成员或其他一般社会群体。不过，从传媒环境的角度来讲，大众传播媒介绝不是存在于真空之中的，它是与特定社会政治、经济、文化、科技、军事结合的产物，同时又受到这些力量的调控和制约，因此大众传播媒介具有一定的可控性。

13.1.3 大众传播媒介的发展

按照大众媒介发展的顺序，可以将其大致分为三种类别：印刷媒介、电子媒介和数字媒介。媒介发展过程中并非是新旧更替的，而是以叠加的方式，不断融合、扩大。旧媒介不因新媒介的出现而消亡，在与新媒介的竞争中吸收新的元素，继续满足人们对信息和娱乐的某种需求。

1.印刷媒介

印刷媒介顾名思义就是借助大量复制、快速显现的印刷技术而进行的图形和文字传播媒介，虽然可以用于小团体范围和人际传播，但主要属于大规模印刷技术的大众传播手段。例如报纸、杂志、图书、传单、招贴、海报等。

图书是最早的大众媒介，但是它长期属于社会上层的专用品，大众很少利用。真正的大众化的媒介是报纸。1833年，世界上第一份便士报——《纽约太阳报》诞生，标志着人类进入真正成熟的大众传媒时代。报纸以低廉的价格迅速崛起，满足了图书所无法提供的信息需求。不久，期刊也步入大众化轨道，弥补了报纸难以大篇幅、深入地报道社会事件的不足。期刊在巨大的社会变革期间，政治宣传作用尤其突出。不过报纸以其快速、综合的新闻和信息娱乐性，赢得了大众媒介龙头的地位，直到广播媒介的兴起。

2.电子媒介

电子媒介是指需要运用专门的电子接收和发送设备来传播信息的传媒。19世纪后半叶,由于电的发现和无线电技术的发展,开始诞生了一批电子媒介,如电报、电话等。电子媒介的出现是社会发展与科技进步的综合产物。

电子媒介包括广播、电视和电影,它们的产生和发展,与电的发现、电信技术、声音和图像控制技术的进展密切相关。广播媒介最早应用于军事领域,后来,逐渐成为人们获取信息和休闲娱乐的重要工具。广播出现后不久,电视就进入发明家的视野。但是,作为产业的电视直到第二次世界大战以后才得到发展,因为电视信号的发射和接收需要昂贵的设备。电视一开始就走上了满足娱乐需求和赢利的道路,具有引导和推动社会文化潮流的作用。

3.数字媒介

数字媒介是以数字技术为基础,不仅包括计算机、多媒体、手机、网络等新兴媒体,而且还应涵盖传统大众媒介的数字化,例如,电子版报刊和图书、数字广播、数字电视、数字录像等。20世纪后半期,计算机互联网和多媒体技术得以应用,宣告数字时代的到来。网络是国际电子计算机互联网络的简称,也称因特网。这种新媒介被认为是报刊、广播、电视之后的"第四媒体"。它把一台台孤立的计算机联成网络,可以用于连续的电子信息传递,包括电子邮件、文件传递以及个人或计算机群之间的双向传播。

13.2 大众传播的模式与过程

13.2.1 传播模式

传播模式是传播要素的组合形式,是实现现代传播过程、展示现代传播结构、揭示传播各要素之间相互关系的理论形式。下面介绍一些主要的传播模式。

1.拉斯韦尔模式

拉斯韦尔的"5 W"模式也经常被用来组织和形成关于传播的研究。如果将其变为图解模式,即得图13-1所示的模式。

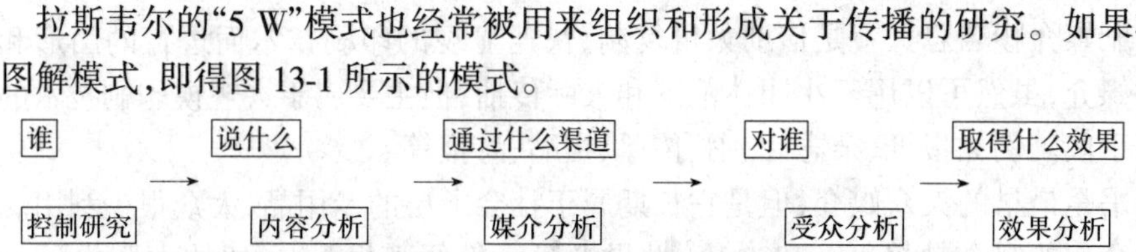

图13-1 拉斯韦尔5 W模式图解

拉斯韦尔提出这一模式时,他关心的是政治传播与宣传,而这个模式对分析政治宣传确实是十分适用的。拉斯韦尔公式显示了早期传播模式的典型特性,它或多或少想当然地认为传播者具有某种打算影响接受者的意图,因此应该把传播主要看做是一种劝服性过程。这一模式还假定任何信息总是有效果的。这种类型的模式无疑助长了过高估计传播效果的倾向。然而,有的研究者感到拉斯韦尔的“5 W”虽然很有用,但毕竟太简单了,认为除了“5 W”以外,也许还有更多可以考虑的因素。有的学者批评拉斯韦尔模式,没有看到各种研究之间的相互关联性,而把它们相互独立开来。还有的学者批评拉斯韦尔忽略了反馈因素。然而,时至今日,拉斯韦尔模式依旧是引导人们研究传播过程的一种方便的综合性方法。

2.香农-韦弗的直线模式

香农和韦弗在信息理论中讨论了传播的直线模式,但却一直被行为科学家和语言学家们类推用于各自的领域,因此在后来的许多人类传播模式中可以很容易发现香农-韦弗的直线模式的一些痕迹。传播的直线模式如图 13-2 所示。

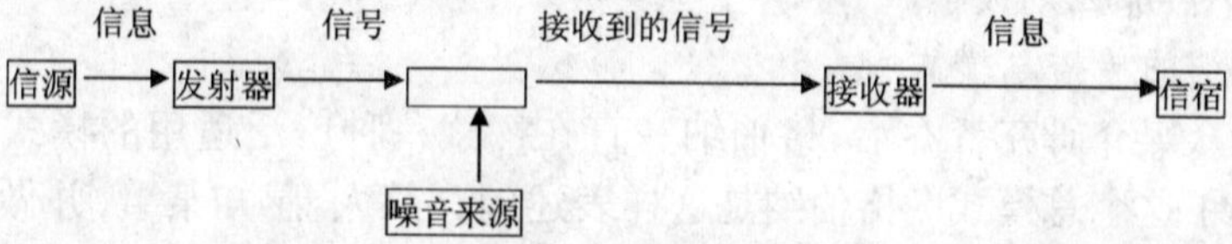

图 13-2 传播的直线模式

在这个模式中,传播被描述为一种直线性的单向过程。模式展示了五个要完成的正功能和一个负功能因素,即噪音。正是噪音的存在,导致信源发出的信息和到达信宿的信息,两者的含义可能不一样,传播失败的一个共同原因,在于传播者不能认识到发出的信息与接收的信息并不总是相同的。传统的直线性传播模式明确地固定和区分了发送者与接收者的作用,因而不时地受到后人的批评。施拉姆曾经这样评论:“事实上,认为传播过程是从某一点开始而到某一点终止,这种想法易使人误解,传播过程实际上是永无止境的。”也就是说,传播过程的参与者有时是发送者,有时又是接收者。

3.奥斯古德-施拉姆的循环模式

奥斯古德-施拉姆的循环模式由 C. E. 奥斯古德首创,并由施拉姆提出。香农和韦弗的兴趣在于发送者和接受者之间的传递渠道,而奥斯古德和施拉姆则主要讨论传播过程中各主要行动者的行为。传播的循环模式见图 13-3。

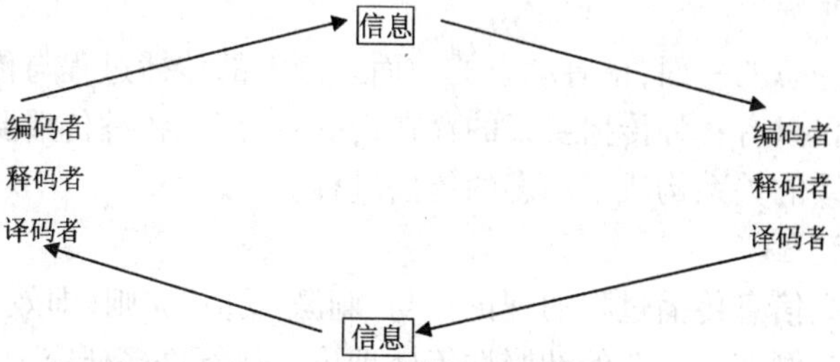

图 13-3 传播的循环模式

这种循环模式对于传统的直线模式是一种决裂，这个模式在描述人际传播时特别有用，也就是说，这种模式注重有反馈的传播。这一模式中，行动的双方有着相同的功能，因而传达的是一种对等的感觉，而在现实中，传播过程往往是相当不平衡的。

4.丹斯的螺旋形模式

循环模式中认为，传播是一个完全的循环，是对等的，然而传播不会回到他的出发点。而丹斯提出的螺旋形模式强调了传播过程中的变化，包括传播要素的变化、传播关系的变化和传播环境的变化，让人们注意到：传播过程是向前发展的，今天的传播内容将影响到以后传播的结构与内容。例如，谈话过程中参加者的加入，不断地获得越来越多的话题、别人的观点、知识等。随着参与者的知识的增加，螺旋线越来越大，传播内容、范围等均得到扩展。丹斯的模型让人们认识到传播过程中的主动性和生动性，而不再那么刻板了。

5.格伯纳的传播总模式

美国大众媒介研究者乔治·格伯纳一直在探索一种广泛适用的模式。1956年，他首次提出了这个总模式。格伯纳是这样表述的："某人，感知某事，并做出反应，在某种场合下，借助某种工具，制作可用的材料（即信息），于某种形式和背景中，传递某种内容，获得某种结果。"因此，无论是传播者对事件的叙述，还是受传者对其叙述的接受，都是一个主观性的活动，对于整个信息传播有重要的影响。例如，法庭审讯中，证人的陈述与法官的感知信息的程度如何？新闻报道中，记者、编辑、播音员对事件的感知以及对事实报道的一致性如何？报道过程中的控制如何？受众的理解又是如何？这些问题都是非常重要的。

6.麦奎尔的媒介理论图

传播的过程不仅仅是传播过程内部各要素的关系，还是其他社会因素与传播媒介的关系。麦奎尔把整个传播学的研究过程因素分为四种：社会的政治、经济、法律、教育、家族、宗教、文化因素，媒介，媒介内容和受众。各因素之间的相互作用构成了传播过程，对各因素或其相互作用过程的研究，构成了整个传播学研究的理论图，如图13-4所示。麦奎尔认为，在广大的世界对象和个人的直接经验之间，传播扮演了一种中介角色，而在传播过程内部，依然有各种交换、控制、相互作用的关系。实际上在每种因素的内部，这种过程同样存在。

13.2.2 传播过程

传播过程有静态的一面，也有动态的一面。静态的传播过程与传播结构有关，而传播结构中不仅仅只有各种传播要素的存在，其中还存在各种传播要素之间的关系，正是这些千丝万缕的关系构成了动态的传播过程。

1.信息传播过程

很多早期研究信息传播过程的理论都与"刺激-反应"原则（即效果是对特定刺激的特定反应）有关，例如霍夫兰的劝服性传播理论。尽管许多研究者认为，是由于"刺激-反应"原则导致了人们把大众传播过程仅仅当作一种劝服过程的观点，但是却没

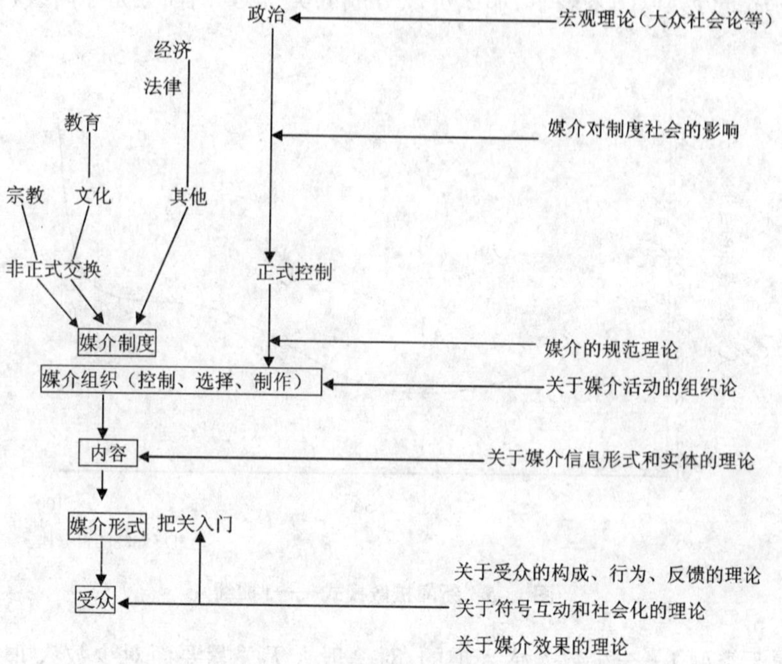

图 13-4 麦奎尔的媒介理论图

有人可以否认这一原则对信息传播研究的重要性，这一原则是许多有关信息传播的思想产生的基础。

1）两级传播理论

1940 年，拉扎斯菲尔德领导哥伦比亚大学社会学系和应用社会研究中心的一班人，在俄亥俄州的伊里城调查传播媒介（当时主要是广播和报纸）对总统选举的影响。结果发现，传播媒介的影响有限，影响投票意向的主要是人际接触和面对面的劝服。为了解释这个结果，他们引入了"两级传播"和"舆论领袖"（意见领袖）的概念，指出"观念常常是从广播和报纸流向舆论领袖，然后由舆论领袖流向人口中不太活跃的部分"。这就是"两级传播"理论。

2）对两级传播理论的修正

创新扩散模式、新闻扩散模式等理论都是在两级传播理论的基础上进一步修正而形成的。

1973 年，罗杰斯和休梅克合著的《创新的扩散》，提出了创新扩散模式。该模式基于这样的假设——一个创新扩散过程至少包含四个明显的环节：知晓（释码）、劝服（编码）、决策（行动）、证实（反馈）。这一模式也指出，传播过程会受到来自个人、社会关系和信息性质的多方面影响，每一种因素都可能改变传播方向。

格林伯格在调查 18 种不同新闻事件的最初信息来源时所取得的结果概括为 J 曲线，也就是新闻扩散模式。如果把最终知晓这些事件的那部分人与最初从人际渠道获知的那部分人以图来表示，那么可以分成五类，得到的曲线是J曲线，如图13-5所示。

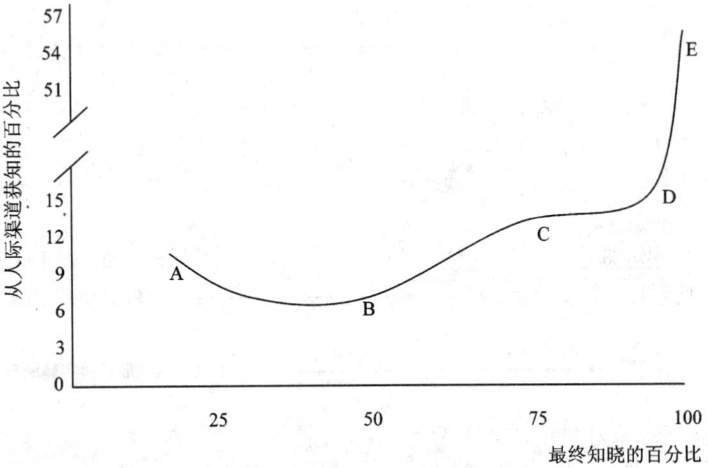

图13-5 新闻扩散模式——J曲线

A属于类型1——少数人感兴趣的、对一般人无关紧要而对少数人非常重要的事件，媒介不会突出地宣扬这类事件；B、C和D属于类型2——日常新闻、普遍公认对一般公众都重要的事件(通常是当天的新闻报道)；E属于类型3——重大事件、极端紧迫、重要和富有高度戏剧性的事件。三类事件在实际扩散中是逐级增高的，但从个人渠道获知的那部分人并没有逐步提高，因而不是直线形式。对于低知晓度的事件，从个人渠道获知的比例相当低；而对于大多数“中等知晓度”的事件，从个人渠道获知的比例非常低；但对最高知晓度事件，从个人渠道获知的比例是很高的，超过50%。这一曲线能够告诉我们，大多数事件最初的信息来源是媒介渠道而非个人渠道。类型3事件往往可能与危机形势相联系，它们的扩散可能极为迅速，不确定性导致人们更积极地从非媒介渠道寻找信息。

2.传播者的信息处理过程

传播者的信息处理过程被称为“守门行为”。“守门人”概念的提出是勒温的贡献。第二次世界大战期间，勒温带领学者对当时美国政府鼓励公众食用动物内脏的宣传及其效果进行了研究。结果发现，除非家庭主妇决定让家人食用动物内脏，否则其先生和孩子是不可能吃的，也就是说，家庭主妇对食物进入家庭，扮演着类似“守门人”的角色，勒温因此提出了“守门人”和“守门行为”的概念。1947年，勒温又在其论文《群体生活的渠道》中，从理论上对传播过程中的“守门人”和“守门行为”予以阐述，指出：在信息传播过程中存在着决定是否准许信息通过的人或机构，即“守门人”，他们对其接受到的信息起到选择和过滤作用。

之后，怀特、麦克内利、巴斯等人进一步修正了“守门人”理论。1950年，怀特在研究美国一家非都市报纸的电讯编辑时采用了“守门人”的概念,这位编辑舍弃许多新闻的决定被视为最值得注意的守门行为。怀特的研究只注意到了一个“守门人”,实际上各种“守门人”大量存在于信息的流动渠道中。1959年,麦克内利研究了国际新闻的传递过程,发现在接收者和新闻事件之间,存在记者、编辑等一系列的“守门人”,当接收者向亲朋好友叙述这些信息,他自己又成了“守门人”,而且每一个“守门人”都对信息的形式和内容有增删,而不仅仅是选择或拒绝。1969年,巴斯进一步修正了“守门人”理论,他批评怀特和麦克内利没有注意到不同“守门人”角色之间的差异,并且没有任何东西表明什么是最有意义的选择点。他认为,最重要的守门行为发生在新闻组织内部,守门过程分为新闻采集和新闻加工两个阶段。

3.被传播者信息处理过程分析

被传播者的信息处理过程包括两个方面:信息的接收过程和对传播内容的反应过程。

信息的接收过程有两种方式:被动的信息接收和主动的信息寻求。这种思路的分析有“枪弹论”、“选择性接收理论”、个体差异理论。枪弹论把被传播者看做毫无防御能力的“靶子”,只要劝服性信息的“子弹”一击就会立刻做出预期的反应,像“靶子”一样倒下去。这种理论假设的信息接收过程是无条件的接收或接受。选择性接收理论认为,被传播者不再被作为被动的“靶子”,而是一个有选择力的“人”。被传播者为了保持观念上的平衡,必定要选择接受媒介或其他渠道传来的信息,而且只选择那些与自己观念相符的东西。1960年,约瑟夫·克拉帕把选择性接收过程总结为三个选择性因素:选择性注意、选择性理解、选择性记忆。个体差异理论则认为,影响信息接收过程的最重要因素,是被传播者的个人性格和态度。

关于被传播者对传播内容的反应过程的理论分析,更多的是研究人们如何使用媒介,而非仅仅是人们如何接受媒介。这方面的主要理论包括使用-满足理论以及使用与效果模式等。

4.效果分析

效果分析在传播研究中历史最长,其实证和理论研究的发展,可以大致分为三个阶段。

第一阶段是从20世纪初到20世纪30年代的后半期。当时人们相信,传播媒介对于意见和信念的形成,对于生活习惯的改变,有着巨大的威力。当时流行的观点是:传播媒介具有无穷的力量,在巧妙的宣传家的使用下,它所传送的信息作用于人就像子弹击中躯体,或是药剂注入皮肤一样,效果立竿见影。这些观念后来被称为“枪弹论”或“皮下注射论”,是一种强效果论。

第二阶段是从20世纪30年代初美国进行的一系列试验研究开始,这些研究一直持续到60年代。这段时期内拉扎斯菲尔德的两级传播理论出来后,很多学者都对媒介的“强效果论”产生了怀疑。虽然不否认媒介有效果,但他们普遍承认媒介是在社会结构、社会文化体系中起作用的。这些社会文化因素对于被传播者的选择和注意方面有决定作用,形成媒介的“有限效果论”。

第三阶段包括目前在内,研究中心开始由显在效果转向潜在效果、由短期效果转向长期效果,由此形成了新的“强效果论”。效果研究的焦点转向媒介的长期、潜在和间接的效果,以及信息的认知、社会环境、舆论气候、信仰结构、文化模式乃至社会制度等对传播效果的影响。

13.3 大众传媒的社会功能

大众传媒的威力

1938年的万圣节前夜,美国哥伦比亚广播公司在其“水星剧场”中播出了广播剧《星际战争》(War of the Worlds,很多人习惯称之为“火星人入侵地球”)。这是一个根据科幻小说改编而来的节目,播音员在节目中四次明确声明情节纯属虚构,但仍有成百万的美国人信以为真,尤其是在广播剧中火星人登陆的新泽西州,许多人驾车怆惶出逃,还有人筑起路障,更有人拿起枪准备抵挡火星人的入侵。事发之后,普林斯顿广播研究中心的研究人员在调查中发现,当时至少有600万的美国人收听了广播,其中28%的人误以为是新闻广播,这其中70%的人受到惊吓。在新泽西州附近所做的135名听众的访谈显示:受访者中除28人外,其他107人均因节目受到了惊吓。该剧导演别出心裁地采用“新闻报道的形式”制作广播剧,开始时是十多分钟与剧情无关的音乐、访谈、天气预报等内容,使观众忘记这是广播剧的一部分,而以为它是一次新闻广播。当然,声音的魅力在其中也展现得淋漓尽致:播音员绘声绘色地模仿了总统发布“紧急动员令”、新闻记者“现场报道”、广播员慌张的声音、宇宙飞船的呼啸声、外星人的尖叫声、警察与外星人交战的拼杀声、人们慌乱逃生的呼救声、仓库的爆炸声……无不形象逼真,于是导致了广播史上空前绝后的大恐慌事件。这是广播史上的一个特例,其原因复杂多样,包括人们对战争的心有余悸、广播剧的描写逼真、情节细腻、效果极佳等。①

大众传媒功能的研究主要是研究大众传播媒介在社会层面的作用和影响,大众传媒的功能体现在正负两个方面。

13.3.1 大众传媒的正功能

大众传播媒介的正功能主要体现在以下几个方面。

1.监测环境,传递信息

传播学界常常把大众传播比作社会雷达。大众传播媒介机构收集世界各地政

① 王宇.大众媒介导论,北京:中国国际广播出版社,2003年版,第20~21页.

治、经济、文化等各方面的重要信息并向整个社会发布,使大众了解社会环境及其动态。在现代社会中,人们在实际生活中所需要的信息已远远超过了人的经验范畴,必须从四面八方吸收自身所需的信息,以指导自己的生活。大众传播媒介传递着生活中政治、经济、文化、社会等方面不断发展变化的新鲜事物和现象,及时发出有关自然灾害、军事威胁、政治动乱等方面的警报,以引起人们对事态的重视,从而加以防范。同时,还可以通过组织有关的经济信息、市场动态、交通情况、文化活动等相关信息,满足社会各团体、组织和个人正常的信息需要。

2.协调社会,提供指导

一方面,大众传播媒介通过信息的传递、解释等动员受众形成全社会范围内基本一致的意见、态度和看法,用以调节社会内的矛盾冲突,使这些矛盾冲突趋于缓解乃至于消除。另一方面,在信息社会中,面对如潮的信息,人们往往显得束手无策;如果没有相应的措施和部门对一些良莠不齐的信息进行引导,人们可能无所适从。人们迫切需要有人能够向他们解释一些信息的内涵,大众传播媒介无可避免地要承担起这份责任。

3.传递文化

大众传播媒介通过对文化知识、科学技术的传播,不但将前人的文化技术较为完善地传达给后人,保存和发展了文化遗产,还同时促进着社会成员社会化的逐渐完善。人们通过日常生活中接触到报纸、杂志、广播、电视、电影、书籍,乃至一些宣传品来获得新鲜资讯,在人与人之间的信息交流中不断获取新的知识,完善自己的知识结构。广播电视节目中除了那些正规的课程以外,知识性、科普性的内容渗透到生活的点点滴滴中去,更是对于提高公众的文化素质大有裨益。随着卫星传输和互联网的进一步发展,远程教育也成为人们接受再教育选择的途径之一。

4.提供娱乐

在现代社会中,闲暇时间,人们听音乐,看报纸,读杂志,听广播,看电视、电影,大众传播媒介成为了人们的主要娱乐工具和休闲手段。通过这些活动,受众一方面接触了大量信息,另一方面也是一种放松,同时还不断提高着自身的艺术鉴赏水平。目前,电视连续剧已被证明为最受电视观众欢迎的艺术形式,电视也成为了世界上与人的日常生活关系最为密切的大众娱乐工具。通过电视,人们欣赏到了话剧、歌剧、舞剧、传统戏剧,以及曲艺小品,听到了通俗的、严肃的各种音乐会,看到了大型歌舞会和精彩的体育赛事,也欣赏了世界各地的绘画、雕塑等,还在电视屏幕的带领下游历了世界各地的名胜古迹、山川美景,体会了各地的风土人情,丰富了生活,陶冶了情操。

大众传媒的作用还有很多,如大众媒介推动人的社会化、加快城市化进程等。上面几项是大众传媒最基本的功能。同时必须注意,大众传播媒介的各个功能是互相联系、互相制约的一个整体。

13.3.2 大众传媒的负功能

在认识了大众传播媒介积极的影响后，还应当看到，大众传播媒介也给社会生活带来了一些负面影响。大众传播媒介的负功能主要表现在以下几个方面。

1.媒介环境虚拟的非真实性

议程设置理论，是一种分析大众传播影响社会，或更具体地说，是影响社会公众舆论的理论。该理论的基本假设是：尽管大众传播媒介在告诉人们持什么观点方面成功不多，但却能非常成功地告诉人们应该考虑些什么问题。议程设置理论的基本观点包括如下几点。

第一，这一理论认为，我们所接触到的媒介讯息是经过媒介把关人的一番选择的。世界上每天都在发生成千上万的事件。由于时间和篇幅的限制，大众传播媒介无法包罗万象，报道所有这些事件，因此，必然要进行一番选择。媒介把关人首先选择那些自己认为有新闻价值的事件，然后根据这些事件的重要与否决定报道的强调程度——报道的长度、标题的大小、报道在报纸版面上的位置、报道出现的频率等。因而有些事件只简略地提到一下，而另一些则详细报道；也有些事件倍受关注与强调，还有一些事件则完全不受大众传播媒介的注意。经过这样的选择，就形成了媒介议程。

第二，大众传播媒介议程的内容影响到大众把哪些问题视为重要；大众传播媒介的迅速、广泛传播信息的威力，使媒介得以影响大众对现实的理解。凡大众传播媒介视为重要并在媒介报道中突出强调的问题，也会得到受众重视。

第三，一个事件或一个议题在大众传播媒介中出现的频率，是受众赖以评价事件或议题重要与否的主要依据，媒介是通过系统地突出传播某些问题来发挥议程设置的作用。

所谓媒介现实，是指媒介正日益扩大而不是缩小了人们的见闻，但是媒介带给人们的是经过它转述的世界，而不是现实本身。现实生活中，人们往往习惯并依赖媒介带来的虚拟世界。如果大众传播媒介的这种功能被人利用，其后果十分可怕。第二次世界大战期间，德国纳粹利用媒介展开舆论攻势，在德国乃至整个欧洲形成一种心理上的狂热，使得法西斯势力迅速抬头、生长和蔓延，这对于第二次世界大战的爆发起到了催化作用。而在战争期间，其宣传部长戈贝尔宣称的"谎言重复一千遍就是真理"更是混淆视听。

2.大众文化带来的文化衰退

大众传播媒介促进了人与社会、人与人之间的沟通和理解，也使得成员心理从众趋向更明显，社会意识趋同与大众的从众使得借助大众传媒扩散流行的大众文化发展迅速；但是，同时也造成了人们文化水平的降低和思维能力的衰退。大众文化具有明显的娱乐性、通俗性、消遣性和商业性特征。这样，它往往一味注重与迎合大众的口味，过分追求经济效益，有导致文化庸俗化的嫌疑。

3. 造成人们与社会、群体逐渐疏远

大众传播媒介的出现延伸了人的眼睛、耳朵等器官，将人的五官感受放到了一个更为深广的空间，人们不断地借助于传播媒介来实现对社会的认识和了解。但在同时，由于人们过多依赖媒介这种间接的互动方式之后，真正的人际互动便逐渐减少，社会的人与社会越来越远。美国学者提出了“电视人”一词，指那些将闲暇时间完全用于电视，将自己的思想、感情、喜怒哀乐等完全与电视情节相连接的人，思想、观念乃至行为方式完全来自电视的模仿。日本学者的研究指出，由电视教育出来的“电视人”同他们的前辈的逻辑思维特点恰好相反，并提出了“容器人”一说。“容器人”是对媒介的过于依赖与沉湎造成的，他们的世界是孤立、孤独、闭琐、漠然的，他们的生活具单调性，生活的内容除了传媒没有别的。

4. 色情、暴力对青少年的不良影响

电视对电影的冲击一直是电影界无法回避的一个问题，为迎合观众的需要，许多国家尤其是美国的电影中暴力片、色情片、恐怖片、灾难片等的数量呈上升趋势，这些影片的大量出现诱发了许多偏离或违反社会规范的行为。它们给青少年和儿童带来的负面影响，引起了家长们的担忧和社会学家们的关注。心理学家班杜拉认为电视对儿童的攻击性行为方式产生了如下影响：一是儿童从电视中学习到了一些攻击性行为方式，使儿童放松了对暴力行为的抑制，错误地认为社会允许攻击性行为，使暴力合法化；二是降低了儿童对暴力的敏感性，并习以为常，使儿童不相信他人。

“培养”理论，也称为“培养分析”(cultivation analysis)或“教化分析”、“涵化分析”。这种研究起源于20世纪60年代后期，当时，美国社会的暴力和犯罪问题十分严重，美国政府专门成立了一个“暴力起因与防范委员会”来研究解决这些问题的对策。G. 格伯纳(George Gerbner)主持的“培养分析”就是在该委员会的支持和赞助下开始的。

“培养分析”最初的着眼点有两个：一是分析电视画面上的凶杀和暴力内容与社会犯罪之间的关系；二是考察这些内容对人们认识社会现实的影响。在第一方面，格伯纳等人只在一些事例研究中发现电视暴力内容对青少年犯罪具有“诱发效果”(trigger effect)；然而在第二方面，他们的研究得出了一个重要结论：电视节目中充斥的暴力内容增大了人们对现实社会环境危险程度(遭遇犯罪和暴力侵害的概率)的判断，而且，电视媒介接触量越大的人，这种社会不安全感越强。

总之，大众传播媒介带给人们丰富多彩的精神生活的同时，也带给人们一些负面影响。这些负面影响是不可避免的，我们只能尽量减少这些负面影响，让大众传播媒介成为人们生活中一个积极健康的引导因素。

13.4 大众传媒与全球信息化

全球信息化是当今世界的一个重要特点。它所带来的，是国际传播和全球传播的发展。全球信息系统的形成,正在极大地推动着现代世界的政治全球化、经济全球化、文化全球化、环境全球化、消费与流行全球化的进程,并对现代人社会生活的各个方面产生着深刻的影响。

传媒与地球村

地球村的说法是麦克卢汉在1969年首次提出的。在他的成名作《理解传媒》出版的几年后,他又在题为《地球村的战争与和平》(Peace and War in the Global Village)的著作中向世人宣告地球村的出现。这本书给人印象最深的地方是媒体使地球在逐步缩小为一个村落,尤其是美国对越南发起的"第一次电视大战"的舆论冲击,对地球村的形成起到了推动作用。

1989年11月8日柏林墙被推倒拆除,这一历史事件使得麦克卢汉这位加拿大教授的预言更具新鲜活力。在同年年末,一位美籍日裔学者弗朗西斯·福山(Francis Fukuyama)又将黑格尔"历史的终结"的理想变为现代时尚,但这一次仰仗的是市场经济和自由民主的胜利果实。两年后,后来成为美国副总统的阿尔·戈尔(Al Gore)专门举办以信息社会为主题的活动,据他所说,借助于光纤高速公路,任何人无论在信息社会的任何一个角落,都能够对全世界的记录和知识加以利用。最终,到了1996年之后,互联网上的新兴企业一举成功,于是一些领军人物就以为新经济是灵丹妙药,能使得经济持续快速地增长,而且,再没有失业和通货膨胀的困扰。

历史的终结、信息社会、新经济,这些预言听起来非常冠冕堂皇,但它们往往是经过深思熟虑之后得出的结论。因此,它们十分坚定,但又不乏天真的一面。数码革命和经济全球化的最初震撼力已经由此显现出来,虽然人们没有明确承认,但地球村的始作俑者经过审视和对证后对未来作出的设想总是不无道理。

然而,2001年9月11日,在纽约和华盛顿发生的悲剧,不仅粉碎了地球村的梦想,还将冷战后最初十年里仅存的一点自欺欺人的幻想化作了泡影。21世纪并没有像人们认为的那样,因为网络的飞跃和前苏联的解体而提前到来,而是拖延了几个月在2001年才姗姗来迟。随着纽约双塔的崩塌,作为世界上最为国际化的大都市,就这样暗淡下来。全世界重新意识到,发达的西方社会经常忘在脑后的现实,就在"世纪末"技术和经济的交响乐中,不乏滥竽充数的恐怖主义分子、专制独裁者和狂热盲从的信徒,这些危险因素有的早已存在,有的新近出现,还有的正在酝酿当中。①

13.4.1 全球传播的概念

在20世纪末,全球传播(global communication)问题成了举世瞩目的新焦点,也成为传播学研究的一个新领域。关于什么是全球传播,目前很难找到一个确切的定义。

① [法]弗朗西斯·巴勒.传媒.张迎旋,译.北京:中国传媒大学出版社,2007年版,第125~127页.

美国传播学者 H. H. 弗里德利克认为,全球传播是研究个人、群体、组织、民众、政府以及信息技术机构跨国界所传递的价值观、态度、意见、信息和数据的各种学问的交叉点。它包括文化、国家发展、对外政策与外交政策、国际纷争及其解决、技术、新闻与信息流通、霸权主义、意识形态、大众传播制度、控制与政策、人权与民权、战争与和平、宣传及其影响等众多的争论领域。

可以从以下几个方面来理解全球传播。

第一,全球传播的出现与跨国传播科技的发展和全球信息化的进程密切相关。卫星通信技术、跨国广播电视、计算机通信网络等新媒介的发达和普及,形成了一个全球性的信息传播系统:它们所带来的,是远距离传播的信息量与质的飞跃以及不同国家、民族和个人之间跨国界信息交流的普遍化和日常化。

第二,在全球传播当中,传播主体出现了多元化趋势。在全球传播中,国家和政府机构继续扮演重要角色,同时,各种各样的跨国活动团体、以开拓世界市场为目的的企业、活跃在电子网络上的众多个人也扮演着重要角色。

第三,在全球传播当中,主要的媒介依然是广播、电视、报刊等大众传媒,但与此同时,具有跨国传播的个人媒介也正在发挥着越来越重要的作用。例如国际电话、传真、个人电脑以及因特网上电子邮件、数据库等各种信息收集、处理和传输的手段和工具,都是全球传播中重要的个人媒介。

第四,在全球传播中,许多全世界、全人类范围的问题受到人们的重视。例如人口问题、资源问题、环境问题、贫困与饥饿问题、和平与发展问题等等,都是全球传播中的世界性议题。

第五,全球传播依然具有很强的政治性,但与此同时,由于跨国文化的交往和信息传播日益频繁,不同国家、民族之间的文化接触、摩擦、碰撞和融合以及由此产生的世界影响等问题,越来越占据重要的位置。

13.4.2 全球信息化的影响

全球传播发展的前提条件是全球性信息传播系统的形成。全球性信息传播系统的形成,正在使人类世界发生着重大变化。

第一,经济全球化的发展。随着经济信息的全球性实时传播的实现,体现在生产、流通和消费各个领域中的全球经济一体化关系越来越密切,牵一发而动全身。1998 年东南亚金融危机的普遍冲击以及中国人民币不贬值政策对稳定国际金融市场所起的巨大作用,就是最好的例证。

第二,政治全球化的加速。政治全球化表现在两个方面,一是国内政治与国际政治的界限变得越来越模糊,二是地理政治向全球政治的变化。就第一方面而言,在今天开放的信息系统中,国内政治几乎所有重要的举措都被置于国际社会的广泛监督之下,本国的事件往往产生广泛的国际影响,而外国的事件也往往在国内引起强烈的反应。就第二方面而言,在今天,国与国之间物理距离的远近已经失去了决定性的意义,人口、资源、环境等需要在全世界范围内形成共识的政治议题的出现,加速着人类政治全球化的进程。不少学者认为,当今世界的政治学已经由地理政治学变成了地球政治学(gaiapolitics)。

第三,文化的交流、融合、摩擦和冲突的全球化。在传统社会里,人们很少有机会接触到异民族文化,《西游记》、《镜花缘》等中国古代小说中对女儿国、君子国、长人国、小人国等“外国”的描述,大都是建立在想象和虚构之上的。而在今天,从亚欧到美洲、从大洋洲到非洲,人们对地球上几乎所有的国家和民族都不再有谋生感。交通和旅游事业的发达使人们在偏僻的山村也可以看到外国人的身影,充斥市场的外国物质产品和精神产品使人们随处可以接触到外国文化;人们不仅可以通过大众传媒“感受”各种各样的异国风情、习俗和生活方式,也可以通过因特网“漫游”世界。

13.4.3 全球信息化与文化帝国主义问题

世界上任何一个国家和民族,都拥有自主选择自己的文化制度、道德和价值体系、生活方式的权利,文化的整体性和统治性也是维持一个国家或民族生存和发展的前提条件之一。但是,在跨国界传播技术飞速发展的时代,由于世界信息流通的单向性,许多国家和民族的文化综合性正在面临着严重的威胁和挑战。

1.文化帝国主义的概念

对上述问题的普遍关心,形成了全球传播研究中的一个重要领域,即文化帝国主义研究。顾名思义,文化帝国主义研究,是把个别传播大国对世界信息流通系统的支配看做是推行文化扩张主义的过程,而把发展中国家的牵制和反抗看做是抵制文化侵略的过程。

文化帝国主义(cultural imperialism)并不是一个很新的概念,它是在20世纪60年代反对“新帝国主义”的国际环境下诞生的。所谓“新帝国主义”,指的是在第二次世界大战后许多殖民地国家获得民族独立的条件下,帝国主义的扩张战略由军事手段和直接的殖民统治为主,转向以经济和文化控制为主的变化。如果说传统的帝国主义属于军事帝国主义,那么“新帝国主义”则属于经济帝国主义和文化帝国主义。

2.文化帝国主义的特点

概而言之,文化帝国主义具有以下三个特点:

第一,它是以强大的经济、资本实力为后盾,主要通过市场而进行的扩张过程。

第二,它是一种文化价值的扩张,即通过含有文化价值的产品或商品的销售而实现的全球性文化支配;

第三,由于信息产品的文化含量最高,或者说信息本身就是文化产品,那么很明显,这种文化扩张主要是通过信息产品的传播而得到实现的。

在文化扩张的过程中,由于大众传播媒介是一种最有力的制度化手段,因此不少学者也把文化帝国主义称为“媒介帝国主义”(media imperialism)。在探讨媒介帝国主义之际,人们更关注两个极为现实的问题:一是跨国传播媒介的高度集中和垄断;二是由这种垄断体制所形成的信息单向流通所产生的文化后果。

全球信息化是当今世界的重要趋势,这个趋势正在把世界上的人类融入到一个相互联系越来越密切的“地球社会”中去。人类世界是一个由多元文化组成的社会，多种文化的存在，构成了这个丰富多彩的世界；各种不同文化模式之间的交流、沟通和互动，也是人类文化发展的基本动力。全球信息化的理性目标应该是各民族多元文化的共同繁荣，而不是以一种文化吞并或取代其他文化。

本章小结

(1)大众传播媒介有两层涵义：一是指传递信息的工具和手段，如计算机及其网络、报纸、广播、电视等与传播技术有关的媒体；二是指从事信息的采集、选择、加工、制作和传输的组织或机构，如报社、电台和电视台等。

(2)大众传播的模式有5W模式、直线模式、螺旋模式、格伯纳的传播总模式、媒介理论图等。大众传播的过程分析包括信息传播过程、传播者的信息处理过程、被传播者信息处理过程以及效果分析等。

(3)大众传播媒介功能的研究主要是研究大众传播媒介在社会层面的作用和影响，大众传媒的功能体现在正负两个方面。

(4)全球信息化是当今世界的重要趋势，这个趋势正在把世界上的人类融入到一个相互联系越来越密切的“地球社会”中去。人类世界是一个由多元文化组成的社会，多种文化的存在，构成了这个丰富多彩的世界；各种不同文化模式之间的交流、沟通和互动，也是人类文化发展的基本动力。

思考题

1.简述大众传播媒介的含义及其主要特征。

2.简述大众传播的过程分析。

3.简述大众传播媒介的正负功能。

4.简述议程设置理论的理论假设和基本观点。

5.简述全球信息化的影响。

14

社会变迁、现代化与全球化

学习目标

通过本章学习，了解社会变迁的相关概念，掌握社会现代化和全球化的特点和相关理论，了解全球化对中国产生的影响。

本章知识点

(1)社会变迁的含义。
(2)社会变迁的类型。
(3)影响社会变迁的因素。
(4)现代化的内容与特点。
(5)现代化的理论。
(6)全球化的特征。
(7)全球化的理论。

任何社会都处于动态之中，这既表现于各社会领域的变化之中，又表现于宏观的社会变迁。人类的产生、人类从野蛮社会进入文明社会、人类从传统社会向现代社会跃进、现代社会的全球化新阶段，这是人类社会发展的几个大的跃进。认识和掌握社会变迁的规律有利于人们在不断变迁的社会中顺利地生存和发展，实现有计划的社会变迁。

14.1 社会变迁

14.1.1 社会变迁的含义

社会总是处于不停的变化之中的,无论是宏观社会还是具体制度和规则。变化是社会存在的基本状态,也是社会学研究的一个重要方面。

在社会学中,社会所发生的变化称为社会变迁,它既包括社会整体的变化,也包括部分的变化,但一般社会学家更关注社会结构、社会制度方面的变化。所以,可以说,社会变迁是指社会的一切变化,社会变迁的内容十分广泛,是一种全面性的变化。

社会变迁是个人与社会的关系基本形态的变异。社会变迁主要包括三类内容。

第一,社会关系的基本制度,即社会行为的基本规范体系。其中主要是所有制、国体和政体。

第二,社会的基本结构,包括组织结构、阶级结构、职业结构。组织结构是人们进行社会经济与政治活动的正式组织的状态。阶级结构是社会各阶级力量对比结合状态。职业结构是人们进行社会分工的格局。

第三,社会关系的基本面貌,即人们的生活方式与行为方式。

社会变迁是社会运行过程中一种必然现象。任何社会的产生与变化都是不可抗拒的,不以人的主观意志为转移的。社会变迁是一个不断前进的社会历史过程。

14.1.2 社会变迁的基本类型

社会变迁有不同的表现形式,根据不同的标准可以划分为以下几种类型。

1.按照社会变迁的发展方向,社会变迁可分为社会进化与社会倒退

社会变迁是一个中性概念,它包括了社会的所有变化。社会变迁大多采取进化的形式。社会进化过程具有长期性、缓慢性、渐进性与局部性等基本特征。社会进步的条件是生产关系基本适应生产力的发展,但同时也存在某些不相适应的地方。在这种情况下,生产中的社会关系都可能局部地变化,并且这种变化不断地扩大与积累起来,导致整个社会的发展。在这个意义上社会变迁与“社会进步”、“社会发展”等概念较为接近。

社会倒退是社会局部或整体在特定时期内的后退。社会变迁带来社会的发展与进步,也不排除具体的社会形态或社会发展阶段在特定的时期内向后倒退的可能性与现实性。一般来说,社会倒退主要是由于战争、天灾或其他不测事件引起的。从人类社会发展的历史长河看,社会倒退是一种暂时的现象。并且这种现象往往发生在社会新生力量成长时期和新生的社会结构刚刚诞生时期。总体上,社会必定从低级阶段向高级阶段发展、变迁,在现实社会中,进步和倒退两个方向上的社会变迁往往是同时存在、同时进行的。

2.按照社会变迁的性质与特点,社会变迁可分为社会改革与社会革命

社会改革是人们有意识地规划并在较短时间内实现的社会局部调整或全面改良的过程。

这时的社会变迁是局部变迁的积累,整个变迁过程表现为渐进的量的变化或部分质变的过程。

社会革命是一种急剧的、对整个社会进行根本改造的社会变迁形式。它是一种迅速飞跃式的社会变迁,是社会结构的相对均衡遭到彻底破坏,社会系统和社会结构重组,社会的经济、政治、意识形态以及社会生活的各个方面发生根本的变化,是社会的质变。

3.按照社会变迁的规模,社会变迁可分为整体变迁与局部变迁。

整体变迁是指整个社会结构体系的变化。它是从社会结构体系各个构成要素相互联系的变迁合力中演化出来的。社会形态的更替就属于整体变迁。

局部变迁是指社会各个构成要素自身以及它们之间部分关系的变化,如家庭模式、经济体制等方面发生的变化。局部变迁并不是整体变迁的简单外延,它的变迁不一定和整体变迁的方向、速度一致;有时既可能成为整体变迁的障碍,又可能超前于社会整体的变迁。

4.按照社会变迁的人为参与和控制程度,社会变迁可分为自发的社会变迁与有计划的社会变迁

自发的社会变迁指被动地参与或盲目地顺从社会变迁。从最具体的意义上讲,社会变迁是社会成员的行为方式、他们之间的社会关系的大规模的变化。这种变化可能是人们有意推动的,也可能是自然而然地发生的。自然而然发生的社会变迁称为自发的社会变迁,它并非是人们刻意追求、有意干预而发生的。

有计划的社会变迁是人类有意识、有目的地参与或控制社会变迁。人们基于自己的愿望和对社会运行的某些规律的认识去设计和具体推动社会过程,以达到目标的活动及结果就是有计划的社会变迁。一般地,有计划的社会变迁主要表现为人们对自发社会变迁的、可能的消极后果的预防和克服。随着人类社会发展程度的提高,人类对社会变迁的规律有了更多的认识,有计划地进行社会变迁成为人类推动社会发展的主要途径。现代社会变迁的主要形式就是人类参与的有计划的社会变迁。

14.1.3 社会变迁的因素

1.环境与社会变迁

人类生活与自然环境有着直接联系,环境为社会的生存与发展提供自然资源和物质条件,因而社会变迁总是在一定的环境中进行的。

在不同的社会发展阶段,环境对社会变迁的作用方式有所不同。当社会发展水平较低时,环境的影响作用主要是依其自身变化规律自然而然地发生的。在农业社会,人类对环境是顺从关系,自然条件的优劣较大地影响着人类生活和社会状况,这种生活状况以社会因素为中介,可能会导致重大社会变迁。随着人类与环境相互作

用关系的不断扩大和深入,"人化自然环境"对社会的影响越来越大。

可以说,现代社会所赖以生存的环境基本上是经过人类改造或受人类活动影响的环境,特别是进入工业社会以后,人类对自然进行掠夺式开发,人类活动对整个生态环境的破坏和污染,已经严重制约了社会的进步,给人类带来许多未曾有过的灾难。如何保证一个可使人类社会持续发展的生态环境,成为全球性发展的重大问题。

2.人口与社会变迁

人口是社会变迁的基本前提。一定的人口状况是社会生存和发展的必要基础。人口状况主要指人口数量、质量、构成、分布及流动,人口状况与整个社会发展比例失调,会给社会的发展速度和水平带来直接影响。人口数量过多和增长过快,会降低经济发展水平和生活水平,给就业、保健、教育等造成很大负担;人口数量不足,会造成社会发展所必需的劳动力短缺;人口质量低,就无法适应现代化科学技术和现代化生产建设的要求,同时也影响精神文明建设的发展;人口分布不合理,会造成某些地区,如大城市人口过度集中,使城市人口拥挤、污染严重、交通堵塞、住房短缺、犯罪增多、城市管理困难;人口老龄化,会产生社会保险、道德观念、医疗保健、经济负担等一系列社会问题。近代以来的城市化运动带来的人口大迁移对城市社会的影响是根本性的,对社会变迁的影响更加直接。

3.社会价值观念与社会变迁

社会价值观念主要是指人们的道德观念和社会评价的思想体系。人们的社会活动都是在一定的价值观念指导下发生的。社会的价值观是文化的重要组成部分,文化交流可使某一社会的价值观念发生重大变化,从而影响社会变迁。社会价值观念的变化是整个社会变迁的基本方面,并且往往成为整个社会变迁的先声。

4.科学技术与社会变迁

科学技术是指在社会体系中独立存在的知识系统。科学技术的发展,正在对人类社会的变迁产生越来越大的影响,成为推动社会变迁的主要力量。科学技术发明创造的增长,科学技术研究规模和组织形式的变化,不仅扩大了人类生活的范围,带动或直接造成社会物质财富的增加,而且通过新的科学技术成果及其所要求的组织和制度,不断改变着人们的社会互动方式,直至改变人类的生存方式。科学技术的每一次大的进步都会大大改变人类社会的面貌。第一次工业革命、第二次工业革命、第二次世界大战以来的新的科学技术革命,对人类的生产和生活产生了革命性的影响。正是由于现代科学技术的飞速发展,才使得现代的社会变迁也呈现出加速的状况。

5.经济与社会变迁

社会经济的变化与发展是社会变迁最重要的因素和内容,对社会变迁具有决定性的作用。社会经济的变化与发展既包括社会物质财富量的增加,也包括质的提高;既包括不同社会形态生产方式的更替,也包括同一社会形态内经济结构、劳动方式的变化。从原始社会人类完全依靠猎取和采集自然界的动植物而生活,到农业生产和畜牧业生产的出现,从18世纪大机器工业的产生,到现代以信息技术和信息产业为先导的新技术群和新产业群的出现,人类社会经历了巨大的经济变迁,从而最终改变了人类的社会活动和社会生活。

14.2 社会现代化

社会现代化是一种具有世界意义的历史潮流。大约自17、18世纪起,人类社会经历了一场前所未有的巨大变革。这场变革首先发源于英国、法国等国家,然后以各种方式逐渐扩展到其他国家或地区。人们将在这之前的社会称为“传统社会”,将这之后的社会称为“现代社会”,并把从“传统”向“现代”转变的过程称为“现代化”。从当今世界各国的发展过程来看,无论是先发展国家还是迟发展国家,也无论是发达国家还是不发达国家,“社会现代化”都是它们发展的主题和目标,各个国家都在以不同的模式和通过不同的道路,朝着这一目标迈进。这一世界性的社会变迁,不仅已经深刻改变了整个世界的面貌,而且将更深刻、更全面地改变整个世界。

14.2.1 “现代化”的涵义

在有关“现代化”的文献中,“现代”、“现代化”以及相关的一些概念至少具有广义和狭义两个方面的不同涵义。

广义的“现代”一词,是被用来当作“目前”、“现在”、“今天”的代名词,被用来泛指人们正在经历的任何一个当前的时间阶段。在这种含义上来理解的“现代”概念,具有一种相对的意味。按照这种理解,人类历史演变过程中的任何一个时间区域在相对于以往都可以称之为“现代”。人类历史的演变过程就是无数的“现代”不断地转变为“过去”或“往古”,同时又不断地产生或迎来新的“现代”时期的过程。而狭义的“现代”一词则主要指的是大约从17、18世纪开始以来(尤其是工业革命以来)的这一段历史演变时期,是从欧洲起源,之后逐渐扩散到全球的、一种建立在工业化基础之上的、新的社会生活或组织模式,是从“传统社会”向这种新型的“社会生活或组织模式”转变的过程。社会学更感兴趣的是狭义现代化,本节所讨论的也是这样的狭义现代化。

14.2.2 “现代化”的内容

社会现代化是社会变迁的新形式,它是以经济发展为核心,涉及政治、法律、社会结构、心理、文化等等诸多领域的全面性发展过程。现代化的转变是个多角度、全方位的转换,是多方面的变化过程,几乎涉及人类活动和人类思想的一切领域。

社会现代化作为一个大系统,它是由以下一系列子系统组成的。

1.工业化

在社会现代化过程中,经济现代化占据重要地位。经济上的现代化可以通过科技在生产中的应用,机械化、自动化程度的提高,国民生产总值的增长等来衡量,而其中关键在于工业化。它是传统社会进入现代化社会的动力。因此有一些著名学者从工业化的成就出发来界定现代化。

2.城市化

城市化意味着越来越多的人口集中在城市生活、工作和活动,它迅速减少了农村人口,只有很少一部分人口在农村地区从事农业生产。社会活动中心由农村转移到城市。一个现代化的社会很大程度上就是一个城市社会。城市化的迅速推进从工业化进程中寻找到了动力,但城市化的结果又必然促进知识信息扩散,资本劳动力集中,市场体系发育,从而促进国家工业经济的发展,成为现代化过程中的一个重大变量。

3.民主化

现代化的政治方面又叫"政治现代化",主要是指传统政治社会向现代政治社会的演变过程。其实质是从专制制度向民主制度的转化。历史经验证明,政治现代化不仅是工业化的前提,也是顺利完成经济现代化的重要保证。尤其在今天现代化过程中,高效能以及人们自觉参与的政治系统,是协调控制各地各部门计划和调动人民积极性、首创精神的必要条件。

4.管理科层化

社会组织管理机构的现代化已成为今天现代化的一个重要标志。管理现代化包括社会组织管理机构合理化、管理效率与控制能力提高、管理手段先进等。现代国家的一个重要标志就在于组织管理机构的不断完善。

5.社会结构分化

在现代社会,随着社会化大生产的高度发展,社会结构开始发生根本性转变。社会结构的高度分化和高度整合过程,其实质是一个社会的制度结构的变化。社会分化和社会整合的结果,形成了一系列相应的制度,以此规范各种社会关系。一个社会进入现代化的发展过程,其最重要的社会基础之一,即是社会结构的分化。而且一个社会能否实现朝向现代化的转型,最重要的内在因素之一,是社会结构的分化是否达到了相当程度。

伴随社会日益分化过程而出现的是社会高度整合的过程。封闭性的社会格局逐渐消失,人们之间基于分工与合作的相互依赖性不断加强,不同社会成员的价值目标和利益目标在整个社会的范围内协调起来。如此,社会结构体系才能保持持续的稳定运行。一个在高度分化基础上的高度整合的社会,是现代化过程和前现代化过程的重要区别。

6.人的现代化

人是现代化的主体,是现代化活动的实际承担者,要完成现代化,必须依赖人的素质及其努力。在一个社会迈向现代化的过程中,如果没有人的现代化,现代制度是不可能很好运行的。一个社会只有在它的人民现代化了,或者说,只有那些在现代科学技术、经济和各种组织中工作的人,都获得了与整个社会现代化发展相一致的现代性,这样的社会才可以说是一个真正的现代社会。现代制度和现代人是一个社会现代化的两个基本方面。在任何社会和社会变迁中,人都是一个基本的因素。

人们在现代制度和现代组织中的经历,会有助于形成现代人的特征。现代工厂、现代学校、现代传播媒介、现代城市生活等,都对形成人的现代性具有重要作用。在这个意义上,人的现代性不是天生的,更不是哪个民族或社会独有的。人是在现代制度和现代组织,或者说是在现代社会结构条件下,通过逐步适应和学习的过程,随着整个社会现代化的发展,逐渐形成了现代化的特质。由于社会的历史文化传统不同,社会现代化的道路和程度不同,人的现代性也会有相对的差别。

7.生活方式的世俗化

随着社会生产力的提高,物质财富的丰裕,生活方式也相应发生变化。与传统的清心寡欲、宿命论的生活态度相比,人们用科学、世俗的态度来看待生活,生活水平与生活质量显著提高,生活方式健康,文明程度提高。

上述现代化的七个方面只是指出了现代化的基本内容,而并未涵盖现代化内容的全部。事实上,现代化要完成的是结构性转变,内部各项内容是有机的统一体,不可孤立分割开来,它们往往是携手而行,共同演进的。

14.2.3 社会现代化的主要特征

社会现代化作为一场翻天覆地的巨大历史变革,其特征和历史意义都是其他社会变迁难以相比的。现代化过程至少具有以下一些基本特征。

1.现代化是一个剧烈的转变过程

现代化是一股强大的社会变革力量,其所到之处,都冲击着传统体制,改变着人们的价值观念和生活方式,重组人与人之间的关系,带来人类经济生活、政治生活和意识形态领域的激烈深刻的变革,以至于有人认为在“现代”社会与“传统”社会之间形成一种巨大的“断裂”。

2.现代化是一个长期的全球化进程

对现代化的启程目前最流行的看法是它开始于1500年前后。尽管现代化起始于西方,但它很快就波及世界各国,成为一个全球现象。整个世界的各个国家、各个地区都卷入到这场全面而又深刻的变革过程中来,并将它们联结成一个相互联系、相互依赖的整体。在这个紧密联系的世界整体中,无论哪个国家或地区所发生的事情都不再是一些相对孤立的事件,都会对其他国家或地区迅速发生程度不一的影响。从这个角度理解现代化,又可以称之为全球化。全球化可以说是现代化的扩展,又是现代化的创新。

3.现代化是一个系统的变革过程

“现代化”涵盖的内容非常广泛,它涉及各个领域、各个方面的改变。一旦某个领域开始了现代化的过程,就必然会要求或导致其他领域的现代化过程发生。这使得那些只希望在某些领域(如技术或经济领域)进行现代化,而在其他领域则维持传统面貌的现代化努力往往得不到成功。当然,由于起始条件、内外环境等方面的不同,现代化各个领域、各个方面展开的时序模式还是会有所不同。现代化要求经济增长等物质文明与政治民主、公民教育、现代观念、高尚的道德等精神文明和谐发展，完成物质文明、精神文明和制度文明的共同进步变迁。

4.现代化是一个趋同化的过程

由于迄今为止的现代化过程在很大程度上就是西方化的过程，因此，随着时间的流逝，卷入现代化过程的各个国家或地区的人们在技术、制度、社会结构、生活方式、文化和心理等方面的相似性将日益增加，世界正在日益趋于同质化。这在很大程度上对文化的多样性构成了威胁。如何保持文化的多样性成为现代化进程的另一个重要问题。

14.2.4 社会现代化理论①

社会学对社会现代化的探讨，主要有以下几种理论。

1.帕森斯的模式变项

1950年帕森斯提出了从传统的农业社会向现代的工业社会转变的模式变项来阐述社会的变迁过程。他的理想模式分析成为现代化理论中的主体理论，或称之为"大理论"。他的模式变项包括五个方面，各由两个极端构成：①情感方面：情感性—情感中立；②义务方面：扩散性—专一性；③规范方面：特殊性—普遍性；④地位方面：先赋性—自致性；⑤利益方面：集体—个人。上述前面的五项合并一起即为传统社会的极端特征，后面的五项合并一起即为现代社会的极端特征。在社会现代化过程中，人的行为模式逐渐从左边的导向转向右边的导向。

帕森斯建立的理想模式分析把现代化的过程过分简化，尤其将现代化进程截然划分为从"传统社会"向"现代社会"转化，因而不可避免地存在着缺陷。但他建立的理想模式变项却可以给人们提供直观形象的参考框架，为现代化研究提供了便利。

2."信息社会论"

西方在20世纪50年代后产生的深刻社会变化使西方学者确信，人类正在面临信息社会的到来。1980年法国让·雅克和塞尔旺—施赖贝尔根据巴黎小组研究成果写出的《世界面临挑战》、美国学者托夫勒的《第三次浪潮》和美国学者奈斯比特的《大趋势》是系统论述信息化社会的代表著作。

"信息社会论"认为，人类社会由工业社会进入信息社会是一个重要的转折。信息社会同工业社会相比，有许多崭新的特征：①信息成为战略资源，在国民经济中占主要地位；②整个社会以知识价值论为基础，价值的增长主要依靠知识；③先进的通讯与信息系统成为社会改革的手段，给人们的生活方式与工作方式带来一场变革。

"信息社会论"者看到了科学技术在现代化社会中的重要作用，但是他们过分夸大了科学技术的力量，忽视了资本主义社会基本矛盾在资本主义经济危机中的决定性作用，这是非常片面的。

---

① 刘豪兴主编.社会学概论.北京：高等教育出版社，2003年7月，第342页.

3."后工业社会论"

"后工业社会论"由美国社会学家丹尼尔·贝尔在其代表作《后工业社会的来临》中首先提出。贝尔认为"后工业社会"有五个方面的特征:①经济方面从产品经济转变为服务性经济;②专业与技术人员处于主导地位;③理论知识处于社会中心地位;④控制技术发展,对技术进行鉴定;⑤创造性的"智能技术"。

"后工业社会论"是根据现代资本主义社会的实际,而对未来社会进行预测,有一定的准确性,但其理论具有很强烈的西方社会政治和意识色彩,只能是预测西方社会的发展理论,不能推及全球。

4."风险社会论"

20 世纪 80 年代以来,国内外学者提出了"社会风险"与"风险社会"的概念。社会风险是社会难以承受的损失或影响。具体来说社会风险是指可能引发社会动荡不安和社会冲突的不确定性因素,这种不确定因素可能来源于社会的各个领域。社会风险是社会政策与现代化进程中可以预见、可以控制的现象,应通过可取的预防性行动与制度化措施加以规避,德国社会学者贝克在《风险社会》一书中指出:"风险"概念直接与反思现代化相关联。风险可以被界定为一种处理由社会自身所导致和引进的危害和不安全的系统方法。

14.3 全球化

"全球化"一词近几年来是一个使用频率很高的词汇。追根溯源,全球化实际上是与现代化同步进行的。第二次世界大战以来,科学技术的进步使全球经济活动趋向于广泛的跨国化、生产力的国际化,世界各国经济越来越紧密联系。经济的全球化必然深深影响到社会、政治、文化等诸多方面。它使人们的活动逐渐摆脱民族和地域的局限,形成全球范围内全面依存的关系。因此可以说全球化是现代化的扩张,是现代化的必然结果。另一方面,反全球化的运动和思潮也在进行着。

肯德基在中国的发展①

肯德基源于美国,是世界著名的炸鸡快餐连锁企业,在全球拥有 10 000 多家餐厅,到目前为止,肯德基在全国 200 多个城市已经拥有 1 000 余家餐厅。严格统一的管理,清洁优雅的用餐环境,令肯德基在数以亿计的顾客心里留下了美好的印象。肯德基的到来不仅率先将现代的快餐概念引入中国,使人们在传统的饮食中第一次感受到了从食品风味到就餐方式的根本不同,并给人们的服务观念带来了重大影响。肯德基(KFC)和著名的休闲餐饮品牌必胜客(PIZZA HUT)、墨西哥口味餐厅 TACO BELL 以及 A& W、Long John Silver's(LJS)同属于全球最大的餐饮连锁企业之一——百

① http://baike.baidu.com/view/16293.htm.

胜餐饮集团。

肯德基于1987年进入具有悠久饮食文化的古都北京,从而开始了它在这个拥有世界最多人口的国家的发展史。

1987年11月12日肯德基在中国的第一家餐厅在北京前门繁华地带正式开业。以此为起点,肯德基开始摸索、学习中国社会和市场,逐步打造具有中国特色的管理模式。1992年全国餐厅总数为10家;到1995年,发展到71家。1996年6月25日,肯德基中国第100家店在北京成立。这是一个里程碑,标志着肯德基在中国进入了一个更加稳步发展的阶段。与此同时成长的是肯德基在中国广大消费者心目中的形象。1999年根据全球著名的AC尼尔森调研公司在中国30个城市16 677份问卷调查显示,最早进入中国市场的西式快餐——肯德基,因其独有的美食和品质,被中国消费者公认为“顾客最常惠顾的”品牌,并居中国名列前十个国际著名品牌的榜首。

随着公司管理经验的逐渐丰富,员工队伍的不断壮大和经营体系的日趋完善,肯德基在进入21世纪后大大加快了成长速度。2000年11月肯德基在中国连锁餐饮企业中第一个突破400家餐厅规模。2001年10月发展到500家,2002年2月达到600家,11个月以后的总数是800家。至今肯德基已在全中国200多个城市开设了1 000余家餐厅,在中国餐饮业遥遥领先。不仅如此,中国肯德基还一直保持着良好的经济业绩。肯德基的中国总部中国百胜餐饮集团连续三年居全中国餐饮百强之首,2002年的营业额达到71亿元。其中绝大部分来自肯德基。

肯德基已经深深植根于中国,形成了一个高素质的团队和完整的管理体系。同时,中国肯德基也成长为中国餐饮业规模最大、收益最好的第一品牌,为推动整个产业的发展发挥着重要的作用。肯德基不仅为全国提供了60 000多个就业机会,而且是一所培养餐饮管理人才的大学。每一年他们都投入大量资金和人力对员工进行多方面、各层次的严格科学培训,使许多有志青年成为餐饮企业出色的管理人才。肯德基的发展还带动了几百家国内原料供应商的发展。肯德基的国际品质管理体系帮助供应商提高了产品的质量和管理水平,其中有的已经成长为全国知名企业。特许经营是中国近年在市场经济发展中大家十分关注的领域。肯德基是最先在中国尝试餐饮特许经营的模式的国际公司之一。通过十几年的摸索经验,培养了成功的范例。2003肯德基被全国连锁协会评为“全国十大最佳连锁品牌”。

14.3.1 全球化的概念和历史

什么是“全球化”?各种观点众说纷纭。我国学者杨雪冬总结了七种有代表性的界定:①从信息通讯角度,全球化被认为是地球上的人类可以利用先进的通讯技术,克服自然地理因素的限制而进行信息的自由转递;②从经济角度,全球化被视为经济活动在世界范围内的相互依赖,特别是形成了世界性的市场;③从危及人类共同命运的全球性问题角度,全球化被视为人类在环境恶化、核威胁等共同问题下达成的共同认识;④从体制角度,全球化被看做是资本主义的全球化或全球资本主义的扩张;⑤

从制度角度,全球化可看做是现代性的各种制度向全球的扩展;⑥从文化和文明角度,全球化被看做是人类各种文化、文明发展要达到的目标,是未来文明存在的状态;⑦从社会过程的角度来界定全球化。①从上述对于全球化的界定中可以发现,全球化是一个涉及人类社会各个方面、涉及多种学科、具有多种维度的历史过程。英国学者戴维·赫尔德等经过十年的研究和跟踪,归纳了众多有关全球化问题的学说,给全球化下了一个他们认为是更精确的定义:"(全球化能够被看做)一个(或者一组)体现了社会关系和交易的空间组织变革的过程——可以根据它的广度、强度、速度以及影响来加以衡量——产生了跨大陆或者区域间的流动以及活动、交往和权力实施的网络"②。在这里,流动是指物质产品、人口、标志、符号以及信息的跨空间和时间的运动,网络是指独立能动者之间有规则的或者模式化的交往、活动的结点。

全球化的过程以及研究,与传统的现代化过程和研究有着十分紧密的联系。从空间的维度分析,从16世纪开始的现代化过程,可以说现代化是一个从西欧开始,以工业化和科学技术发展为主要特征,逐渐向全世界扩散的过程。尽管对全球化的起始时间还存在着种种不同看法,但基本上可以将目前我们所讲的"全球化"视为是传统的现代化过程的继续,即通常的看法是把全球化看做是一个近代才出现的现象。15世纪末、16世纪初的地理大发现,拉开了近代全球化的序幕;19世纪末资本主义世界经济和政治体系的建立,形成了第一个全球化的高潮。20世纪中叶开始的现代的全球化过程,无论在深度上还是在广度上,无论是全球化的机制还是影响,都远远超出了19世纪末形成的资本主义世界经济政治体系。因此,尽管当代的全球化模式与以前相似并有着重要的连续性,但是它构成了一个完全不同的历史形态。与1900年的世界相比,人们在当代所面对的"全球化",是一个全球五大洲、近两百个国家之间的交融和交往发生巨大的量和质的飞跃的时代。

14.3.2 全球化的特征

赫尔德等人在详尽分析当代全球化过程之后,从以下几个方面描绘了它的根本特点。

(1)时空方面:全球流动、交往和网络的广度、强度、速度以及影响是史无前例的,而且涉及所有的社会领域。

(2)组织方面:世界范围内的社会、政治以及经济权力关系实现了前所未有的制度化和组织化。

(3)汇合角度:在从政治到生态的社会生活所有方面,全球化的影响实现了独有的交汇。

(4)多样化形式:19世纪晚期处于主导地位的军事、经济和政治全球化形式依然

---

① 杨雪冬.全球化:西方理论前沿.北京:社会科学文献出版社,2002年9月,第9~13页.

② [美]戴维.赫尔德等.全球大变革:全球化时代的政治、经济与文化.北京:社会科学文献出版社,2001年10月.第22页.

存在,但是移民、文化以及生态全球化的不同模式的重要性不断增强。

(5)反思性:世界范围内的精英和大众对全球相互联系的意识不断发展,成为国家精英和跨国社会力量自觉追求的各种政治和经济工程。

(6)对抗性:随着国家、公民以及社会运动努力抵制或控制全球化的影响,不断增强的全球化意识已经在从文化到军事所有领域中引发了多种形式的对抗。

(7)区域化:当代全球政治经济中的区域化和全球化进程已经在很大程度上变成了相互强化的趋势。

(8)西方化:当代全球化的模式依然存在着高度不对称,但与20世纪初相比,它们已经变得更少欧洲中心化或者大西洋中心化。

(9)领土性:全球化一直不断推动着国界和政治管辖范围的划分与重新划分,因而全球化的当代模式对领土原则作为组织政治统治、实行政治权威的唯一或首要基础提出了挑战。

(10)国家形态:在全球化的冲击面前,各个国家进行内部调整并且控制或调节全球化冲击的方式,与19世纪晚期相比出现了重大区别。

(11)民主治理:今天的全球化产生了一组全新的政治和民主困境,即如何把一个以领土为基础的民主治理体系与社会和经济生活的跨国组织以及全球组织结合在一起。

14.3.3 全球化的理论①

自20世纪60年代全球化理论出现以来,在西方学术界,对全球化议题的理论研究已经积累了非常丰富的成果,其中有许多理论对世界政治、经济、文化还产生了重要的影响,可以从许多学者的全球化理论中得出全球化理论研究的演变轨迹,他们主要从几个方面对全球化作出了深刻且富有洞见的理论探索:什么是全球化?全球化的动力是什么?当代全球化代表了一种崭新的状况吗?全球化与国家权力的消亡、复兴或者转变有何关系?当代全球化对政治产生了新限制吗?全球化如何才能够被“文明化”和“民主化”?下面对一些有代表性的理论做一个简单的论述。

1.罗兰·罗伯森(R.Robertson)的理论

罗兰·罗伯森是第一个把全球化概念系统地引入到社会学中的学者,并且自20世纪60年代以来一直致力于全球化理论的研究,可以说是全球化理论研究的先驱和权威性人物。他的全球化思想是历史的、动态的,在审视全球化现象时,他指出应当把视野放宽到世界历史中去,并且把全球化分为5个阶段:即播种阶段、萌发阶段、起步阶段、争夺霸权阶段和不确定阶段。罗伯森所指的全球化是一种相关性的感受,或是把全球化定为一种空间的压缩,是一种世界政治、经济、文化在强大的压力下的压缩的过程。在罗伯森的研究中,他特别关注两个问题:一是全球化与现代性和现代化

---

① 罗惠敏.全球化理论综述.社会.2004年,第三期,第22~26页.

之间的亲密关系以及全球化与后现代性和后现代化之间的密切关系，他认为后一组概念在一定范围内有着明确的分析价值；二是重新检讨“建构”。

罗伯森认为，作为一种历史现象或者世界历史在当代阶段的一个特征的全球化，是与现代性、后现代性，或现代化、后现代化这两组概念密不可分的。从某种意义上说，全球化是后两组概念的延续，甚至更是从宏观背景上对其的折射，而全球化理论的建立，正是对全球化这一影响日益巨大的现象的回应。

为勾画自己的全球化最小模型，罗伯森提出了由四个“参照点”组成的分析框架，即民族国家、民族社会、个人和人类。罗伯森认为应该抛弃“国家中心论”，把“民族社会”视为分析全球人类情景的一个总的参照点。而且，要认识到在20世纪，民族社会的普遍性已经成为全球化的一个原因。除了民族体系和由民族国家组成的国际关系体系之外，全球化的另两个主要组成部分是个人和人类这两个概念。罗伯森强调，全球化进程是在相对独立于严格意义上的社会进程状态下进行的。它有自己的自主性和逻辑，它的发展随着进程的加速变得越来越复杂，超出了常规的判断，也在不断地对理论解读提出挑战。

2.沃勒斯坦(I.Wallerstein)的理论

从某种意义上说，沃勒斯坦是新马克思主义者，因为在他的著名的“世界体系”理论中批判了以西方现代化发展道路为模式的“现代化理论”，指出了现代世界结构是一种“生产模式”，其中，中心区与边缘区的关系是重要关系，是一种空间共存关系。从这个意义上说，各国社会的发展不存在“传统”与“现代”之分，所以社会都是现代的；差别只在于有的在中心、有的在边缘，而在边缘的社会必然是不发达社会。同时他还主张把全球“关系”、“世界体系”作为分析单位。而不要以独立的民族国家的经济、社会、政治为分析单位。

沃勒斯坦的世界体系理论对后来的全球化理论产生了深远的影响，他的世界体系的本质是资本主义世界经济。但是虽然世界体系理论只关注当代资本主义经济世界体系的发展、变化及后果，但“世界体系”作为一个范畴，它所涵盖的历史时期不仅仅指资本主义阶段。根据沃勒斯坦的定义，世界体系是一个由一元化劳动分工体系和多元化文化体系组成的单位。按照这一定义，世界体系只能有两种：一种有一个统一的政治体系，一种没有。前一种世界体系称为“世界帝国”，后一种称为“世界经济”。自19世纪以来，地球上只存在一个世界体系：资本主义世界经济。“资本主义”和“世界经济”是同一现象的两个方面。同时沃勒斯坦还指出存在一种单一的资本主义世界经济，那就是经济的各个构成部分（国家、人口、共同体和家庭）与整体的功能是密切相关的。尽管现象上是分裂的，但全球市场和资本的全球流动几乎无法使哪一个国家和人民能够退出这个资本主义世界政治经济的逻辑。

3.吉登斯(A.Giddens)的理论

1994年，英国著名学者吉登斯出版了他的《超越左派和右派》，表达了对由新自由主义所倡导的不加约束的资本主义市场带来的全球化的深深的忧虑。他指出，全球化的影响决不会仅限于经济方面,无论是传统意义上的民族还是社会,都会受到全球化的直接挑战。"全球化不仅仅是,甚至并不是一个经济现象……它主要指的是时空转换"。这种时空转换使得自由民主得以四处传播。吉登斯主张国家和市场之间存在着联系,并不是没有内在的联系的,在他的理论里充满了对由全球化引起的日常生活不断地建构进而引起对社会秩序的反思。

吉登斯的所谓全球化概念是指全球化概念不等同于世界体系发展的概念化过程,他认为其情况不是那么简单,而认为它是一个时间、空间以及个人经验的一种转型,所以这里面一定包括延续,也包括断裂或新的基层化的情况,这是一个矛盾的地方。在他的分析中,他认为全球化是现代性的后果,现代性导致的其中一个重要后果就是使全球的各个角落都开始与其他地区发生相互联系,即全球化。他认为现代性可以区分出相互独立、不能相互归结又相互影响、相互制约的四个维度:资本主义、工业主义、监督机器的发展、对暴力工具的控制。正是这四个方面相互独立、相互作用构成了现代性的世界。在吉登斯那里,既然全球化是现代性的后果,那么全球化的维度就是现代性维度在世界范围的表现和扩展。他首先批评了当前全球化理论特别是世界体系论和国际关系论对全球化的多重维度的忽视,然后指出了全球化的四个维度:即世界资本主义、全球性劳动分工、民族国家体系、世界军事秩序。他认为,现代性的全球化造就了一个风险的世界、失控的世界。

吉登斯的全球化理论是他的现代性理论的一部分。他指出全球化不是被理解为西方制度在全世界的蔓延和其他文明的消亡,而是一个复杂的、非连续的和偶然的过程,这个过程是由一系列不同的而又相互交错的逻辑推动的,这是一个不均衡的发展过程。

4.贝尔(Daniel Bell)的理论

如果说马克思基于对资本和市场经济本性的透彻分析而对资本主义所带来的负面影响深感不安的话,当代美国著名社会学家贝尔却对资本主义的优越性和它的光明前景深信不疑。贝尔认为现代西方社会早已不是什么阶级社会了。它已经成为多元社会,实际上贝尔这样说是为资本主义在全球扩张的合法性从社会理论上开了绿灯。但是可以看到,贝尔的理论和全球化的发展结果并不总是一致的。

贝尔认为未来世界是以国家与国家或民族与民族之间的对抗和冲突为基本特征的。换句话说,无论是资本主义的发展,还是自由贸易和世界市场的膨胀,都不是当今世界的问题所在,而国家与国家或民族与民族之间的对抗和冲突才是应该关心的焦点。这里的关键问题是,这种对抗和冲突都和资本主义全球化的进程相悖。

同时贝尔宣称意识形态已经终结,贝尔认为,由于在几乎所有的现代社会里,技术和技能甚至财富都不再是拥有权力的决定性力量,所以,马克思根据私有财产的占有情况对资本主义社会所作的阶级分析失去了意义,以阶级斗争为特征的意识形态终结了。

5.福山(Francis Fukuyama)的理论

福山以一篇《历史的终结》向人们宣告了他对未来世界的预言:自由民主作为一种政体在世界上已经取得决定性胜利,而且进一步断言自由民主是人类意识形态进化的终结点,并成为历史上最后一种政治形式。这就是福山所谓的历史的终结。并且福山分别从政治、经济、个人权力方面对自由和民主作出了阐释。在此,福山求助于黑格尔关于历史的论述来回答自己的“历史终结”。按照福山的理解,黑格尔所说的理性的不断自我意识的历史就是一个不断向自由进步的发展过程,这个过程将合乎逻辑地在获得绝对自我意识之后终止,这种自我意识就是自由主义。

福山断言,现代自然科学的发展对世界上不同的社会有着相同的影响。他指出在经济上这种现象尤其明显,由于全球市场和消费文化的传播,那些进行经济现代化的国家之间的联系日益密切,也就是说,所有参与经济现代化的国家之间的区别将越来越小,此外,现代科技的逻辑将会支配世界朝着资本主义单一方向发展。

在文化全球化问题上,福山挑战了全球化必将导致出现文化的同质化的看法,他指出,各个社会尽管面临压力但仍将继续保持他们的个性。他强调说,事实上,这些方方面面的文化价值决定了在一个国家内如何做生意。这并不意味着社会不受全球化进程的影响,不会发生改变。福山固然相信存在着政治和经济意识形态的趋同现象,然而他也指出,存在深层次的文化因素,人们不会轻易放弃的。

如今,随着全球化现象的日益扩展和这一概念的日益普及,对全球化的研究热情越来越有增无减,20世纪90年代中期全球化成了西方学术界的一个热门话题和理论研究的核心概念,一些有影响的西方学者分别从政治、经济、文化等不同的角度提出了对全球化的新的理解。

本章小结

(1)社会变迁是个人与社会的关系基本形态的变异。社会变迁主要包括三类内容:第一,社会关系的基本制度;第二,社会的基本结构;第三,社会关系的基本面貌。

(2)社会变迁有不同的表现形式,根据不同的标准可以划分为以下几种类型:第一,社会进化与社会倒退;第二,社会改革与社会革命;第三,整体变迁与局部变迁;第四,自发的社会变迁与有计划的社会变迁。

(3)影响社会变迁的因素:环境、人口、社会价值观念、科学技术、经济。

(4)社会现代化作为一个大系统,它是由以下一系列子系统组成的:第一,工业化;第二,城市化;第三,民主化;第四,管理科层化;第五,社会结构分化;第六,人的现代化;第七,生活方式的世俗化。

(5)社会现代化的主要特征包括:第一,是一个剧烈的转变过程;第二,是一个长期的全球化进程;第三,是一个系统的变革过程;第四,是一个趋同化的过程。

(6)社会学对社会现代化的探讨,主要有以下几种理论:第一,帕森斯的模式变项;第二,“信息社会论”;第三,“后工业社会论”;第四,“风险社会论”。

(7)全球化是一个涉及人类社会各个方面、涉及多种学科、具有多种维度的历史过程。

(8)全球化的理论中主要包括:罗兰·罗伯森、沃勒斯坦、吉登斯、贝尔和福山等这些学者的理论。

思考题

1.社会变迁有哪些原因?
2.如何理解社会进化?
3.怎样理解有计划的社会变迁?
4.我国社会主义现代化的特点是什么?
5.什么是全球化?它有哪些特征?
6.我国在全球化过程中遇到的问题有哪些?

参考文献

[1] [德]斐迪南·滕尼斯.共同体与社会[M].北京:商务印书馆,1999年.

[2] [美] C.赖特·米尔斯.社会学的想象力[M].陈强,张永强,译.北京:生活·读书·新知三联书店,2001.

[3] [美] 詹姆斯·汉斯林.社会学入门——一种现实分析方法[M].第7版.林聚仁,等,译.北京:北京大学出版社,2007.

[4] [美]W. 古德.家庭[M].北京:社会科学文献出版社.1986.

[5] [美]戴维·波普诺.社会学[M].李强,等,译.北京:中国人民大学出版社.2007.

[6] [美]戴维·格伦斯基.社会分层[M].第2版.北京:华夏出版社,2005.

[7] [美]杰克·D.道格拉斯.越轨社会学[M].石家庄:河北人民出版社.1987.

[8] [美]伊恩·罗伯逊.社会学[M].下册.北京:商务印书馆.1991.

[9] [英] 安东尼·吉登斯.社会学[M].第4版.赵旭东,等,译.北京:北京大学出版社,2003.

[10] 本书编写组.社会学概论(试讲本)[M].天津:天津人民出版社,1986.

[11] 车文博.西方心理学史[M]. 杭州:浙江教育出版社,1998.

[12] 邓伟志,徐榕.家庭社会学[M].北京:中国社会科学出版社.2001.

[13] 丁水木,张绪山.社会角色论[M]. 上海:上海社会科学院出版社,1992.

[14] 方壮志.社会网研究的基本概念和方法[J]. 华中理工大学学报:社科版,2005(7).

[15] 风笑天.社会学导论[M].武汉:华中科技大学出版社,1997.

[16] 风笑天.现代社会调查方法[M].武汉:华中科技大学出版社,2005.

[17] 冯钢.社会学[M].杭州:浙江大学出版社,2006年.

[18] 郭庆光.传播学教程[M].第1版.北京:中国人民大学出版社,1999年11月.

[19] 侯钧生.西方社会学理论教程[M].天津:南开大学出版社,2001.

[20] 胡申生.当代电视社会学[M].第1版.上海:上海大学出版社,2006.

[21] 贾春增.外国社会学史[M].第2版.北京:中国人民大学出版社,2000.

[22] 李沛良.香港的社会发展与社会学研究[J].社会学研究,1994(4).

[23] 李芹.社会学概论[M].第1版.济南:山东大学出版社,1999.

[24] 刘豪兴.社会学概论.北京: 高等教育出版社[M]. 2003.

[25] 刘杰,徐祥运.社会学概论[M].大连:东北财经大学出版社,2007.

[26] 卢汉龙,彭希哲.二十世纪中国社会科学——社会学卷[M].上海:上海人民出版社,2006.

[27] 陆学艺.当代中国社会阶层研究报告[M].北京: 社会科学文献出版社,2002.

[28] 陆学艺.社会学[M].北京:知识出版社,1996.

[29] 邵培仁,海阔.大众传媒通论[M].杭州:浙江大学出版社,2005.

[30] 时蓉华.社会心理学[M].第2版.上海:上海人民出版社,2002年.

[31] 水延凯,等.社会调查教程[M].北京:中国人民大学出版社,2002.

[32] 宋林飞.社会传播学[M].第1版.上海:上海人民出版社,1994.
[33] 宋林飞.西方社会学理论[M].南京:南京大学出版社,1997.
[34] 苏驼.社会调查原理与方法[M].武汉:湖北科学技术出版社,1990.
[35] 孙立平.社会学导论[M].北京:首都经济贸易大学出版社,2007.
[36] 童星.现代社会学理论新编[M].南京:南京大学出版社,2003.
[37] 王康.社会学史[M].第1版.北京:人民出版社,1992.
[38] 王思斌.社会学教程[M].北京:北京大学出版社.2004.
[39] 王文科.传媒导论[M].杭州:浙江大学出版社,2006.
[40] 王宇.大众媒介导论[M].北京:中国国际广播出版社,2003.
[41] 吴方桐.社会学教程[M].武汉:华中师范大学出版社,2007.
[42] 吴增基,吴鹏森,苏振芳.现代社会学[M].上海:上海人民出版社,2007.
[43] 萧新煌.社会学在台湾——从"传统"的失落到"中国化"的展望[J].国外社会学.1993(3、4).
[44] 肖鸿.试析当代社会网研究的若干进展[J].社会学研究,1999(3).
[45] 阎明.第一代中国社会学者群脸谱[J].中国社会导刊,2007(18).
[46] 阎明.社会学在中国的成长[J].中国社会导刊,2007(20).
[47] 阎明.社会学在中国——过去、现在和未来[J].社会学研究,1990(6).
[48] 阎明.一门学科与一个时代:社会学在中国[M].第1版.北京:清华大学出版社,2004.
[50] 杨心恒,宗力.社会学概论[M].北京:群众出版社,1986.
[51] 杨雪冬.全球化:西方理论前沿[M].北京:社会科学文献出版社.2002.
[52] 易益典.社会学教程[M].上海:上海人民出版社,2007年.
[53] 张咏华.大众传播学[M].上海:上海外语教育出版社,1992.
[54] 张友琴,等.社会学概论[M].北京:科学出版社.2000.
[55] 张琢.当代中国社会学[M].北京:中国社会科学出版社,1998.
[56] 赵泽洪、周绍宾.现代社会学.重庆:重庆大学出版社,2005年..
[57] 郑杭生.社会学概论新修[M].第3版.北京:中国人民大学出版社,2003.
[58] 郑希付.现代西方人格心理学史[M].开封:河南大学出版社,1991.
[59] 周晓虹.西方社会学历史与体系[M].上海:上海人民出版社,2002.
[60] 周晓虹.现代社会心理学[M].上海:上海人民出版社,1997.
[61] 周晓虹.现代西方社会心理学流派[M]. 南京:南京大学出版社,1990.
[62] 周运清.社会学[M].武汉:武汉大学出版社,1988.
[63] 朱力,等.社会学原理[M].北京:社会科学文献出版社.2003.

后　　记

本书作为教育部高职高专公共事业类专业教学指导委员会推荐教材，较为全面地向学生介绍社会学的基本知识体系，如社会学的起源、分析视角、研究方法、中国社会学的发展史以及社会学的基本概念等，引导初次步入社会学殿堂的同学，对社会学有一个初步的了解，从而领略社会学理论的魅力。全书注重理论与实际相结合，通过一些日常生活中的实际案例来说明社会学的基本知识、系统规范。本书适合高职高专院校作为教材，同时也十分便于其他对社会学感兴趣的读者自学及参考。

本书在主编肖萍拟定大纲的基础上，各章撰稿人员分工如下：肖萍（南京大学）负责绪论部分；袁光亮（北京青年政治学院）负责第1、3章；史清华（江苏警官大学）负责第5、7、8、9、12、14章；逯恒贞（南京大学）负责第6、10、11章；胡炼刚（南京大学）负责第2、4、13章。全书由肖萍统稿。

在编写中，我们注意参考了国内现有的各种相关教材，汲取了国内相关研究成果。编写中有不当或疏漏之处，敬请读者批评指正。

主编　肖萍

2008年4月